장기미집행 시설에 투자하라

김 병 석 著

장기미집행 시설에 투자하라

초판 1쇄 인쇄일 2018년 08월 30일
초판 1쇄 발행일 2018년 09월 7일

지은이 김병석
펴낸이 양옥매
디자인 표지혜 송다희
일러스트 배진광

펴낸곳 도서출판 책과나무
출판등록 제2012-000376
주소 서울특별시 마포구 방울내로 79 이노빌딩 302호
대표전화 02.372.1537 **팩스** 02.372.1538
이메일 booknamu2007@naver.com
홈페이지 www.booknamu.com
ISBN 979-11-5776-614-7(03320)

이 도서의 국립중앙도서관 출판시도서목록(CIP)은 서지정보유통지원 시스템
홈페이지(http://seoji.nl.go.kr)와 국가자료공동목록시스템
(http://www.nl.go.kr/kolisnet)에서 이용하실 수 있습니다.
(CIP제어번호 : CIP2018027055)

부동산 투자의 블루오션

장기미집행 시설에 투자하라

$

김병석 지음

책과나무

머리말

도시·군계획시설이란 도시주민의 생활 및 도시기능 유지를 위해 필요한 기초적인 시설과 필수 공공시설로서 "기반시설(도로·공원·주차장·녹지 등)" 중 도시·군관리계획으로 결정된 시설을 말한다.

도시·군계획시설 결정면적은 꾸준히 증가 추세에 있으며, 국민 소득 증대로 삶의 질 향상에 대한 국민의 욕구 또한 증대됨에 따라 앞으로도 도시·군계획시설에 대한 필요성은 증가할 것이다.

문제는 도시·군계획시설로 결정된 토지는 도시계획시설이 아닌 건축물의 건축이나 공작물의 설치를 허가하여서는 아니 된다는 점이다. 규제도 하면서 예산 부족 등의 이유로 도시계획시설을 집행하지 않아 장기간 사유재산권에 대한 제약과 행위제한으로 인한 모든 손실을 토지소유자에게 전가하고 있는 현실이다 보니, 도시·군계획시설로 결정된 토지는 주변 시세에 비해 가격도 현저히 낮고 거래 자체도 쉽지 않아 기피하거나 관심을 가지려 하지도 않는다.

이제 2020년 7월이면, 일몰제가 시행될 예정이어서 블루오션이 될 시기가 임박하였다. 그동안 홀대받고 저평가하고 무관심하게 방치하였던 장기미집행 도시계획시설이 "1999년 헌법불합치 결정에 따라 2020년까지 20년 이상 계획된 도시계획시설에 대한 특별한 조치가 없을 경우, 2020년 7월 1일 이후 도시계획시설결정이 자동실효된다."는 현실을 앞에 두고 투자의 핵심으로 새롭게 부각될 것이다.

장기미집행 도시계획시설 제도는 위헌판결, 실효, 폐지, 해제권고, 손실보상, 매수청구, 부당이득 청구 등 장기미집행 도시계획시설의 이해와 접근에 따라 수익을 창출할 수도, 손실을 볼 수도 있다. 최근 투자자들이 장기미집행 도시계획시설에 관심을 가지는 이유는 저렴한 금액으로 취득하여 고수익을 낼 수 있는 틈새시장으로 인식하고 있기 때문이다.

부동산 경공매와 일반 매매를 통해 장기미집행 도시계획시설에 성공적으로 투자

4

하고 사유재산권을 보호받기 위해서 검토해야 할 내용은 무엇이며, 법령과 실무에서 어떤 준비와 자세가 필요할까?

이를 위해 이 책에는 기본적인 도시계획시설의 이해와 관련 법률에 대한 설명을 통해 물건 분석에서부터 취득 후 방법에 이르기까지 체계적으로 누구나 쉽게 공부할 수 있고 안정적인 투자에 자신감을 심어 줄 과정을 수록하였다.

장기미집행 도시계획시설에 관심이 있는 사람들에게 꼭 필요한 기본 용어부터 실전투자에 이르기까지 물건 검색 방법과 전국의 통계자료 및 도시계획 진행 상황 설명을 통해 장기미집행 도시계획시설 투자 지역과 물건별 투자 방향성과 실전 경매물건과 보상사례를 통해 쉽게 이해를 돕고자 제시하였다. 누구나 장기미집행시설의 투자에 대한 자신감을 가질 수 있도록 어려운 법률용어의 이해를 돕기 위해 쉽게 해석하여, 장기미집행 도시계획시설에 유용한 실무 지침서가 되도록 체계적으로 저술하였다.

이 책이 장기미집행 도시계획시설을 이해하고, 자신감을 가지고 성공적인 투자를 수행하고, 사유재산권 손실을 스스로 극복할 수 있는 힘을 키울 수 있는 가이드북이 되어 줄 것이다.

- 2018년 8월
김병석

머리말 · · · 004

제1장 도시계획 용어 이해하기 · · · 009

제2장 장기미집행 도시계획시설 · · · 079

1. 장기미집행 도시계획시설의 이해
2. 도시계획시설의 역사
3. 도시계획시설
4. 장기미집행 도시계획시설
5. 장기미집행 도시계획시설에 대한 프로세스
6. 장기미집행 도시계획시설의 문제점과 보완
7. 장기미집행 도시 · 군계획시설 해제 신청제 시행

제3장 도시 · 군계획시설 · · · 111

1. 도시 · 군계획시설의 정의
2. 도시 · 군계획시설의 분류
3. 도시 · 군계획시설의 세부 분류
4. 도시 · 군계획시설 현황
5. 도시 · 군계획시설의 재검토

제4장 도시공원 · · · 125

1. 도시공원의 정의
2. 도시공원의 역할과 구분
3. 도시자연공원구역의 정의
4. 도시자연공원구역 생성 배경
5. 도시자연공원 관련 법령 해석

제5장 도시계획 현황 통계 ··· 137

1. 도시일반현황
2. 용도지역
3. 지구단위계획
4. 도시 · 군계획시설
5. 도시 · 군계획시설 미집행 현황
6. 도시 · 군계본기획 수립도시 현황

제6장 장기미집행 도시계획시설 투자 방법 ··· 193

1. 장기미집행 도시계획 투자물건 찾는 방법
2. 전국 개발정보 지존 정보 활용 방법
3. 보상 사례 판례
4. 도시계획시설 투자
5. 민간공원 특례사업 투자
6. 토지수용 절차 및 방법

제7장 장기미집행 도시계획 실전 사례 ··· 239

1. 장기미집행 도시계획 매수청구 보상 사례
2. 장기미집행 도시계획 매수청구와 부당이득 청구 소송 사례
3. 장기미집행 도시계획 도로시설 손실 사례
4. 장기미집행 도시계획 공원시설 손실 사례

특별부록_ 도시 · 군계획시설 장기미집행 해소 및 관리 가이드라인 ··· 289
별첨 ··· 307

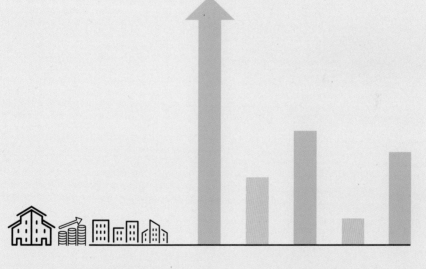

제1장

도시계획 용어 이해하기

도시계획은 도시민의 삶의 질 향상뿐만 아니라 도시국가의 경쟁력을 기대할 수 있는 중요한 영역이다. 도시계획에 대한 중요성과 함께 투자의 관심이 높아지고 있는 상황에서 도시계획 관련 용어를 알기 쉽게 설명할 필요성이 있어 서울특별시 도시계획국에서 용어·절차 해설이 수록된 『2015~16년 알기 쉬운 도시계획 용어집』이 가장 손쉽고 이해의 폭을 넓힐 듯하여 참조·수록하였다. 도시계획에 관심 있는 일반인, 관련 분야 종사자, 도시계획시설에 투자를 하고자 하는 모든 분들에게 유용한 자료가 되기를 바라며, 도시계획 용어 중에서 미집행 투자와 연관이 있는 용어를 설명하였다.

1. 가로주택정비사업

노후·불량건축물이 밀집한 가로구역에서 종전의 가로를 유지하면서 소규모로 주거환경을 개선하기 위하여 시행하는「도시 및 주거환경정비법」에 의한 정비사업의 하나이다.

저층주택
(단독 . 다가구)

가로주택
(1만㎡이하)

가로주택정비사업은 2012년「도시 및 주거환경정비법」개정 시 주거환경관리사업과 함께 정비사업 유형의 하나로 도입되었으며, 기존 저층주거지의 도시조직과 가로망을 유지하며 주거환경을 개선하기 위하여 시행하는 소규모 사업이다.

사업 대상 지역은 도시계획시설 도로로 둘러싸인 면적 1만㎡ 이하의 가로구역 중 노후·불량건축물의 수가 전체 건축물의 3분의 2 이상이고 해당 구역에 있는 주택의 수가 20세대 이상이면 가능하다.

다만, 해당 지역의 일부가 광장, 공원, 녹지, 하천, 공공공지, 공용주차장 및 너비 6미터 이상의 건축법상 도로에 접한 경우에도 가로구역으로 인정된다.

가로주택정비사업의 경우 '도시 및 주거환경정비기본계획의 수립' 및 '정비계획의 수립 및 정비구역의 지정 절차'를 적용하지 않기 때문에 사업시행 기간을 단축할 수 있으며, 「건축법」에 따른 대지의 조경기준, 건폐율 산정기준, 대지 안의 공지 기준 및 건축물의 높이 제한 기준을 지방건축위원회 심의를 통해 완화하여 적용할 수 있다.

[※ 관련 법규 : 도시 및 주거환경정비법]

2. 개발제한구역(Green Belt : GB)

도시의 무질서한 확산을 방지하고 도시 주변의 자연환경을 보전하여 도시민의 건전한 생활환경 확보를 목적으로 도시 주변에 설정하는 「국토의 계획 및 이용에 관한 법률」에 의한 용도구역의 하나이다.

〈용도구역〉

개발제한구역
도시자연공원구역
시가화조정구역
수산자원 보호구역
입지규제최소구역

개발제한구역은 다음 각호의 어느 하나에 해당하는 지역을 대상으로 지정하며, 주민의견 청취 등 규정된 절차를 거쳐 국토교통부 장관에 의해 지정된다.

① 도시가 무질서하게 확산되는 것 또는 서로 인접한 도시가 시가지로 연결되는 것을 방지하기 위하여 개발을 제한할 필요가 있는 지역

② 도시 주변의 자연환경 및 생태계를 보전하고 도시민의 건전한 생활환경을 확보하기 위하여 개발을 제한할 필요가 있는 지역

③ 국가보안상 개발을 제한할 필요가 있는 지역

④ 도시의 정체성 확보 및 적정한 성장관리를 위하여 제한할 필요가 있는 지역

개발제한구역으로 지정된 지역에서는 건축물의 건축 및 용도변경, 공작물의 설치, 토지의 형질변경, 죽목의 벌채, 토지의 분할, 물건을 쌓아놓는 행위 또는 도시계획사업을 할 수 없으며, 경우에 따라 허가를 받은 행위 또는 사업만 가능하게 된다.

개발제한구역의 행위제한이 주민의 재산권에 미치는 영향이 크기 때문에 관할 시·도지사는 개발제한구역을 지정하는 경우에 해당 지역의 주민지원사업 등을 포함하는 5년 단위의 개발제한구역관리계획을 수립하여 개발제한구역을 종합적으로 관리해야 한다. 계획의 목족이 달성되었거나 도시의 균형적 성장 등을 위해 필요한 경우에는 규정에 따라 지정을 조정하거나 해제할 수 있다.

시·도지사는 개발제한구역에서 주민이 집단적으로 거주하는 취락을 지정기준에 따라 집단취락지구로 지정할 수 있으며, 이 경우 취락주민의 생활환경 정비를 위한 취락지구 정비사업을 지구단위계획의 수립을 통해 시행할 수 있다.

개발제한구역은 1971년 7월부터 1977년 4월까지 8차례에 걸쳐 전국에 총 5,397.110㎢가 지정되어 유지되어 오다 2000년 「개발제한 구역의 지정 및 관리에 관한 특별조치법」 제정을 계기로 해제가 시작되었다.

서울시의 경우 25개 자치구 중 19개 구에 166.82㎢ 규모의 개발제한구역이 지정되었으나 2014년 12월 말 기준 총 개발제한구역 면적의 10.3%인 17.20㎢가 해제됨에 따라 현재 서울시 행정구역 면적의 24.7%인 149.62㎢를 관리하고 있다.

해제된 개발제한구역 중 대부분은 국민임대주택 및 보금자리주택 등으로 활용되

고 있으며(10.80㎢), 그 외에는 주택 100호 이상 집단취락 6.37㎢, 소규모 단절 토지 또는 경계선 관통대지 0.073㎢가 해제되었다.

[※ 관련 법규 : 국토의 계획 및 이용에 관한 법률, 개발제한구역법, 동법 시행령]

3. 개발진흥지구

주거기능 · 상업기능 · 공업기능 · 유통물류기능 · 관광기능 · 휴양기능 등을 집중적으로 개발 · 정비하기 위해 지정하는 「국토의 계획 및 이용에 관한 법률」에 의한 용도지구이다.

⟨용도지구⟩

경관지구
미관지구
고도지구
방화지구
방재지구
보존지구
시설보호지구
취락지구
개발진흥지구
특정용도제한지구

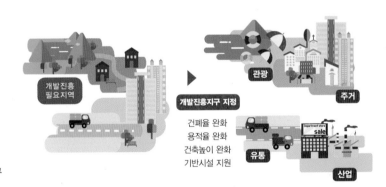

개발진흥지구로 지정된 지역은 법규에 따라 지구단위계획 등의 개발계획을 수립할 수 있으며 용적률, 높이 등의 제한 완화 및 기반시설 등 각종 지원을 받을 수 있으므로 특정기능에 대한 집중적인 개발 · 정비가 용이해진다.

▶ 개발진흥지구는 지정 목적에 따라 다음과 같이 세분된다.

① 주거개발진흥지구 : 주거기능을 중심으로 개발 · 정비할 필요가 있는 지구

② 산업개발진흥지구 : 공업기능 및 유통 · 물류기능을 중심으로 개발 · 정비할 필요가 있는 지구

③ 관광 · 휴양개발진흥지구 : 관광 · 휴양기능 중심으로 개발 · 필요가 있는 지구

④ 복합개발진흥지구 : 주거기능, 공업기능, 유통 · 물류기능 및 관광 · 휴양기능 중 2 이상의 기능을 중심으로 개발 · 정비할 필요가 있는 지구

⑤ 특정개발진흥지구 : 주거기능, 공업기능, 유통 · 물류기능 및 관광 · 휴양기능 기능을 중심으로 특정한 목적을 위하여 개발 · 정비할 필요가 있는 지구

　서울특별시의 경우 전략산업의 유치 · 육성 및 산업밀집지역의 재정비 등을 통한 첨단산업 육성을 위해 「서울특별시 전략산업육성 및 기업지원에 관한 조례」를 개정하여 산업 · 특정개발진흥지구의 지정 · 운영과 진흥계획의 수립, 그 지원 내용 등을 세부적으로 규정하고 있다.

[※ 관련 법규 : 국토의 계획 및 이용에 관한 법률,
동법 시행령, 서울특별시 전략산업육성 및 기업지원에 관한 조례]

4. 개별공시지가

　표준지(標準地)공시지가를 이용하여 산정한 개별토지의 단위면적(㎡)당 가격을 말한다.

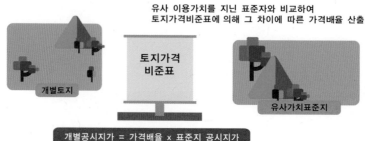

국토교통부장관은 전국의 토지 중 대표성이 높은 표준지를 선정하고, 단위면적(㎡)당 적정가격인 공시지가를 결정한다. 시장·군수·구청장은 표준지의 공시지가를 바탕으로 하여 개별토지의 단위면적(㎡)당 적정가격인 개별공시지가를 산정한다. 개별토지의 용도(주거용, 상업용, 공업용 등), 도로·교통조건, 토지이용규제 사항 등이 유사한 표준지와 토지가격비준표(比準表)에 의해 그 차이에 따른 가격배율(倍率)을 산출하고, 표준지공시지가에 가격배율을 곱하여 개별공시지가를 산정한다.

$$개별공시지가 = 가격배율 \times 표준지\ 공시지가$$

개별공시지가는 시·군·구 부동산평가위원회의 심의를 거쳐 결정되며 개별공시지가에 대해 이의가 있는 경우 결정·공시일로부터 30일 이내에 시장·군수 또는 구청장에게 이의를 신청할 수 있다.

개별공시지가는 양도소득세, 상속세, 종합부동산세 등의 국세와 취득세, 등록세 등 지방세, 개발부담금, 농지전용부담금 등의 부담금 부과 시 가격기준으로 활용된다.

[※ 관련 법규 : 부동산 가격공시 및 감정평가에 관한 법률]

5. 건축물의 용도

건축물의 용도란 건축물의 종류를 유사한 구조, 이용 목적 및 형태별로 묶어 분류한 것을 말한다.

용도별구분

단독주택
공동주택
제1종 근린생활시설
제2종 근린생활시설
문화 및 집회시설

건축물의 용도에 따른 분류를 통해 각각의 용도에 따른 건축기준을 제시함으로써 구조적으로 안전하고 쾌적한 건축물을 건축할 수 있으며, 이에 따라 지어진 건축물은 해당 용도에 적합하게 사용 · 관리될 수 있게 된다.

▶「건축법」에서 규정하는 건축물의 용도의 종류는 다음과 같다.

① 단독주택	② 공동주택	③ 제1종 근린생활시설
④ 제2종 근린생활시설	⑤ 문화 및 집회시설	⑥ 종교시설
⑦ 판매시설	⑧ 운수시설	⑨ 의료시설
⑩ 교육연구시설	⑪ 노유자시설	⑫ 수련시설
⑬ 운동시설	⑭ 업무시설	⑮ 숙박시설
⑯ 위락시설	⑰ 공장	⑱ 창고시설
⑲ 위험물 저장 및 처리 시설	⑳ 자동차 관련 시설	㉑ 동물 및 식물 관련 시설
㉒ 분뇨 및 쓰레기 처리시설	㉓ 교정 및 군사 시설	㉔ 방송통신시설
㉕ 발전시설	㉖ 묘지 관련 시설	㉗ 관광 휴게시설
㉘ 장례식장	㉙ 야영장 시설	

* 각 용도에 속하는 건축물의 종류는 「건축법 시행령」 [별표 1] '용도별 건축물의 종류' 참조

[※ 관련 법규 : 건축법 시행령]

6. 경관계획

지역의 자연경관 및 역사·문화경관, 도시·농산어촌의 우수한 경관을 보전하고, 훼손된 경관을 개선·복원함과 동시에 새로운 경관을 개성 있게 창출하기 위한 정책 방향, 기본 구상 및 계획을 수립하고, 그 실행 방안 등을 제시하는 해당 지방자치단체의 자치적 법정계획이다.

경관계획

우수한 경관 보전
훼손된 경관 복원
새로운 경관 창출

경관계획은 시·도 및 인구 10만 명을 초과하는 시·군에서 반드시 수립하여야 하며, 해당지역의 도시기본계획에 부합되어야 한다. 경관계획은 경관을 보전·관리 및 형성하는 수단으로써 경관사업, 경관협정 및 경관심의 및 경관조례 등을 통한 행정적·기술적·재정적 지원을 포함한다.

▶ 경관계획에는 다음 사항이 포함되어야 한다.

① 경관계획의 기본 방향 및 목표에 관한 사항

② 경관자원의 조사 및 평가에 관한 사항

③ 경관자원의 설정에 관한 사항

④ 중점적으로 경관을 보전 · 관리 및 형성하여야 할 구역(중점경관관리구역)에 관리에 관한 사항

⑤ 경관지구 및 미관지구의 관리 및 운용에 관한 사항

⑥ 경관상업의 추진에 관한 사항

⑦ 경관협정의 관리 운영에 관한 사항

⑧ 경관관리의 행정체계 및 실천 방안에 관한 사항

⑨ 자연 경관, 시가지 경관 및 농산어촌 경관 등 특정한 경관 유형 또는 건축물, 가로(街路)공원 및 녹지 등 특정한 경관 요소의 관리에 관한 사항

⑩ 경관계획의 시행을 위한 재원조달 및 단계적 추진에 관한 사항

⑪ 그 밖에 경관의 보전 · 관리 및 형성에 관한 사항으로서 대통령령이 정하는 사항

▶ 경관계획은 계획의 목적과 내용적 범위, 계획수준, 계획수립주체에 따라 도 경관계획, 시 · 군 경관계획, 특정경관계획으로 구분할 수 있다.

① 도 경관계획 : 도 관할구역 전체에 대한 경관계획의 목표를 제시하고, 주요 경관권역, 경관축, 경관거점 등을 설정하며, 경관을 보전, 관리 및 형성하기 위한 기본 방향 및 기본 방침을 제시하는 계획

② 시 · 군 경관계획 : 시(특별시 · 광역시 및 특별자치시 포함) · 군 관할구역 전체에 대한 경관계획의 기본 방향을 제시하고, 구체적인 장소를 대상으로 경관 보전 · 관리 및 형성을 위한 실행계획 등을 제시하는 계획

③ 특정경관계획 : 관할지역의 특정한 경관유형(산림, 수변, 가로, 농산어촌, 역사문화, 시가지 등)이나 특정한 경관 요소(야간경관, 색채, 옥외광고물, 공공시설물 등)를 대상으로 경관의 보전 · 관리 및 형상을 위한 실행 방안을 제시하는 계획

[※ 관련 법규 : 경관법, 경관계획수립지침]

7. 공개공지

문화 및 집회시설, 판매 및 영업시설 등 다중이용시설의 건축 시에 도심지 등의 환경을 쾌적하게 조성하기 일반이 자유롭게 이용할 수 있도록 설치하는 개방된 소규모 휴식 공간을 말한다.

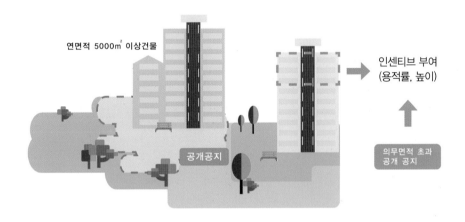

「건축법」에서는 일반주거지역, 준주거지역, 상업지역, 준공업지역 등의 지역에서 환경을 쾌적하게 조성하기 위하여 다음의 시설을 건축하는 경우 소규모 휴식시설 등의 일정한 개방된 공간을 건축부지 내에 설치하도록 규정하고 있으며 이 공간을 공개공지라고 한다.

연면적의 합계가 5,000㎡ 이상인 종교, 판매, 운수, 숙박, 문화 및 집회시설,
그 밖에 다중이 이용하는 건축조례로 정하는 건축물

공개공지 범위는 대지면적의 10분의 1 이하이며 그 시설 기준 등에 대한 것은 건축조례를 따르고, 공개공지를 의무면적 이상 설치하는 등 공공에 기여하는 경우는 규정에 따라 건축물의 용적률과 높이제한 등을 완화할 수 있도록 하고 있다.

| 공지(空地)

시가지에 확보된 건물로 차단되지 않은 영속적인 공원이나 녹지 등의 공간

| 공공공지(公共空地)

「도시 · 군계획시설의 결정 · 구조 및 설치기준에 관한 규칙」에 의해 도시 내의 주요시설물 또는 환경의 보호, 경관의 유지, 재해대책 및 보행자의 통행과 시민의 일시적 휴양을 위한 공간의 확보를 위해 설치하는 공지. 건축 시 대지면적 일부에 대해 확보해야하는 공개공지와 달리 공공공지는 도시관리계획으로 결정된 도시계획시설의 하나이다.

[※ 관련 법규 : 건축법, 동법 시행령]

8. 공공공지

시 · 군내의 주요시설물 또는 환경의 보호, 경관의 유지, 재해대책, 보행자의 통행과 주민의 일시적 휴식공간의 확보를 위하여 설치하는 시설로서 「국토의 계획 및 이용에 관한 법률」에 의한 기반시설 중 공간시설의 하나이다.

▶ 공공공지는 공공목적을 위하여 필요한 최소한의 규모로 설치하여야 하며 공공공지의 구조 및 설치 기준은 다음과 같다.

① 지역의 경관을 높일 수 있도록 할 것

② 지역 주민의 요구를 고려하여 긴 의자, 등나무·담쟁이 등의 조경물, 조형물, 옥외에 설치하는 생활체육 시설 등 공중이 이용할 수 있는 시설을 설치할 것

③ 주민의 접근이 쉬운 개방된 구조로 설치하고 일상생활에 있어 쾌적성과 안정성을 확보할 것

④ 주변 지역의 개발사업으로 인하여 증가하는 빗물유출량을 줄일 수 있도록 식생도랑, 저류·침투조, 식생 대, 빗물정원 등의 빗물관리시설을 설치할 것

⑤ 바닥은 녹지로 조성하는 것을 원칙으로 하되, 불가피한 경우 투수성 포장을 하거나 블록 및 석재 등의 자 재를 사용하여 이용자에게 편안함을 주고 미관을 높일 수 있도록 할 것

공공공지는 사유지가 아닌 국공유지로 향후에 발생할 수 있는 공공용도의 토지 이용에 대응할 수 있다는 점에서 공개공지와 다르다.

◉ 공지(空地)-Open Space

좁은 의미로는 대지 내에 건물에 의해 점유되지 않은 부분을 의미하며 보건이나 안전을 위해 시설로 이용하지 않으면서 건축을 제한한 토지이다. 넓은 의미로는

건물 및 시설물에 의해 점유되지 않은 모든 토지(공간)을 총칭하며, 보다 축소된 의미로 일반에 공개된 녹지·공원 등을 지칭할 수도 있다.

[※ 관련 법규 : 국토의 계획 및 이용에 관한 법률, 동법 시행령,
도시·군계획계획시설의 결정·구조 및 설치 기준에 관한 규칙]

9. 공동구

전기·가스·수도 등의 공급설비, 통신시설, 하수도시설 등 지하매설물을 공동 수용함으로써 미관의 개선, 도로구조의 보전 및 교통의 원활한 소통을 위하여 지하에 설치하는 시설물로서 「국토의 계획 및 이용에 관한 법률」에 의한 기반시설 중 유통·공급시설의 하나이다.

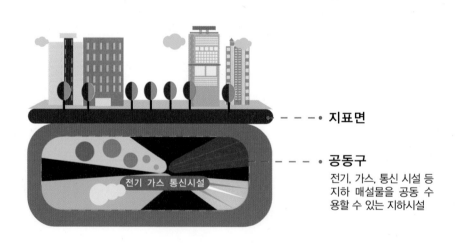

지표면

공동구
전기, 가스, 통신 시설 등 지하 매설물을 공동 수용할 수 있는 지하시설

전기 가스 통신시설

공동구를 설치하는 경우 공동구에 수용되는 시설의 설치현황, 장기수요 예측 및 경제적 타당성과 주변시설물에 미치는 영향을 충분히 조사·검토하여야 하며 공

동구가 설치된 경우에는 당해 공동구에 수용되어야 할 시설이 빠짐없이 공동구에 수용되도록 하여야 한다.

도시계획시설사업의 시행자가 공동구를 설치하는 경우 다른 법률에 의해 그 공동구에 수용되도록 규정된 시설을 설치할 의무가 있는 자(공동구점용예정자)에게 공동구의 설치에 소요되는 비용을 부담시킬 수 있고, 공동구의 원활한 설치를 지원하기 위하여 시·도지사, 시장 또는 군수가 그 비용의 일부를 보조할 수 있도록 하고 있다.

또한 공동구의 설치비용을 부담하지 아니한 자가 공동구를 점용 또는 사용하고자 하는 때에는 그 공동구를 관리하는 특별시장·광역시장·시장 또는 군수의 허가를 받아야 하고 지자체 조례가 정하는 점용료(사용료)를 납부하여야 한다.

공동구 설치 시 배수펌프, 환기설비, 전원, 누전차단기, 통신설비, 출입구 등 공동구의 구조 및 설치 기준은 「도시·군계획시설의 결정·구조 및 설치기준에 관한 규칙」에 따른다.

[※ 관련 법규 : 국토의 계획 및 이용에 관한 법률, 동법 시행령,
도시·군계획시설의 결정·구조 및 설치 기준에 관한 규칙]

10. 공중권

토지의 지표면과 별도로 독립된 지표 위의 상부공간에 대한 권리로 토지의 입체적 이용 관점에서 시설·토지 및 건물 상공의 공간에 대한 개발용량의 소유권을 말한다.

공중권은 1578년 영국의 관습법에서 출발하여 1927년 미국에서 최초로 공중권을 규정하는 성문법을 마련하여 입법되었다.

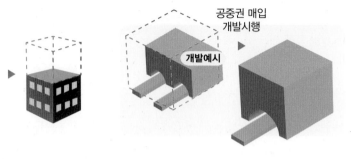

토지, 건물등의
상부공간에 대한 개발권
(권리 양도 가능)

개발예시

공중권 매입
개발시행

 토지의 소유개념과 이용권 개념이 분리되면서 인정되는 시설·토지 및 건물 상부공간의 효율성을 높이기 위한 개념이다.

 도시에서 저층의 빌딩 용지나 도로·철도 등은 단일용도의 저밀도 상태로 유지되는 경우가 많은데, 이러한 부지에 고밀도의 복합적 이용이 가능하려면 공중권의 개념이 적용되어야 한다.

 뉴욕시의 메디슨 스퀘어 가든은 공중권 매매의 대표적 사례로 민간회사가 철도회사의 철도용지 상공의 공중권을 매입하여 건설하였다. 이러한 공중권의 범위는 기존 건물의 여유 개발용량에 대한 증축뿐만 아니라 햇빛·공기·광고가치 등의 보호를 목적으로 설정한 공간의 소유 권리까지 포함하며, 개발용량을 다른 토지로 이전하여 이용할 수 있는 개발권양제도(TDR)에 근거를 제공한다.

 우리나라의 민법에서 토지소유권은 지표뿐만 아니라 정당한 이익이 있는 범위 내에서 수직선상에 있는 지하 및 공중을 모두 포함한다. 이러한 토지소유권 외에 타인의 토지에 건물, 기타 공작물이나 수목을 소유할 목적으로 그 토지를 사용하는 권리인 지상권을 따로 정의하고 있다. 우리나라의 경우 구분소유권과 구분지상권이 공중권의 개념과 유사하게 사용되고 있다.

▌구분소유권

 구분소유권은 물리적으로 독립적인 건물 일부분에 대한 소유권이며 토지에 대한

공유지분 등 토지소유권이 없는 경우 완전한 재산권의 행사가 어렵고 건물 등의
멸실에 따라 권리가 소멸되며 개발용량의 개념을 포함하지 않는다.

| 구분지상권

지상권의 범위를 한정하여 타인의 토지의 지상 또는 지하공간의 일정 부분을 이
용할 수 있는 권리이며 토지에 대한 소유권이 없이도 권리의 행사가 가능하나 토
지소유권자의 동의를 전제로 한다.

[※ 관련 법규 : 민법]

11. 교통영향평가(교통영향분석 · 개선대책)

사업의 시행에 따라 발생하는 교통량 · 교통 흐름의 변화 및 교통안전에 미치는
영향(교통영향)을 조사 · 예측 · 평가하고 그와 관련된 각종 문제점을 최소화할 수
있는 방안을 마련하는 행위를 말한다.

교통영향평가의 실시 대상 지역은 도시교통정비지역 및 도시교통정비지역의 교
통권역을 말하며, 대상은 도시의 개발, 사업입지와 산업단지의 조성, 에너지 개
발, 항만의 건설, 도로의 건설, 철도(도시철도 포함)의 건설, 공항의 건설, 관광단
지의 개발, 특정지역의 개발, 체육시설의 설치, 대통령령으로 정하는 건축물의 건
축, 신축, 대수선, 리모델링 및 용도변경, 그 밖에 대통령령으로 정하는 사업구역
을 말한다.

▶ 교통영향평가를 하는 목적은 다음과 같다.

---

① 지역적 차원에서 주변의 토지이용과 교통체계의 현황에 비추어 사업의 규모, 성격 등이 적정한가를 사업 시행 전에 살펴보는 것.

---

② 주변 지역 교통체계에 미치는 각종 영향을 검토하고 이를 최소화하는 방안을 찾아 이를 계획과정에서 고려하는 것.

---

③ 사업시행이 주변 지역의 교통체계에 파급효과를 가져오거나 또는 이로 인하여 공공투자의 필요성이 요청된다면 그 정도의 원인자 및 수혜자를 판별하고 비용부담의 원칙을 결정하기 위한 것.

교통영향평가는 개정된 도시교통정비촉진법에 따라 "교통영향분석 · 개선대책"으로 그 명칭이 변경되었다가, 2016년에 다시 "교통영향평가"로 명칭이 변경되었다.

[※ 관련 법규 : 도시교통정비 촉진법]

12. 구분지상권

  건물 및 기타 그 밖의 공작물을 소유하기 위하여 다른 사람이 소유한 토지의 지상이나 지하의 공간에 대하여 상하의 범위를 정해 그 공간을 사용하는 지상권의 한 가지이다.

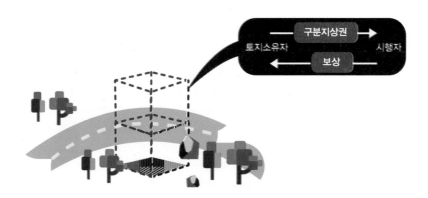

  구분지상권은 지상권의 일종으로서 토지에 대한 권리의 대상을 해당 토지의 지하와 지상의 연속적인 공간으로 보고, 이 공간 중의 일부 상하 구간을 대상으로 형성하는 입체공간에 대한 사용권을 말한다. 구분지상권이 설정된 구간은 지상권의 행사를 위하여 토지의 사용을 제한할 수 있다.

  구분지상권 적용의 예를 들자면 민간소유 토지의 일부 구간에 입체도로 구역이 결정된 경우, 도로로 사용하는 토지의 지하 부분 및 지상 부분에 대하여 구분지상권을 설정하여 토지소유자에게 보상하는 경우를 들 수 있다.

  ▶ 지상권이란 타인의 토지에 건물 기타 공작물이나 수목을 소유하기 위하여 그 토지를 사용하는 권리를 말한다.

[※ 관련 법규 : 민법, 도시철도법]

13. 국토계획

국토를 이용·개발 및 보전함에 있어서 미래의 경제적 사회적 변동에 대응하여 국토가 지향하여야 할 발전 방향을 설정하고 이를 달성하기 위한 계획이다.

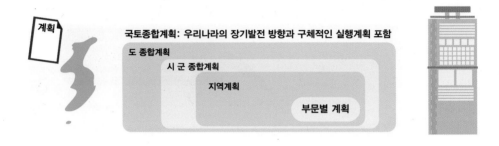

▶ 국토계획에는 다음과 같이 국토종합계획, 도종합계획, 시·군 종합계획, 지역계획, 부문별계획이 있다.

① 국토종합계획: 국토 전역을 대상으로 하여 국토의 장기적인 발전 방향을 제시하는 종합계획

② 도종합계획 : 도 또는 특별자치도의 관할구역을 대상으로 하여 당해 지역의 장기적인 발전 방향을 제시하는 종합계획

③ 시·군 종합계획 : 특별시·광역시·시 또는 군(광역시의 군을 제외한다)의 관할구역을 대상으로 하여 당해 지역의 기본적인 공간 구조와 장기 발전 방향을 제시하고, 토지이용·교통·환경·안전·산업·정보통신·보건·후생·문화 등에 관하여 수립하는 계획으로서 「국토의 계획 및 이용에 관한 법률」에 의하여 수립되는 도시계획

④ 지역계획 : 특정한 지역을 대상으로 특별한 정책 목적을 달성하기 위하여 수립하는 계획

⑤ 부문별계획 : 국토 전역을 대상으로 하여 특정 부문에 대한 장기적인 발전 방향을 제시하는 계획

국토종합계획은 20년을 단위로 하여 수립하며, 도종합계획, 시·군 종합계획, 지역계획 및 부문별계획의 수립권자는 국토종합계획의 수립 주기를 고려하여 그

수립 주기를 정하여야 한다. 국토종합계획은 도종합계획 및 시·군 종합계획의 기본이 되며, 부문별계획과 지역계획은 국토종합계획과 조화를 이루어야 한다. 도종합계획은 해당 도의 관할구역에서 수립되는 시·군 종합계획의 기본이 된다.

[※ 관련 법규 : 국토기본법]

14. 국토이용정보체계

국토의 이용 및 관리와 관련하여 구축한 여러 분야의 정보시스템을 포괄하는 것으로 한국토지정보시스템(KLIS), 도시계획정보시스템(UPIS), 토지이용규제정보시스템(LURIS) 등을 말한다.

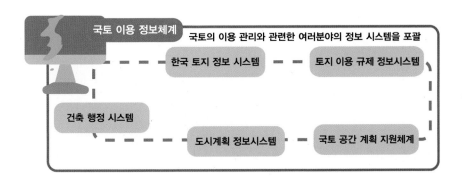

종전 「국토의 계획 및 이용에 관한 법률」에 따른 국토이용정보체계는 도시계획에 관한 사항의 정보체계로서 현행 「토지이용규제 기본법」상의 국토이용정보체계와는 다른 개념이다. 국토이용정보체계는 한국토지정보시스템(KLIS), 종전의 「국토의 계획 및 이용에 관한 법률」에 의한 도시계획정보체계(UPIS), 지역·지구 등

안에서의 행위제한 내용 및 규제안내서 등을 제공하는 토지이용규제정보시스템 (LURIS) 등이 있다.

국토교통부장관 및 지방자치단체의 장은 국토이용정보체계를 이용하여 필지별로 지역·지구 등의 지정 여부 및 행위제한 내용을 일반 국민에게 제공하여야 한다. 이에 따른 지형도면은 국토이용정보체계상에 구축되어 있는 지적이 표시된 지형도의 데이터베이스를 사용하여야 한다.

▶ 국토이용정보체계를 통하여 관리되는 정보의 내용은 다음과 같다.

---

① 필지별 지역·지구 등의 지정 내용, 지역·지구 등 안에서의 행위제한 내용, 규제안내서 등 토지이용규제에 관한 정보

---

② 「국토의 계획 및 이용에 관한 법률」에 따른 도시계획에 관한 정보

---

③ 지적, 지형 등 토지의 공간 및 속성정보

---

④ 그 밖에 국토의 이용·개발 및 보전에 관련된 정보

[※ 관련 법규 : 토지이용규제 기본법, 동법시행령]

15. 근린생활시설

근린생활시설은 「건축법」에 의한 건축물의 용도 중의 하나로 슈퍼마켓 등 보통 일상생활에 필요한 시설이며 제1종 근린생활시설과 제2종 근린생활시설로 구분된다.

제1종, 제2종 근린생활시설의 세부종류는 「건축법 시행령」 별표1 '용도별 건축물의 종류'에 명시되어 있다. 제1종 근린생활시설은 국민이 생활하면서 편리하게 이용할 수 있는 시설로 가목 소매점 등에서부터 자목 출판사 등까지 생활에 꼭 필요한 필수적인 시설이며, 제2종 근린생활시설은 가목 공연장에서부터 러목 노래연습장까지 생활하는 데 유용한 시설로 분류하고 있다.

근린생활시설

1종 근린생활시설:
주민생활의 필수시설

2종 근린생활시설:
1종보다 큰 규모시설,
취미생활, 편의생활시설

▶ 이러한 건축물의 용도 분류의 목적은 다음과 같다.

① **용도지역 · 지구 · 구역 별 토지이용 관리**

합리적인 토지이용을 통한 국민 생활의 질을 향상하기 위해 「국토의 계획 및 이용에 관한 법률」에서는 각각의 용도지역 · 용도지구 및 용도구역의 지정목적에 따라 그 안에서 규정된 용도의 건축물은 건축할 수 없도록 제한하고 있다.

② **개별 건축물 관리**

「건축법」에서는 개별 건축물의 안전 · 기능 및 미관을 확보하고 주변 주거환경 · 생활환경과 건축물이 적합하도록 하기 위하여 건축물을 건축하거나 대수선할 때에는 그 입지 · 규모 · 용도 등에 대해 지정된 허가권자(시장 · 군수 · 구청장, 특별시장 등)의 허가를 받도록 하고 있다.
동시에 건축물의 용도를 변경하고자 할 때에는 그 용도에 따라 각기 다른 건축기준을 따라야 하며, 시설군 종류에 따라 허가를 받거나 신고해야 한다.

| **건축물**

토지에 정착하는 공작물 중 지붕과 기둥 또는 벽이 있는 것과 이에 딸린 시설물, 지하나 고가의 공작물에 설치하는 사무소 · 공연장 · 점포 · 차고 · 창고 등

| **대수선**

건축물의 기둥, 보, 내력벽, 주계단 등의 구조나 외부 형태를 수선 · 변경하거나 증설하는 것

❘ 시설군

「건축법」에 의해 정의된 유사시설의 분류인 시설군은 다음과 같다.

① 자동차 관련 시설군	② 산업 등의 시설군	③ 전기통신 시설군
④ 문화 및 집회 시설군	⑤ 영업 시설군	⑥ 교육 및 복지 시설군
⑦ 근린생활 시설군	⑧ 주거업무 시설군	⑨ 그 밖의 시설군

[※ 관련 법규 : 건축법 시행령, 국토의 계획 및 이용에 관한 법률]

16. 근린주구(Neighborhood Unit)

도시계획 접근 방법의 하나로서, 어린이놀이터, 상점, 교회당, 학교와 같이 주민 생활에 필요한 공공시설의 기준을 마련하고자 초등학교 도보권을 기준으로 설정된 단위주거구역을 말한다.

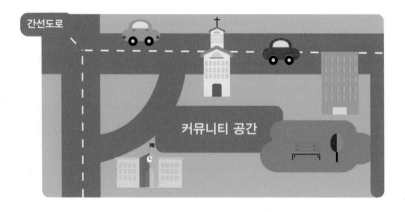

이러한 근린주구의 개념은 주구 내 도보 통학이 가능한 초등학교를 중심으로 공

공시설을 적절히 배치함으로써, 주민생활의 안전성과 편리성, 쾌적성을 확보함은 물론 주민들 상호 간의 사회적 교류를 촉진시키기 위한 목적으로 1920년대 미국의 페리(C. A. Perry)에 의해 제시되었다.

▶ 페리에 의한 근린주구 조성의 6가지 계획원칙은 다음과 같다.

① 규모 : 주거단위는 하나의 초등학교 운영에 필요한 인구규모를 가져야 하고 면적은 인구밀도에 따라 달라진다.

② 주구의 경계 : 주구 내 통과교통을 방지하고 차량을 우회시킬 수 있는 충분한 폭원의 간선도로로 계획한다.

③ 오픈스페이스 : 주민의 욕구를 충족시킬 수 있도록 계획된 소공원과 레크리에이션 체계를 갖춘다.

④ 공공시설 : 학교와 공공시설은 주구 중심부에 적절히 통합 배치한다.

⑤ 상업시설 : 주구 내 인구를 서비스할 수 있는 적당한 상업시설을 1개소 이상 설치하되, 인접 근린주구와 면해 있는 주구외곽의 교통결절부에 배치한다.

⑥ 내부도로체계 : 순환교통을 촉진하고 통과교통을 배제하도록 일체적인 가로망으로 계획한다.

근린주구는 사회적으로 주민 생활 공동체를 제시하여 주민들 상호 간의 공동연대를 강화하고 물리적 · 공간적으로 안전하고 쾌적한 생활환경을 조성하기 위한 공공시설의 효율적인 배치를 제시한다는 점에서 의의를 가진다.

이러한 페리의 근린주구 개념은, 현대의 도시계획에서 초등학교, 중학교 학군을 중심으로 하는 인구 2~3만인 규모의 소생활권(근린생활권)의 개념으로 이어지고 있다.

하지만 현대사회의 생활은 과거보다 훨씬 복잡 · 다양화되었으며, 교통수단 및 커뮤니케이션 수단의 발달로 인한 생활권의 지속적 확대와 대두되고 있는 직주근접(職住近接) 개념의 측면에서 볼 때 경직성을 탈피해야 할 필요성도 지적된다.

한편「국토의 계획 및 이용에 관한 법률」에서는 도시기본계획의 수립 시 도시의 공간 구조, 생활권의 설정 및 인구의 배분에 관한 사항을 포함하도록 하고 있으며 특히 도시관리계획의 수립기준에서 도시의 공간 구조는 생활권단위로 적정하게 구분하고 생활권별로 생활·편익시설이 고루 갖추어지도록 해야 한다고 규정하고 있다.

[※ 관련 법규 : 국토의 계획 및 이용에 관한 법률, 도시군 관리계획 수립기준]

17. 기반시설

　도시기능의 유지에 필요한 물리적인 요소로「국토의 계획 및 이용에 관한 법률」에 의해 정해진 시설이다.

　▶ 기반시설은 다음과 같이 세분화되며 당해 시설 그 자체의 기능 발휘와 이용을 위하여 필요한 부대시설 및 편익시설을 포함한다.

①	교통시설 : 도로 · 철도 · 항만 · 공항 · 주차장 · 궤도 · 운하, 자동차 및 건설기계검사시설, 자동차 및 건설기계운전학원
②	공간시설 : 광장 · 공원 · 녹지 · 유원지 · 공공용지
③	유통 · 공급시설 : 유통업무설비, 수도 · 전기 · 가스 · 열공급설비, 방송 · 통신시설, 공동구 · 시장, 유류저장 및 송유설비
④	공공 · 문화체육시설 : 학교 · 운동장 · 공공청사 · 문화시설 · 공공필요성이 인정되는 체육시설 · 연구시설 · 사회복지시설 · 공공직업훈련시설 · 청소년수련시설
⑤	방재시설 : 하천 · 유수지(遊水池) · 저수지 · 방화설비 · 방풍설비 · 방수설비 · 사방설비 · 방조설비
⑥	보건위생시설 : 화장시설 · 공동묘지 · 봉안시설 · 자연장지 · 장례식장 · 도축장 · 종합의료시설
⑦	환경기초시설 : 하수도 · 폐기물처리시설 · 수질오염방지시설 · 폐차장

종전의 「도시계획법」에서의 도시기반시설이 「국토의 계획 및 이용에 관한 법률」에 의해 기반시설로 규정되었으며, 도시계획시설은 기반시설 중에서 도시 관리계획으로 결정되어 계획으로 고시된 것을 말한다.

한편 광역시설은 기반시설 중 광역적인 정비체계가 필요한 둘 이상의 특별시 · 광역시 · 시 또는 군의 관할구역에 걸치는 시설 및 공동으로 이용하는 시설로서 「국토의 계획 및 이용에 관한 법률 시행령」에 규정된 시설이다.

▎ 공공시설이란?

「국토의 계획 및 이용에 관한 법률」에 의한 공공시설은 다음과 같다.

①	**기반시설 중 도로 · 공원 · 철도 · 수도**
②	**다음의 공공용시설**
	(ㄱ) 항만 · 공항 · 운하 · 광장 · 녹지 · 공공공지 · 공동구 · 하천 · 유수지 · 방화설비 · 방풍설비 · 방수설비 · 사방설비 · 방조설비 · 하수도 · 구거
	(ㄴ) 행정청이 설치하는 주차장 · 운동장 · 저수지 · 화장장 · 공동묘지 · 봉안시설 등

[※ 관련 법규 : 국토의 계획 및 이용에 관한 법률, 동법 시행령]

18. 기부채납(Land Donation)

국가 외의 자가 재산의 소유권을 무상으로 국가에 이전하여 국가가 이를 취득하는 것을 말한다.

기부채납이란 국가 또는 지방자치단체가 무상으로 사유재산을 받아들이는 것을 말하며, 여기서의 채납은 가려서 받아들인다는 의미를 지닌다. 기부채납을 받는 경우 총괄청 및 관리청은 재산의 표시, 기부의 목적, 재산의 가격, 소유권을 증명할 수 있는 서류 등 제반사항을 기재한 기부서를 받아야 한다.

▶ 국유재산법에서는 총괄청 및 관리청은 국가에 기부하고자 하는 재산이 국가가 관리하기 곤란하거나 필하지 않은 경우, 기부에 조건이 수반된 것인 경우에는 이를 채납할 수 없음을 명시하고 있으나 다음에 해당하는 경우는 기부에 조건이 수반된 것으로 보지 않으므로 채납이 가능하다.

① 행정재산 또는 보존재산으로 기부하는 재산에 대하여 기부자, 그 상속인 그 밖의 포괄 승계자가 무상으로 사용 · 수익할 수 있도록 허가하여 줄 것을 조건으로 당해 재산을 기부하는 경우

② 행정재산의 용도를 폐지하는 경우 그 용도에 사용될 대체시설을 제공한 자, 그 상속인 그 밖의 포괄승계자가 그 부담한 비용의 범위 안에서 규정에 따라 용도폐지된 재산을 양여할 것을 조건으로 그 대체시설을 기부하는 경우

가령 국공유지를 매입하지 않고 그 부지에 건물 등을 건축하여 그 소유권은 국가에 무상귀속하고 사용 · 수익권은 그 건축물의 가액과 산정 사용료가 상쇄되는 연한까지 기부자, 그 상속인 그 밖의 포괄승계자가 가지는 조건으로 건축허가를 받는 건축허가의 조건으로서의 기부채납이 있다. 또한 주택건설사업 등의 도시계획사업을 시행할 때 도시계획사업구역 내 국공유지인 도로를 용도 폐지하여 양여받는 조건으로 대체 도로를 설치해 국공유지로 무상 귀속하는 등의 기부채납이 가능하다.

그 외에도 각종 도시계획사업과 관계된 개별법령 등에 따로 기부채납 시 용적률 등의 완화에 대해 규정하고 있다. 예를 들어 지구단위계획의 수립 시에는 대지의 일부를 공공시설 또는 기반시설 중 학교와 해당 시 · 도의 도시계획조례가 정하는 기반시설 부지로 기부채납하는 경우 건폐율 · 용적률 · 높이 등을 완화할 수 있도록 하고 있다.

▎대지

「공간정보의 구축 및 관리 등에 관한 법률」에 의하여 각 필지로 구획된 토지로서 건축물을 건축할 수 있는 토지를 말한다. 단, 「건축법 시행령」에 정해져 있는 특정한 토지에 대해서는 둘 이상의 필지를 하나의 대지로 하거나 한 필지의 일부를 하나의 대지로 할 수 있다.

[※ 관련 법규 : 국유재산법]

19. 기업형 임대주택(New Stay)

기업형임대사업자가 8년 이상 임대할 목적으로 건설 또는 취득하여 임대하는 민간임대주택을 말한다.

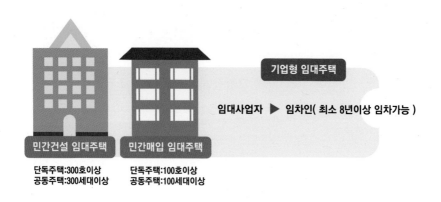

2015년 정부는 월세 전환 확대에 따른 중산층의 주거불안 해소 방안의 일환으로 기업형 주택임대사업 육성을 중심으로 하는 정책을 추진하였는데, 국토교통부에서 정한 명칭이 뉴스테이(New Stay)이며 법적 명칭은 '기업형 임대주택'이다.

기업형 임대주택은 중산층 주거 불안을 해소하는 주거혁신정책으로 기업형 임대주택에 거주하는 임차인은 적정 수준으로 관리되는 임대료를 납부하며, 희망할 경우 8년 동안 거주 가능하다.

기업형 임대주택의 공급을 촉진하기 위하여 기업형 임대주택 촉진지구를 지정할 수 있다. 촉진지구는 5천㎡ 이상의 부지면적 중 유상공급면적(도로, 공원 등 관리청에 귀속되는 공공시설면적을 제외한 면적)의 50% 이상을 기업형 임대주택(준주택 제외)으로 건설·공급하기 위하여 시·도지사가 지정하는데, 국민의 주거안정을 위하여 기업형 임대주택을 건설·공급할 필요가 있는 경우에는 국토교통부장관도 지정할 수 있다.

촉진지구에서는 기업형임대주택 건설의 원활한 시행을 위하여 건폐율 및 용적률, 층수 제한, 대지의 조경, 건축물의 높이, 도시공원 또는 녹지 확보 기준, 주택건설기준 등 관계 법령에서 정한 기준보다 완화된 기준을 적용한다.

[※ 관련 법규 : 민간임대주택에 관한 특별법, 도시 및 주거환경정비법]

20. 녹지망

지속가능한 개발 혹은 자연친화적인 생활환경 개선에의 요구로 도시지역에 공원녹지를 확대하는 도시녹화를 통해 녹지축이 상호 연계된 것을 녹지망(Green Network)이라 한다.

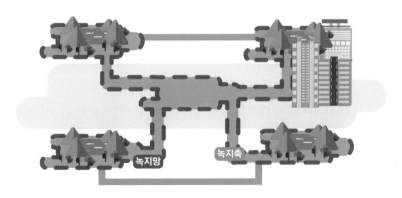

도시의 녹지망 형성은 녹지가 생태적으로 안정되도록 보존하여 녹지의 질을 향상시키며, 나아가 수변생태계를 복원하고 야생동물 서식지를 확보하며 이들을 주변공원이나 녹지와 연결시키는 등 생태계의 회복도 꾀할 수 있게 된다.

▶ 「도시공원 및 녹지 등에 관한 법률」에 의해 특별시·광역시 등의 대도시는 공원녹지의 종합적 배치 및 공원녹지의 축과 망에 관한 사항 등을 포함하는 공원녹지기본계획을 10년 단위로 수립하여 이를 바탕으로 도시녹화계획을 수립해야 한다.

▎ 공원녹지

쾌적한 도시환경을 조성하고 시민의 휴식과 정서함양에 기여하는 다음의 공간 또는 시설을 말한다.

① 도시공원·녹지·유원지·공공공지 및 저수지
② 도시자연공원구역
③ 나무·잔디·꽃·지피식물 등의 식생이 자라는 공간
④ 그 밖에 쾌적한 도시환경을 조성하고 시민의 휴식과 정서함양에 기여하는 공간 또는 시설로서 국토교통부령이 정하는 공간 또는 시설

▎ 도시녹화

식생·물·토양 등 자연친화적인 환경이 부족한 도시지역(「국토의 계획 및 이용에 관한 법률」에 의한 도시지역을 말하며, 동법에 의한 관리지역에 지정된 지구단위계획구역을 포함한다)의 공간(「산림법」에 의한 산림을 제외)에 식생을 조성하는 것을 말한다.

▎ 녹지의 종류

도시의 자연환경을 보전하거나 개선하고 공해 및 재해를 방지하여 양호한 도시경관의 향상을 도모코자 지정되는 도시계획시설이다. 녹지는 기능에 따라 「도시공원 및 녹지 등에 관한 법률」에서 다음과 같이 세분한다.

① 완충녹지 : 대기오염·소음·진동·악취 그 밖에 이에 준하는 공해와 각종 사고나 자연재해 그 밖에 이에 준하는 재해 등의 방지를 위하여 설치하는 녹지

② 경관녹지 : 도시의 자연적 환경을 보전하거나 이를 개선하고 이미 자연이 훼손된 지역을 복원·개선함으로써 도시경관을 향상시키기 위하여 설치하는 녹지

③ 연결녹지 : 도시 안의 공원·하천·산지 등을 유기적으로 연결하고 도시민에게 산책공간의 역할을 하는 등 여가·휴식을 제공하는 선형의 녹지

[※ 관련 법규 : 도시공원 및 녹지 등에 관한 법률]

21. 대수선

건축물의 기둥, 보, 내력벽, 주 계단 등의 구조나 외부 형태를 수선·변경하거나 증설하는 것을 말한다.

기둥, 보, 내력벽 등을 수선또는 변경하는 것으로 규모에 따라 건축허가를 받아야한다.

▶ 대수선은 다음의 사항 중 하나에 해당하는 경우로서 증축·개축 또는 재축에 해당하지 아니하는 것을 말한다.

① 내력벽을 증설·해체하거나 그 벽 면적을 30㎡ 이상 수선 또는 변경하는 것

② 기둥을 증설·해체하거나 3개 이상 수선 또는 변경하는 것

③ 보를 증설·해체하거나 3개 이상 수선 또는 변경하는 것

④ 지붕틀(한옥의 경우에는 지붕틀의 범위에서 서까래는 제외한다)을 증설·해체하거나 3개 이상 수선 또는 변경하는 것

⑤ 방화벽 또는 방화구획을 위한 바닥 또는 벽을 증설·해체하거나 수선 또는 변경하는 것

⑥ 주계단·피난계단 또는 특별피난계단을 증설·해체하거나 수선·변경하는 것

⑦ 미관지구 안에서 건축물의 외부 형태(담장을 포함한다)를 변경하는 것

⑧ 다가구주택의 가구 간 경계벽 또는 다세대주택의 세대 간 경계벽을 증설·해체하거나 수선 또는 변경하는 것

⑨ 건축물의 외벽에 사용하는 마감재료를 증설·해체하거나 벽 면적 30㎡ 이상 수선 또는 변경하는 것

▎증축, 개축, 재축

① 증축 : 기존 건축물의 건축면적·연면적·층수 또는 높이를 증가시키는 것

② 개축 : 기존 건축물의 전부 또는 일부(내력벽·기둥·보·지붕틀 중 3이상이 포함되는 경우를 말한다)를 철거하고 그 종전과 동일한 규모의 범위 안에서 건축물을 다시 축조하는 것

③ 재축 : 건축물이 멸실되어 그 대지 안에 종전과 동일한 규모의 범위 안에서 다시 축조하는 것

[※ 관련 법규 : 건축법, 동법시행령]

22. 대지

「공간정보의 구축 및 관리 등에 관한 법률」에 의해 개별 필지로 구획된 토지를 말하며 일반적으로 건축행위가 가능한 필지를 말한다.

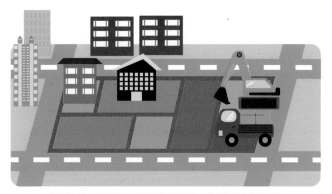

기본적으로 건축법상 안전조건을 만족하는 대지에 건축행위 가능

「건축법」에서 정의하는 대지는 「공간정보의 구축 및 관리 등에 관한 법률」에 따라 각 필지로 나눈 토지이며 건축행위가 이루어질 수 있는 개별 필지를 말한다.

▶ 대지로서 건축행위가 가능하기 위해서는 「건축법」에 의해 다음의 안전조건을 만족해야 한다.

① 대지는 인접한 도로면보다 낮아서는 안 된다. 다만, 대지의 배수에 지장이 없거나 건축물의 용도상 방습의 필요가 없는 경우에는 인접한 도로면보다 낮아도 된다.

② 습한 토지, 물이 나올 우려가 많은 토지, 쓰레기, 그 밖에 이와 유사한 것으로 매립된 토지에 건축물을 건축하는 경우에는 성토, 지반 개량 등 필요한 조치를 하여야 한다.

③ 대지에는 빗물과 오수를 배출하거나 처리하기 위하여 필요한 하수관, 하수구, 저수탱크, 그 밖에 이와 유사한 시설을 하여야 한다.

④ 손궤의 우려가 있는 토지에 대지를 조성하려면 「건축법 시행규칙」으로 정하는 바에 따라 옹벽을 설치하거나 그 밖에 필요한 조치를 하여야 한다.

대지에 건축물을 건축하기 위해서는 대지경계의 2m 이상이 도로(자동차만의 통행에 사용되는 도로는 제외)에 접해야 한다. 다만 출입에 지장이 없거나 「건축법 시행령」으로 정하는 공지가 있는 경우는 예외로 하며, 연면적의 합계가 2,000㎡ 이상인 건축물의 대지는 너비 6m 이상의 도로에 4m 이상 접하여야 한다.

건축물이 있는 대지는 아래와 같이 「건축법 시행령」으로 정하는 범위에서 해당 지방자치단체의 조례로 정하는 면적 이상으로 분할하여야 한다.

:: 용도지역별 건축허가 분할 불요건 ::

	주거지역	상업지역	공업지역	녹지지역	그 밖의 지역
건축법 시행령	60㎡	150㎡	150㎡	200㎡	60㎡
서울특별시 건축조례	90㎡	150㎡	200㎡	200㎡	90㎡

이러한 대지개념은 「공간정보의 구축 및 관리 등에 관한 법률」에 의한 필지 지목 중 하나인 대와 달리 모든 지목의 토지에 대해 적용되며, 「건축법」 및 「국토의 계획 및 이용에 관한 법률」에서 명시된 건폐율, 용적률 등의 산정 시에 이용된다.

[※ 관련 법규 : 공간정보의 구축 및 관리 등에 관한 법률,
건축법 시행령, 서울특별시 건축 조례]

23. 도로

「건축법」에 의한 도로란 보행과 자동차 통행이 가능한 너비 4미터 이상의 도로나 예정 도로를 말한다.

「건축법」에서는 건축물의 출입을 위해, 건축물의 건축 시 당해 대지의 2m 이상이 도로에 접하도록 규정하고 있다(연면적의 합계가 2천㎡ 이상인 건축물의 대지는 너비 6m 이상의 도로에 4m 이상 접해야 함). 단, 자동차전용도로는 제외하며 해당 건축물의 출입에 지장이 없다고 인정되는 경우나 건축물의 주변에 광장 · 공원 · 유원지 기

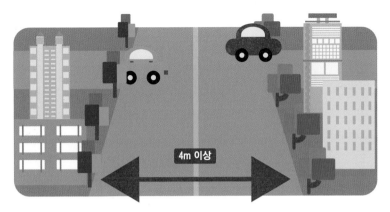

사람과 차량의 통행이 가능한 폭 4m 이상의 도로

타 관계 법령에 의하여 건축이 금지되고 공중의 통행에 지장이 없다고 허가권자가 인정한 공지가 있는 경우는 예외이다.

또한 도로중심선으로부터 정의되는 건축선에 대한 규정 등과 같이, 「건축법」에서는 도로를 기준으로 하는 규정들이 다수 존재하며 이러한 규정을 명확히 적용하기 위해 따로 도로를 정의하고 있다.

▶ 이러한 「건축법」에 의한 도로라 함은 보행과 자동차 통행이 가능한 너비 4m 이상의 도로('지형적으로 자동차 통행이 불가능한 경우와 막다른 도로'의 경우에는 「건축법 시행령」으로 정하는 구조와 너비기준을 만족하는 도로)로서 다음에 해당하는 도로나 그 예정도로를 말한다.

① 「국토의 계획 및 이용에 관한 법률」, 「도로법」, 「사도법」, 그 밖의 관계 법령에 따라 신설 또는 변경에 관한 고시가 된 도로

② 건축허가 또는 신고 시에 특별시장 · 광역시장 · 도지사 · 특별자치도지사 또는 시장 · 군수 · 구청장이 위치를 지정하여 공고한 도로

공고한 도로를 도로의 정의에 포함함으로써, 지적도상에 도로로 표기되어 있지 않으나 오랫동안 통행로로 이용되어 온 사실상의 도로인 현황도로에 대해 「건축법」에서 규정하는 요건을 충족하는 경우에는 도로로 인정하여 건축허가를 할 수 있도록 하고 있다.

▶ 또한 '지형적으로 자동차 통행이 불가능한 경우와 막다른 도로'의 경우에는 다음과 같이 「건축법」에 의한 도로로 인정되기 위해 필요한 구조와 너비기준을 따로 규정하고 있다.

① 지형적 조건으로 차량통행을 위한 도로의 설치가 곤란하다고 인정하여 시장 · 군수 · 구청장이 그 위치를 지정 · 공고하는 구간 안의 너비 3m 이상인 도로 (길이가 10m 미만인 막다른 도로인 경우에는 너비 2m 이상)

② 제1호에 해당하지 아니하는 막다른 도로로서 당해도로의 너비가 그 길이에 따라 각각 다음 표에 정하는 기준 이상인 도로

막다른 도로의 길이	도로의 너비
10m 미만	2m
10m 이상 35m 미만	3m
35m 이상	6m(도시지역이 아닌 읍 · 면지역에서는 4m)

[※ 관련 법규 : 건축법]

24. 도로(「도로법」상)

「도로법」에 따른 도로란 차도, 보도(步道), 자전거도로, 측도(側道), 터널, 교량, 육교 등 시설로 구성된 것을 말한다.

▶ 「도로법」에 의한 도로의 종류는 다음과 같고, 그 등급은 열거한 순위에 따른다.

---

① 고속국도 : 자동차교통망의 중추부분을 이루는 중요한 도시를 연결하는 자동차전용의 고속교통을 위한 도로로서 고속국도 노선 지정령에 의하여 노선이 지정된 것을 말한다. 고속국도에 관하여는 그 노선의 지정, 구조관리, 보전 등에 관하여 필요한 사항을 「고속국도법」에서 정한다.

---

② 일반국도 : 중요 도시, 지정항만, 중요 비행장, 국가산업단지 등을 연결하여 고속국도와 함께 국가 기간도로망을 이루는 도로로 「도로법 시행령」에서 노선이 지정된 것을 말한다.

---

③ 특별시도 · 광역시도 : 특별시 또는 광역시 구역에 있는 다음 각호의 어느 하나에 해당하는 도로로서 특별시장 또는 광역시장이 그 노선을 인정한 다음의 도로를 말한다.
　(ㄱ) 자동차 전용도로
　(ㄴ) 간선 또는 보조간선 기능 등을 수행하는 도로
　(ㄷ) 도시의 주요 지역 간이나 인근 도시와 주요 지방 간 연결하는 도로
　(ㄹ) 기타 도시의 기능 유지를 위하여 특히 중요한 도로

---

④ 지방도 : 지방의 간선도로망을 이루는 다음의 어느 하나에 해당하는 도로로서 관할 도지사 또는 특별자치도지사가 그 노선을 인정한 것을 말한다.
　(ㄱ) 도청 소재지에서 시청 또는 군청 소재지에 이르는 도로
　(ㄴ) 시청 또는 군청 소재지를 서로 연결하는 도로
　(ㄷ) 도(道) 또는 특별자치도에 있는 비행장 · 항만 · 역 또는 이들과 밀접한 관계가 있는 비행장 · 항만 · 역을 서로 연결하는 도로
　(ㄹ) 도 또는 특별자치도에 있는 비행장 · 항만 또는 역에서 이들과 밀접한 관계가 있는 고속국도 · 국도 또는 지방도를 연결하는 도로
　(ㅁ) 기타 지방의 개발을 위하여 특히 중요한 도로

---

⑤ 시도(市道) : 시 또는 행정시에 있는 도로로서 관할 시장(행정시의 경우에는 특별자치도지사를 말한다)이 그 노선을 인정한 것을 말한다.

⑥ 군도(郡道) : 군(郡)에 있는 다음 각호의 어느 하나에 해당하는 도로로서 관할 군수가 그 노선을 인정한 것을 말한다.
  (ㄱ) 군청 소재지에서 읍사무소 또는 면사무소 소재지에 이르는 도로
  (ㄴ) 읍사무소 또는 면사무소 소재지 상호 간을 연결하는 도로
  (ㄷ) 제1호와 제2호에 따른 도로 외의 도로로서 군의 개발을 위하여 특히 중요한 도로

⑦ 구도(區道) : 특별시나 광역시 구역에 있는 도로 중 특별시도와 광역시도를 제외한 구(자치구를 말한다. 이하 같다) 안에서 동(洞) 사이를 연결하는 도로로서 관할 구청장이 그 노선을 인정한 것을 말한다.

25. 도로율

도로율은 도시의 기반시설 확충 수준을 평가하는 척도로, 일정 지역 면적에 대한 도로의 점유면적 비율을 말한다.

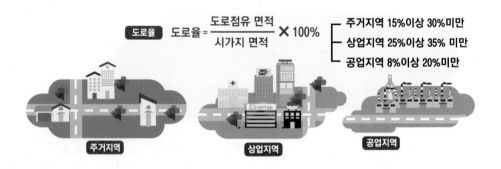

「도시계획시설의 결정 · 구조 및 설치 기준에 관한 규칙」에서는 용도지역별 도로율 기준을 제시하고 있으며, 교통영향평가, 건축물의 용도 · 밀도, 주택의 형태 및 지역 여건에 따라 적절히 증감할 수 있도록 하고 있다.

① 주거지역 : 15% 이상 30% 미만(간선도로의 주간선도로의 도로율은 8% 이상 15% 미만)
② 상업지역 : 25% 이상 35% 미만(간선도로의 주간선도로의 도로율은 10% 이상 15% 미만)
③ 공업지역 : 8% 이상 20% 미만(간선도로의 주간선도로의 도로율은 4% 이상 10% 미만)

| 도로밀도

도로밀도는 해당 기준에 대한 도로면적 또는 도로연장을 의미하며 주로 국토면적에 대한 도로비, 국토면적 $1km^2$당 도로연장(km)을 의미한다. 도로밀도의 종류는 다음과 같다.

① 인구에 대한 도로연장	② 포장도로 연장비(延長比)
③ 국토면적에 대한 도로비(道路比)	④ 자동차 대수에 대한 도로용량
⑤ 구역면적 $1km^2$당 도로연장	⑥ 구역면적 $1km^2$당 포장도로 연장

[※ 관련 법규 : 도시 · 군계획시설의 결정 · 구조 및 설치 기준에 관한 규칙]

26. 도시 · 주거환경정비 기본계획

도시환경을 개선하고 주거생활의 질을 높이기 위해 「도시 및 주거환경정비법」에 의해 수립된 장기(10년) 도시계획을 말한다.

산업화 도시화 과정에서 대량 공급된 주택들이 노후화됨에 따라 이들 노후주택의 체계적이고 효율적인 정비를 위해, 개별 법률에 근거하여 추진되던 재개발사업, 재건축사업, 주거환경개선사업에 대한 단일화의 필요성이 제기되었고 2002년 말에 「도시 및 주거환경 정비법」이 제정되었다.

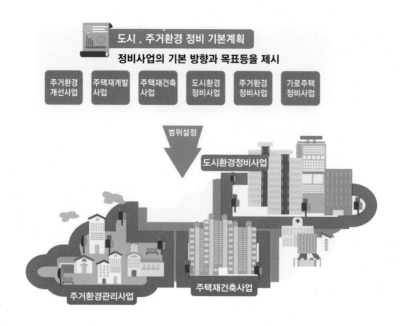

「도시 및 주거환경정비법」에 따라 특별시장 · 광역시장 · 특별자치시장 · 특별자치도지사 또는 시장은 도시 · 주거환경정비 기본계획을 10년 단위로 수립하여야 한다.

기본계획 수립 시 정비사업의 기본 방향 및 계획기간, 인구 · 건축물 · 토지이용 · 정비기반시설 · 지형 및 환경 등의 현황, 주거지관리계획, 토지이용계획, 정비기반시설계획, 공동이용시설설치계획, 교통계획, 환경계획, 세입자에 대한 주거안정 대책 등이 포함되어야 하며, 5년마다 그 타당성 여부를 검토하여 그 결과를 기본계획에 반영하여야 한다. 이 기본계획의 적합한 범위 내에서 정비 사업이 추진된다.

▶ 정비사업이란 법규의 절차에 따라 도시기능을 회복하기 위하여 정비구역 또는 가로구역에서 정비기반시설을 정비하고 주택 등 건축물을 개량하거나 건설하는 다음의 사업을 말한다.

① 주거환경개선사업 : 도시저소득주민이 집단으로 거주하는 지역으로서 정비기반시설이 극히 열악하고 노후 · 불량건축물이 과도하게 밀집한 지역에서 주거환경을 개선하기 위하여 시행하는 사업

② 주택재개발사업 : 정비기반시설이 열악하고 노후 · 불량건축물이 밀집한 지역에서 주거환경을 개선하기 위하여 시행하는 사업

③ 주택재건축사업 : 정비기반시설은 양호하나 노후 · 불량건축물이 밀집한 지역에서 주거환경을 개선하기 위하여 시행하는 사업

④ 도시환경정비사업 : 상업지역 · 공업지역 등으로서 토지의 효율적 이용과 도심 또는 부도심 등 도시기능의 회복이나 상권 활성화 등이 필요한 지역에서 도시환경을 개선하기 위하여 시행하는 사업

⑤ 주거환경관리사업 : 단독주택 및 다세대주택 등이 밀집한 지역에서 정비기반시설과 공동이용시설의 확충을 통하여 주거환경을 보전 · 정비 · 개량하기 위하여 시행하는 사업

⑥ 가로주택정비사업 : 노후 · 불량 건축물이 밀집한 가로구역에서 종전의 가로를 유지하면서 소규모로 주거환경을 개선하기 위하여 시행하는 사업

정비구역의 지정을 위해서 자치구의 구청장 또는 광역시의 군수는 정비계획을 수립하여 주민설명회, 공람, 지방의회 의견 청취 후 특별시장 · 광역시장에게 신청하여야 한다.

┃ 정비계획

정비구역의 지정을 위해 정비사업의 명칭, 정비구역 및 면적, 도시 · 군계획시설의 설치, 공동이용시설의 설치, 건축물의 주용도 · 건폐율 · 용적률 · 높이에 관한 사항, 사업시행 예정시기, 세입자 주거대책 등을 포함하여 수립한 계획을 말한다.

┃ 정비기반시설

주민의 생활에 필요한 시설로서 녹지, 하천, 공공공지, 광장, 소방용수시설, 비상대피시설, 가스공급시설을 말한다. 또한 주거환경개선사업을 위하여 정비구

역 안에 설치하는 시설로서 사업시행계획서에 당해 특별자치시장 · 특별자치도지
사 · 시장 · 군수 또는 자치구의 구청장이 관리하는 것으로 포함된 것을 말한다.

▎ 공동이용시설

주민이 공동으로 사용하는 구판장 · 세탁장 · 화장실 및 수도, 탁아소 · 어린이
집 · 경로당 등 노유자시설, 경비실, 보안 · 방범시설 등 마을의 안전 및 공동이용관
리를 위해 필요한 시설, 주민운동시설 · 도서관 등 주민공동체 활동을 위한 복리시
설, 쓰레기 수거 및 처리시설 등 마을 환경개선을 위해 필요한 시설 등을 말한다.

[※ 관련 법규 : 도시 및 주거환경정비법, 동법 시행령,
도시 · 주거환경정비기본계획 수립 지침]

27. 도시계획사업

도시생활에 필요한 교통, 주택, 위생, 행정 부분에 대하여 주민의 복리를 증진
시키고 공공의 안정을 유지하도록 능률적, 효과적으로 배치하기 위한 도시 관리계
획을 시행하기 위한 사업을 말한다.

▶ 일반적으로 도시계획사업이란 도시관리계획을 시행하기 위한 사업을 의미하고, 「국토의 계획 및 이용에 관한 법률」에서는 도시계획사업을 다음의 사업으로 정의하고 있다.

① 도시계획시설사업	② 「도시개발법」에 의한 도시개발사업
③ 「도시 및 주거환경 정비법」에 의한 정비사업	

이러한 도시계획사업은 도시관리계획의 변경을 수반하게 되며 따라서 계획수립, 주민의견 청취 및 관계 위원회 심의 등의 규정된 절차를 거쳐 도시계획시설부지 지정고시, 도시개발구역지정고시, 정비구역 지정고시 등의 도시관리계획 결정고시 이후에 사업을 시행할 수 있다.

건축물의 건축, 공작물의 설치, 토지의 형질변경 등 개발행위에 대한 허가를 할 때에는 해당 지역 안에서 시행되는 도시계획사업시행자의 의견을 참고하여 도시계획사업의 시행에 지장이 없는지를 판단하여 허가하여야 한다.

[※ 관련 법규 : 국토의 계획 및 이용에 관한 법률]

28. 도시계획상임기획단

도시기본계획 및 도시관리계획에 대한 검토와 도시계획관련위원회 관련 조사·연구 등을 위하여 지방자치단체의 조례가 정하는 방에 따라 전문위원 등으로 구성된 조직이다.

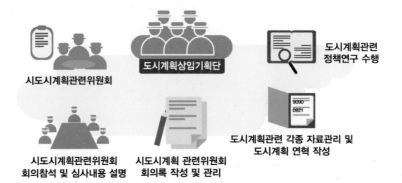

도시계획관련위원회

도시계획상임기획단

도시계획관련 정책연구 수행

시도시계획관련위원회 회의참석 및 심사내용 설명

시도시계획 관련위원회 회의록 작성 및 관리

도시계획관련 각종 자료관리 및 도시계획 연혁 작성

▶ 도시계획상임기획단의 구성 및 운영에 관한 사항은 지방자치단체의 조례로 정하며, 「서울특별시 도시계획 조례」에 따른 도시계획상임기획단의 기능은 다음과 같다.

① 시장이 입안한 도시기본계획 또는 도시관리계획에 대한 검토
② 시장이 의뢰하는 도시계획에 관한 기획 · 지도 및 조사연구
③ 시도시계획위원회 및 서울특별시 도시재정비위원화에서 요구하는 사항에 대한 조사연구
④ 그 밖에 도시계획에 대한 심사 및 자문

▶ 「서울특별시 도시계획 조례」에 따른 도시계획상임기획단의 세부 기능은 다음과 같다.

① 시도시계획위원회 운영 및 상정안건의 관리
② 시도시계획위원회 회의록 작성 및 관리
③ 도시계획 관련 각종 자료 관리 및 도시계획 연혁 작성
④ 도시계획 관련 정책과제의 연구 수행

⑤ 시도시계획위원회 회의참석 및 안건 심사내용 설명

⑥ 그 밖에 시도시계획위원회 위원장이 지시하는 사항

[※ 관련 법규 : 국토의 계획 및 이용에 관한 법률, 서울시 도시계획조례]

29. 도시계획시설

「국토의 계획 및 이용에 관한 법률」에 의한 기반시설을 도시관리계획으로 결정하여 설치하는 시설로서, 도로 등과 같이 반드시 도시관리계획으로 결정하여 설치하는 경우와 체육시설 등과 같이 도시관리계획으로 결정하지 않고도 설치하는 경우로 구분된다.

기반시설이 단순한 시설 자체를 의미한다면 도시계획시설은 그 기반시설의 설치가 도시관리계획의 규정된 절차를 통해 계획으로 결정되어 법적인 의미를 지니게 되었다는 것을 의미하며, 세부적인 도시계획시설의 결정은 도시계획시설의 결정·구조 및 설치 기준에 관한 규칙을 반드시 준수해야 한다.

지구단위계획은 도시관리계획으로 결정되며 그 내용 중에 기반시설에 대한 내용이 반드시 포함되어야 하므로 지구단위계획을 통해 설치되는 기반시설도 도시계획시설이 된다.

도시계획시설을 결정할 때에는 도시계획시설의 종류와 기능에 따라 그 위치·면적 등을 결정하여야 하며, 시장·공공청사·문화시설·연구시설·사회복지시설·장례식장·종합의료시설 등 건축물인 시설로서 그 규모로 인하여 지역의 공간이용에 상당한 영향을 주는 도시계획시설인 경우에는 건폐율·용적률 및 높이의 범위를 함께 결정하여야 한다.

▶ 다음 각호의 시설에 대하여 도시계획시설 결정을 하는 경우에는 그 시설의 기능발휘를 위하여 설치하는 중요한 세부시설에 대한 조성계획을 함께 결정하여야 한다.

① 항만	② 공항
③ 유원지	④ 유통업무설비
⑤ 학교(제88조 제3호에 따른 학교로 한정한다)	⑥ 운동장
⑦ 문화시설(제96조 제7호 및 제8호에 따른 문화시설로 한정한다)	

[※ 관련 법규 : 국토의 계획 및 이용에 관한 법률,
도시·군계획시설의 결정·구조 및 설치 기준에 관한 규칙]

30. 도시관리계획

특별시·광역시·시 또는 군의 개발·정비 및 보전을 위하여 수립하는 토지이용·교통·환경·경관·안전·산업·정보통신·보건·후생·안보·문화 등에 관한 일련의 계획이다.

도시관리계획은 시 · 군의 제반기능이 조화를 이루고 주민이 편안하고 안전하게 생활할 수 있도록 하면서 당해 시 · 군의 지속가능한 발전을 도모하기 위하여 수립하는 법정계획이고 광역도시계획 및 도시기본계획에서 제시된 시 · 군의 장기적인 발전 방향을 공간에 구체화하고 실현시키는 중기계획이다.

▶ 도시관리계획은 「국토의 계획 및 이용에 관한 법률」에 정의된 다음의 계획을 말한다.

① 용도지역 · 용도지구의 지정 또는 변경에 관한 계획

② 개발제한구역 · 도시자연공원구역 · 시가화조정구역 · 수산자원보호구역의 지정 또는 변경에 관한 계획

③ 기반시설의 설치 · 정비 또는 개량에 관한 계획

④ 도시개발사업 또는 정비사업에 관한 계획

⑤ 지구단위계획구역 지정 또는 변경에 관한 계획과 지구단위계획

⑥ 입지규제최소구역 지정 또는 변경에 관한 계획과 입지규제최소구역계획

도시관리계획은 특별시장·광역시장·시장 또는 군수가 관할구역에 대하여 입안하며, 특수한 경우에는 국토교통부장관이 직접 입안할 수 있다. 더불어 지역 주민은 입안권자에게 직접 도시관리계획도서와 계획설명서를 첨부하여 규정된 범위 내의 도시관리계획의 입안을 제안할 수 있으며 입안된 도시관리계획은 주민·지방의회 의견 청취 및 관계기관 협의, 도시계획위원회의 심의를 거쳐 결정된다.

도시관리계획은 광역도시계획·도시기본계획 등 상위계획에 부합되어야 하며 상위계획의 내용을 구체화하여 실현이 가능하도록 수립하여야 한다. 또한 수립 후 5년마다 관할구역의 도시관리계획에 대하여 그 타당성 여부를 전반적으로 재검토해야 한다.

더불어 주민 재산피해와 민원을 해소하고 건전한 발전을 도모하기 위해 신중을 기해 수립하여 하며, 계획이 결정된 후에는 원칙적으로는 결정된 날부터 5년 이내에는 이를 변경할 수 없게 되어 있다. 개별시민의 건축 행위를 규제하는 구속적 도시계획의 성격을 가지게 된다.

[※ 관련 법규 : 국토의 계획 및 이용에 관한 법률, 도시·군관리계획 수립지침]

31. 도시기본계획

특별시·광역시·특별자치시·특별자치도·시·군의 관할구역에 대하여 기본적인 공간 구조와 장기 발전 방향을 제시하는 종합계획으로서 도시관리계획의 수립 지침이 되는 계획이다.

도시기본계획은 「국토의 계획 및 이용에 관한 법률」에 의한 법정 계획으로서 계획내용이 물리적 측면뿐만 아니라 인구·산업·사회·재정 등 사회경제적 측면, 자연환경·보건·방재 등 환경적 측면까지 포괄하는 종합계획으로 상위계획인 국토종합계획·광역도시계획의 내용을 수용하여 도시가 지향하여야 할 바람직한 미래상을 제시하고 장기적인 발전 방향을 제시하는 계획이다.

즉, 도시기본계획은 시·군 행정의 바탕이 되는 주요 지표와 토지의 개발·보전, 기반시설의 확충 및 효율적인 도시관리 전략을 제시하여 하위계획인 도시관리계획 등 관련 계획의 기본이 되는 전략계획으로 볼 수 있다.

도시기본계획은 특별시장, 광역시장, 시장, 군수(광역시 안에 있는 군은 제외)가 관할구역에 대해 계획수립시점으로부터 20년을 기준으로 수립하고, 연도의 끝자리는 0년 또는 5년으로 해야 한다(서울시의 경우 「2030 서울도시기본계획」을 수립).

▶ 도시기본계획은 다음에 대한 부문별 정책 방향을 포함해야 한다.

① 지역적 특성 및 계획의 방향 · 목표에 관한 사항
② 공간 구조, 생활권의 설정 및 인구의 배분에 관한 사항
③ 토지의 이용 및 개발에 관한 사항
④ 그 밖에 도시계획에 대한 심사 및 자문
⑤ 환경의 보전 및 관리에 관한 사항
⑥ ' 기반시설에 관한 사항
⑦ 공원 · 녹지에 관한 사항
⑧ 경관에 관한 사항
⑧-② 기후변화 대응 및 에너지절약에 관한 사항
⑧-③ 방재 및 안전에 관한 사항
⑨ 공간 구조 및 경관에 관한 사항의 단계별 추진에 관한 사항
⑩ 그 밖에 「국토의 계획 및 이용에 관한 법률 시행령」 제15조에서 정하는 사항

특별시 · 광역시의 경우 도시기본계획의 수립 절차는 ① 도시기본계획(안) 수립, ② 공청회 개최 (주민 및 관계전문가 등), ③ 의견 청취(시의회 등), ④ 관계 행정기관의 장(국토교통부장관 포함) 협의 및 국토계획평가, ⑤ 지방도시계획위원회 심의, ⑥ 시 · 도지사 승인, ⑦ 도시 기본계획 공고(일반인에게 열람)에 따라 결정된다.

특별시장 · 광역시장 · 시장 또는 군수는 5년마다 관할구역의 도시기본계획에 대하여 그 타당성 여부를 전반적으로 재검토하여 이를 정비하여야 한다.

[※ 관련 법규 : 국토의 계획 및 이용에 관한 법률, 도시 · 군기본계획 수립지침]

32. 도시자연공원구역

도시의 자연환경 및 경관을 보호하고 도시민에게 건전한 여가 · 휴식공간을 제공하기 위하여 도시지역 안에서 식생(植生)이 양호한 산지(山地)의 개발을 제한할 필요가 있는 경우 설정하는 「국토의 계획 및 이용에 관한 법률」에 의한 용도구역의 하나이다.

도시자연공원구역에서는 건축물의 건축 및 용도변경, 공작물의 설치, 토지의 형질변경, 토석의 채취, 토지의 분할, 죽목의 벌채, 물건의 적치 또는 「국토의 계획 및 이용에 관한 법률」에 의한 도시계획사업을 시행할 수 없고 법률에 규정된 행위의 경우에 한해 특별시장·광역시장·시장 또는 군수의 허가를 받아 시행할 수 있다.

또한 도시자연공원구역의 보호, 훼손된 도시자연의 회복, 도시자연공원구역을 이용하는 자의 안전과 그 밖에 공익상 필요하다고 인정하는 경우에는 도시자연공원구역 중 특정한 지역을 지정하여 일정한 기간 그 지역에 사람의 출입 또는 차량의 통행을 제한하거나 금지할 수도 있다.

도시자연공원구역으로 지정된 지역에서는 각종 개발이 제한되므로 주민이 집단적으로 거주하는 지역은 취락지구로 지정하여 일부 개발을 허용하고 있으며, 도시자연공원구역의 지정으로 인해 토지를 종래의 용도로 사용할 수 없어 그 효용이 현저하게 감소된 토지 또는 당해 토지의 사용 및 수익이 사실상 불가능한 토지(매수대상토지) 소유자의 재산권 보장을 위해서 토지소유자가 해당 도시자연공원구역

을 관할하는 특별시장·광역시장·시장 또는 군수에게 토지매수를 청구할 수 있
도록 하고 있다.

[※ 관련 법규 : 국토의 계획 및 이용에 관한 법률,
도시공원 및 녹지 등에 관한 법률, 동법 시행령]

33. 도시지역

인구와 산업이 밀집되어 있거나 밀집이 예상되어 그 지역에 대하여 체계적인 개
발·정비·관리·보전 등이 필요한 지역으로서 「국토의 계획 및 이용에 관한 법
률」에 의한 용도지역의 대분류 중 하나이다.

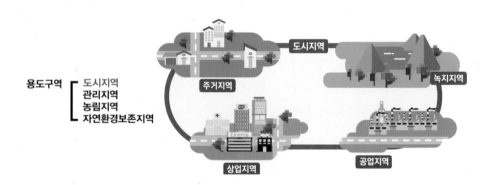

▶ 도시지역은 체계적이고 효율적으로 개발·정비·보전될 수 있도록 미리 계획
을 수립하고 그 계획을 시행하여야 하며, 도시지역은 목적에 따라 다시 다음과 같
이 4개 지역으로 세분된다.

① 주거지역 : 거주의 안녕과 건전한 생활환경의 보호를 위하여 필요한 지역

② 상업지역 : 상업 그 밖의 업무의 편익증진을 위하여 필요한 지역

③ 공업지역 : 공업의 편익증진을 위하여 필요한 지역

④ 녹지지역 : 자연환경·농지 및 산림의 보호, 보건위생, 보안과 도시의 무질서한 확산을 방지하기 위하여 녹지의 보전이 필요한 지역

2015년 말 기준 도시지역의 면적은 약 17,614㎢로 우리나라 전체면적(약 106,102 ㎢)의 16.6%를 차지하고 있고, 도시화의 진전에 따라 지속적으로 증가되는 추세이다. 서울시의 경우 2015년 기준으로 행정구역전체가 용도지역상 도시지역이고 세부적으로는 주거지역 53.8%, 상업지역 4.2%, 공업지역 3.3%, 녹지지역이 38.7%로 구성되어 있다.

[※ 관련 법규 : 국토의 계획 및 이용에 관한 법률]

34. 매수청구권

도시계획사업의 시행으로 재산권 침해가 발생하는 경우 해당 재산을 매수하도록 매수의무자에게 청구할 수 있는 권리를 말한다.

매수청구권은 매수 청구에 대한 권리를 의미하며 공익을 효율적으로 달성하면서, 사적재산권 침해를 줄이기 위해 부여되는 법적인 권리이다. 매수청구권은 매수의무자에게 청구하게 되며 매수의무자는 경우에 따라 특별시장·광역시장·시장 또는 군수나 당해 사업의 시행자가 된다.

▶ 매수청구권은 다음과 같은 법 등에서 명시되어 있다.

---

① 공유수면 관리 및 매립에 관한 법률 : 매립면허취득자의 잔여매립지에 대한 매수청구권

② 사회기반시설에 대한 민간투자법 : 귀속시설 사업시행자의 사회기반시설 건설 또는 관리·운영

③ 국토의 계획 및 이용에 관한 법률 : 토지 소유자의 도시계획시설 부지에 대한 매수청구권, 토지거래의 불허가 처분을 받은 자에 대한 매수청구권

④ 도시 및 주거환경정비법 : 정비기반시설의 설치를 위하여 토지나 건축물을 수용당한 자에 대한 매수청구권

⑤ 도시공원 및 녹지 등에 관한 법률 : 도시자연공원구역의 지정으로 재산권의 침해가 발생하는 경우에 대한 매수청구권

가령 도시관리계획 결정으로 지정된 도시계획시설부지의 경우 그 고시일부터 10년 이내에 도시계획시설사업이 시행되지 않으면 부지의 토지 중 지목이 대인 토지(당해 토지에 있는 건축물 및 정착물을 포함)의 소유자는 규정에 따라 특별시장·광역시장·시장 또는 군수 등의 매수의무자에게 당해 토지의 매수를 청구할 수 있다.

[※ 관련 법규 : 공유수면 관리 및 매립에 관한 법률, 사회기반시설에 대한 민간투자법, 국토의 계획 및 이용에 관한 법률, 도시 및 주거환경정비법, 도시공원 및 녹지 등에 관한 법률]

35. 사도

「사도법」에 의해 개인이 설치 소유하는 도로를 말하여, 사도(私道)를 「도로법」 규정에 의한 도로나 「도로법」의 준용을 받는 도로가 아닌 것으로서 그 도로에 연결되는 도로를 말한다.

사도를 개설, 개축, 증축 또는 변경하고자 할 때에는 미리 관할시장 또는 군수, 구청장의 허가를 받아야 한다. 「사도법」에 의해 사도를 설치한 경우에는 사도의 효용을 증가시키기 위해 이에 접속되는 공도와 연결하는 구간의 설치·보수를 시장 또는 군수, 구청장에게 요구할 수 있고, 요구가 타당하다고 인정될 때에는 시장 또는 군수, 구청장은 사도의 폭원과 연장의 범위 안에서 조치해야 한다.

사도의 관리의무는 사도의 설치자에게 있으며, 설치자는 도로의 구조보전(構造保全) 또는 통행상의 위험방지 등 「사도법 시행령」에서 정하는 경우를 제외하고는 그 사도에 대한 일반의 통행을 제한하거나 금지할 수 없다. 또한, 사도를 설치한 자가 규정에 의해 통행을 제한 또는 금지하거나 사용료를 징수하고자 하는 때에는 「사도법 시행령」이 정하는 바에 의하여 관할시장 또는 군수의 허가를 받아야 한다.

사도의 개설 또는 사용료의 징수에 관하여 허가를 받은 경우에는 보기 쉬운 장소에 그 허가내용을 기재한 표지를 설치하여 이를 공시하여야 한다. 도지사 · 시장 또는 군수는 사도가 사도로서의 효용을 초과하여 공공교통상의 효용이 현저할 때에는 설치자의 신청에 의해 설치비와 관리비의 일부 또는 전부를 예산의 범위 안에서 보조할 수 있도록 하고 있다.

[※ 관련 법규 : 사도법, 동법 시행령, 도로법]

36. 열람공고 : 공람공고

행정용어로서 열람(閱覽)은 행정청의 행정사항에 대한 결정, 인가, 변경 등에 있어 그 내용에 대한 일반시민, 이해관계인의 의견을 듣기 위하여 일정 기간 동안 관계 서류 등을 공개하는 절차행위를 말하며, 열람공고는 이러한 열람의 주요 내용과 열람 기간, 열람 장소 등을 널리 알리는 행위를 말한다.

도시계획의 결정, 인가, 변경은 경우에 따라 다양한 사회적 영향을 미칠 수 있으므로 「국토의 계획 및 이용에 관한 법률」에서는 도시관리계획을 입안하는 경우 국방상 또는 국가안전보장상 기밀을 요하는 사항이나 일부 경미한 사항 이외에는 열람공고를 통한 주민의견 청취를 의무화하고 있으며, 도시계획시설에 대한 실시계획을 인가하는 경우도 이를 따르도록 하고 있다.

　▶ 도시관리계획의 경우 열람공고를 통해 의견이 제출된 경우에는 제출된 의견의 반영 여부를 검토하여 60일 이내에 의견 제출자에게 통보하도록 하고, 반영된 의견이 중요한 사항일 경우에는 재열람공고를 하여 의견 청취 절차를 다시 거쳐야 한다. 이러한 도시계획과 관련된 열람공고 및 주민의견 청취에 대해서는 「국토의 계획 및 이용에 관한 법률」뿐만 아니라 「도시 및 주거환경정비법」 등 다른 법률에서도 따로 그 방법과 기간을 정의하고 있다.

　나아가 2006년 시행된 「토지이용규제 기본법」에서는 토지이용에 대한 제한을 투명화하기 위해 도시계획과 관련된 용도지역·지구 등을 포함하는 기타 모든 법률에 의해 행위제한을 포함된 지역·지구를 지정하는 경우에는 각 개별 법령에서 명시하지 않더라도 지역·지구의 지정에 대한 열람공고 및 주민의견 청취를 일괄 의무화하고 있다.

| 도시계획 열람공고 방법·기간

일반적인 도시계획 사항의 열람공고 방법 및 기간은 다음과 같다.

---

① 도시관리계획 입안, 기반시설부담구역의 지정 변경 및 기반시설부담계획 열람공고
　(ㄱ) 방법 : 도시관리계획안의 주요내용을 당해 특별시·광역시·시 또는 군의 지역을 주된 보급지역으로 하는 2개 이상의 일간신문과 당해 특별시·광역시·시 또는 군의 인터넷 홈페이지 등에 공고
　(ㄴ) 기간 : 14일 이상

---

② 도시계획시설 실시계획 인가 열람공고
  (ㄱ) 방법
  - 국토교통부장관이 하는 경우 : 인가신청의 요지 및 열람의 일시 및 장소를 관보나 전국을 보급지역으로 하는 일간신문에 게재
  - 시 · 도지사가 하는 경우 : 실시계획인가신청의 요지 및 열람의 일시 및 장소를 당해 시 · 도의 공보나 당해 시 · 도의 지역을 주된 보급지역으로 하는 일간신문에 게재
  (ㄱ) 기간 : 14일 이상

③ 도시주거환경정비 기본계획 수립 및 변경 열람공고
  (ㄱ) 방법 : 공람의 요지 및 공람장소를 당해 지방자치단체의 공보 등에 공고
  (ㄴ) 기간 : 14일 이상

④ 정비계획의 수립 및 정비구역 지정열람공고(도시 및 주거환경정비법)
  (ㄱ) 방법 : 공람의 요지 및 공람장소를 당해 지방자치단체의 공보 등에 공고
  (ㄴ) 기간 : 30일 이상

⑤ 정비사업의 사업시행인가 및 사업시행계획서 작성
  (ㄱ) 방법 : 사업시행요지와 공람장소를 당해 지방자치단체의 공보 등에 공고하고, 토지 등 소유자에게 공고 내용을 통지
  (ㄴ) 기간 : 14일 이상

⑥ 토지이용규제 기본법에 의한 열람공고
  (ㄱ) 방법 : 지역 · 지구 등의 지정안의 주요 내용을 그 특별시, 광역시 · 특별자치도, 시 또는 군의 지역을 보급지역으로 하는 2개 이상의 일간신문, 그 지방자치단체의 게시판 및 홈페이지에 공고
  (ㄴ) 기간 : 14일 이상

[※ 관련 법규 : 국토의 계획 및 이용에 관한 법률, 동법 시행령]

37. 지목

토지의 주된 용도에 따라 토지의 종류를 구분하여 지적공부에 등록한 것을 말한다.

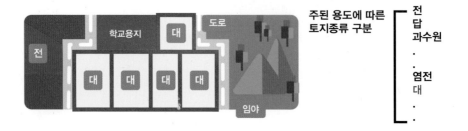

지목은 토지의 주된 사용목적을 구분한 것으로서 1910년 토지조사 당시 18개 지목으로 시작하여 현재는 아래와 같이 28개의 지목으로 구분되고 있다.

:: 공간정보의 구축 및 관리 등에 관한 법률 시행령 제58조(지목의 구분) ::

① 전	② 답	③ 과수원	④ 목장용지	⑤ 임야	⑥ 광천지	⑦ 염전
⑧ 대	⑨ 공장용지	⑩ 학교용지	⑪ 주차장	⑫ 주유소용지	⑬ 창고용지	⑭ 도로
⑮ 철도용지	⑯ 제방	⑰ 하천	⑱ 구거	⑲ 유지	⑳ 양어장	㉑ 수도용지
㉒ 공원	㉓ 체육용지	㉔ 유원지	㉕ 종교용지	㉖ 사적지	㉗ 묘지	㉘ 잡종지

지목은 토지 과세목적의 수단으로 활용되며, 토지의 경제적 가치를 표현하고 토지 관련 정책정보를 제공하는 데 이용된다. 개별 필지마다 하나의 지목이 설정되며, 만약 1필지가 2 이상의 용도로 활용될 때에는 주된 용도에 따라 지목이 설정된다. 또한 토지가 일시적 용도로 사용되는 때에는 지목을 변경하지 않는다.

지적공부에 등록된 지목을 다른 지목으로 바꾸어 등록하는 것을 지목변경이라고 하는데, 다음과 같은 경우에 지목변경을 신청할 수 있다.

① 「국토의 계획 및 이용에 관한 법률」 등 관계 법령에 의한 토지의 형질변경 등 공사가 준공된 경우

② 토지 또는 건축물의 용도가 변경된 경우

③ 도시개발사업 등의 원활한 사업추진을 위하여 사업시행자가 공사 전에 토지의 합병을 신청하는 경우

[※ 관련 법규 : 공간정보의 구축 및 관리 등에 관한 법률, 동법 시행령]

38. 지적공부

토지의 소재·지번·지목·면적·경계 또는 좌표 등 지적에 관한 내용을 표시 (등록)하여 그 내용을 공적으로 증명하는 장부를 말한다.

지적공부에는 토지대장, 임야대장, 공유지연명부, 대지권등록부, 지적도, 임야도 및 경계점좌표등록부 등 지적측량 등을 통하여 조사된 토지의 표시와 해당 토지의 소유자 등을 기록한 대장 및 도면(정보처리시스템을 통하여 기록·저장된 것을 포함한다)이 포함된다. 토지등기부, 건물등기부 및 토지이용계획확인서는 「공간정보의 구축 및 관리 등에 관한 법률」에 근거하지 않는 용어로서, 지적공부의 범위에 포함되지 않는다.

국가는 모든 토지에 대해 개별 필지에 대한 토지의 소재·지번·지목·면적·경계 또는 좌표 등을 조사·측량하여 지적공부에 등록하여야 하고, 토지소유자는 지적공부의 등록사항에 잘못이 있음을 발견한 때에는 소관청에 그 정정을 신청할 수 있다.

지적공부를 열람하거나 그 등본을 교부받고자 할 때에는 소관청에 신청하여 교부받을 수 있다. 이때 소정의 수수료를 그 지방자치단체의 수입증지로 소관청에 납부해야 하나 다음의 경우에는 수수료를 면제한다.

① 지적측량업무에 종사하는 기술자가 그 업무와 관련하여 지적공부를 열람하는 경우

② 국가 또는 지방자치단체가 업무 수행상 필요에 의하여 지적공부의 열람 및 등록교부를 신청하는 경우

또한 민원 편의를 위해 전산정보에 의해 인터넷으로 지적공부를 열람하거나 그 등본을 교부받을 수 있도록 하고 있다.

[※ 관련 법규 : 공간정보의 구축 및 관리 등에 관한 법률]

39. 체비지

도시개발사업을 환지방식으로 시행하는 경우(구 토지구획정리사업) 해당 사업에 필요한 재원을 확보하기 위하여 사업주가 토지소유주로부터 취득하여 처분할 수 있는 토지를 말한다.

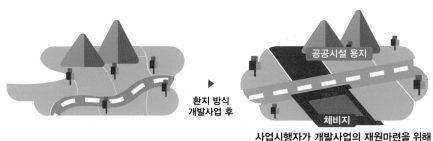

환지 방식
개발사업 후

공공시설 용지

체비지

사업시행자가 개발사업의 재원마련을 위해
처분 가능한 토지

도시개발사업을 환지방식(사업 후 필지정리를 통해 토지소유권을 재분배하는 방식)으로 시행하는 경우에는 시행자가 사업에 필요한 경비에 충당하거나 사업계획

에서 정한 목적으로 사용하기 위하여 일정한 토지를 정하여 처분할 수 있으며, 이러한 토지를 보류지(保留地)라고 한다. 이러한 보류지 중 공동시설 설치 등을 위한 용지로 사용하기 위한 토지를 제외한 부분, 즉 시행자가 경비충당 등을 위해 매각처분할 수 있는 토지가 바로 체비지이다.

사업시행자는 체비지를 규약·정관·시행규정 또는 실시계획이 정하는 목적 및 방법에 따라 합리적으로 처분·관리하여야 하며, 사업 시 매각 처분되지 않은 체비지는 환지처분(토지소유권의 재분배)의 공고가 있는 날의 다음 날에 사업시행자에게 소유권이 귀속된다.

체비지운영의 합리성을 위해 「도시개발법」에서는 사업시행자가 환지계획을 수립하여 체비지를 지정하는 경우 간선도로변 또는 단가가 높은 지역에 집중적으로 지정하지 못하도록 명시하고 있다.

한편, 행정청이 시행자가 되어 체비지 또는 보류지를 관리하거나 처분하는 경우에는 국가나 지방자치단체의 재산처분에 관한 법률을 적용하지 않으며 체비지의 매각대금은 도시개발특별회계에 귀속되어 도시개발사업 및 도시계획시설사업의 목적으로 사용된다.

[※ 관련 법규 : 도시개발법]

40. 토지가격 비준표

토지가격산정을 위해 사용되는 표로서, 표준지와 지가산정대상토지의 지가형성요인에 관한 표준적인 비교표를 말한다.

토지가격비준표는 개별공시지가를 산정하는 데 있어 토지특성조사, 비교표준지 선정과 함께 개별필지의 가격을 결정하는 매우 중요한 항목이다.

개별공시지가를 결정·공시하는 경우에는 당해 토지와 유사한 이용가치를 지닌다고 인정되는 하나 또는 둘 이상 표준지의 공시지가를 기준으로 토지가격비준표를 사용하여 지가를 산정하되, 당해 토지의 가격과 표준지공시지가가 균형을 유지하도록 하여야 한다.

토지가격비준표에 가격배율이 있는 토지특성항목은 지목, 토지면적, 용도지구, 공공용지, 도시계획시설, 기타제한, 비옥도, 방위, 형상, 도로거리, 철도·고속도로 등과의 거리, 폐기물·수질오염 등과의 거리, 농지구분, 경지정리, 임야구분, 토지 이용 상황, 고저, 도로 접면이다. 다만 토지특성에 대한 가격배율은 시·군 및 용도지역별로 다소 상이하다.

┃ 가격배율

토지가격비준표에 제시된 가격배율의 의미는 토지특성의 변화에 대한 지가수준 차이를 나타내는 것이다. 즉, 토지특성이 서로 다른데 대한 상대적인 지가수준을 의미한다.

비교표준지와 산정(조사)대상필지의 토지특성이 같으면 가격배율은 1.00이며, 토지 특성이 서로 다른 토지특성항목에 대해서 토지가격비준표를 이용하여 가격배율을 추출한다.

[※ 관련 법규 : 부동산공시법]

41. 토지 등의 수용 및 사용

공익사업을 시행하는 경우에 있어서 사업의 효율적인 수행과 공공복리의 증진을 위해 토지 등의 개인 재산에 대한 소유권 등의 권리를 국가나 지방자치단체 또는 공공 단체에서 취득하는 것을 말한다.

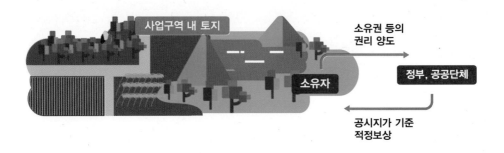

수용 또는 사용할 수 있는 소유권 등의 권리란 다음의 토지, 물건 및 권리의 취득 또는 사용을 말한다.

① 토지 및 이에 관한 소유권 외의 권리
② 토지와 함께 공익사업을 위하여 필요한 입목(立木), 건물, 그 밖에 토지에 정착된 물건 및 이에 관한 소유권외의 권리
③ 광업권 · 어업권 또는 물의 사용에 관한 권리
④ 토지에 속한 흙 · 돌 · 모래 또는 자갈에 관한 권리

「토지보상법」에서는 수용 또는 사용할 토지의 구역 및 사용 방법, 손실보상, 수

용 또는 사용의 개시일과 기간 등에 관한 사항을 재결하기 위해 중앙토지수용위원회(지방토지 수용위원회)를 두도록 하고 있다. 협의 또는 재결에 의하여 '취득'하는 토지에 대하여는 공시지가를 기준으로 하여 보상하도록 하고 있으며, '사용'하는 토지에 대하여는 그 토지와 인근 유사토지의 지료(地料)·임대료·사용방법·사용기간 및 그 토지의 가격 등을 참작하여 평가한 적정가격으로 보상하도록 하고 있다.

❘ 토지 등을 수용 및 사용이 가능한 경우

「공익사업을 위한 토지 등의 취득 및 보상에 관한 법률」에 규정된 경우는 다음과 같다.

① 국방·군사에 관한 사업
② 관계 법률에 의하여 허가·인가·승인·지정 등을 받아 공익을 목적으로 시행 하는 철도·도로·공항·항만·주차장·공영차고지·화물터미널·궤도·하천·제방·댐·운하·수도·폐수처리·하수도·하수종말처리·사방·방풍·방화·방조(防潮)·방수·저수지·용배수로·석유비축·송유·폐기물처리·전기·전기통신·방송·가스 및 기상관측에 관한 사업
③ 국가나 지방자치단체가 설치하는 청사·공장·연구소·시험소·보건시설 또는 문화시설·공원·수목원·광장·운동장·시장·묘지·화장장·도축장 또는 그 밖의 공공용 시설에 관한 사업
④ 관계 법률에 따라 허가·인가·승인·지정 등을 받아 공익을 목적으로 시행하는 학교·도서관·박물관 및 미술관의 건립에 관한 사업
⑤ 국가·지방자치단체·「공공기관 운영에 관한 법률」 제4조에 따른 공공기관, 「지방공기업법」에 따른 지방공기업 또는 국가나 지방자치단체가 지정한 자가 임대나 양도의 목적으로 시행하는 주택의 건설 또는 택지의 조성에 관한 사업
⑥ 제1호부터 제5호까지의 사업을 시행하기 위하여 필요한 통로·교량·전선로·재료적치장 또는 그 밖의 부속시설에 관한 사업
⑦ 제1호부터 제5호까지의 사업을 시행하기 위하여 필요한 주택, 공장 등의 이주단지 조성에 관한 사업
⑧ 그 밖에 다른 법률에 따라 토지 등을 수용하거나 사용할 수 있는 사업

◉ 그 밖에 다른 법률에 의하여 토지 등의 수용 및 사용이 가능한 사업

① 도시계획시설사업(「국토의 계획 및 이용에 관한 법률」 제95조)

② 국민주택사업(「주택법」 제18조)

③ 택지개발사업(「택지개발촉진법」 제12조)

④ 하천사업(「하천법」 제76조)

⑤ 전원개발사업(「전원개발촉진법」 제6조의 2)

⑥ 학교시설사업(「학교시설사업촉진법」 제10조)

⑦ 산업단지개발사업(「산업입지 및 개발에 관한 법률」 제22조)

⑧ 관광지조성사업(「관광진흥법」 제61조)

⑨ 철도사업(「도시철도법」 제5조)

⑩ 도시개발사업(「도시개발법」 제21조)

⑪ 도로사업(「도로법」 제48조) 등

[※ 관련 법규 : 국토의 계획 및 이용에 관한 법률,
동법 시행령, 공익사업을 위한 토지 등의 취득 및 보상에 관한 법률]

42. 현황도로

지적도상에 도로로 표기되어 있지 않지만 주민이 오랫동안 통행로로 이용하고 있는 사실상의 도로를 말한다.

「건축법」에서는 건축허가 또는 신고 시에 특별시장·광역시장·도지사·특별자치도지사 또는 시장·군수·구청장이 현황도로를 「건축법」상 도로로 지정·공고할 수 있는 기준을 규정하고 있다.

특별시장 · 광역시장 · 도지사 · 특별자치도지사 또는 시장 · 군수 · 구청장이 현황도로를 「건축법」상 도로로서 지정 · 공고하기 위해서는 해당 도로에 대한 이해관계인의 동의가 필요하다.

다만, 허가권자가 이해관계인이 해외에 거주하는 등의 사유로 이해관계인의 동의를 받기가 곤란하다고 인정하는 경우나 주민이 오랫동안 통행로로 이용하고 있는 사실상의 통로로서 해당 지방자치단체의 조례로 정하는 것인 경우에는 이해관계인의 동의를 받지 않고 건축위원회의 심의를 거쳐 도로로 지정할 수 있도록 하고 있다.

「서울특별시 건축 조례」에서는 복개된 하천 · 구거부지, 제방도로, 공원 내 도로에 대해서 허가권자가 이해관계인의 동의를 얻지 아니하고 건축위원회의 심의를 거쳐 도로로 지정할 수 있도록 규정하고 있다.

허가권자가 현황도로를 건축법상의 도로로 지정 공고하는 경우에는 별도의 도로관리대장을 작성 · 관리해야 한다.

[※ 관련 법규 : 건축법, 건축법 시행규칙]

_ 출처: 서울특별시 도시계획국(2015, 2016) 「알기 쉬운 도시계획 용어집」

제2장

장기미집행 도시계획시설

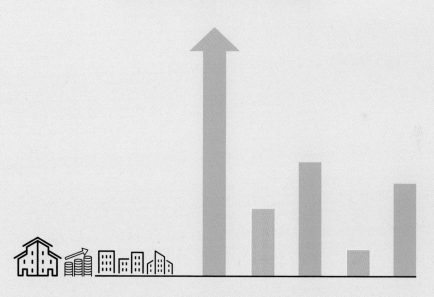

장기미집행도시계획시설이라 함은 도시계획시설결정 고시 이후 재정적인 문제로 인해 10년 이상 미집행 상태인 도시계획시설을 의미한다.

도시계획시설이 들어서게 되는 부지를 도시계획시설부지라 하여 지정·고시하고 이러한 도시계획시설부지에 대한 개발행위는 원천적으로 금지되므로 도시계획시설결정이 고시되었으나 사업이 시행되지 않아 발생하는 재산권의 침해를 방지하기 위해 법규에서는 그 고시일로부터 10년 이내에 당해 도시계획시설의 설치에 관한 도시계획시설사업이 시행되지 않은 경우 특별시장·광역시장·시장 또는 군수에게 당해 토지의 매수를 청구할 수 있고, 고시일로부터 20년이 경과될 때까지 당해 도시계획시설사업이 시행되지 않는 경우 그 도시계획시설의 결정은 그 고시일로부터 20년이 되는 날의 다음 날에 그 효력을 상실하도록 규정하고 있다.

1. 장기미집행 도시계획시설의 이해

| 일반적 정의

도시계획시설로 결정된 지 10년이 경과된 시점까지 도시계획시설의 설치가 이루어지지 않은 시설을 '장기 미집행 도시계획시설'이라 한다.

도시계획시설이란 「국토의 계획 및 이용에 관한 법률」에 근거를 두고 있는 법정 도시계획에 의하여 설치하는 기반시설로서, 도시관리계획으로 결정된 시설이라고 정의할 수 있으며, 일반적으로는 '시민의 공동생활과 도시의 경제 사회활동을 지원하며, 삶의 질을 향상시키는 데 필요한 공공시설물로서 민간의 자율적인 활동만으로는 효율적으로 설치되기 어려운 시설이기 때문에 정부가 직접 설치하거나 민간부문이 정부의 지원을 받아 설치하되 전체의 발전과 타 시설물과의 기능적 조화를 도모하도록 법정 도시계획에 의하여 설치되는 물리적 시설'이라고 정의할 수 있다.

도시기반시설은 도로, 철도, 항만, 공원, 녹지, 학교 등 도시생활 및 도시기능 유지에 필요한 기반시설로서 도시구조의 골격을 형성하는 중요한 요소이므로 합리적인 시설 배치를 위해 적정한 계획이 요구 된다.

즉, 도시계획시설은 개별 시설임에도 불구하고 일단 일정 지역에 입지하게 되면 그 지역의 발전은 물론 도시 전체의 발전에 지대한 영향을 미치므로 이들 시설은 도시전체와의 관계에서 입지가 검토되어야 하며, 도시계획시설의 입지 및 규모를 도시계획으로 결정함으로써 건전한 도시발전을 도모하고자 하는 데 그 목적이 있다.

- 개발행위허가기준(법 제64조)

도시계획시설부지는 도시계획시설이 아닌 건축물의 건축이나 공작물의 설치를 허가하여서는 아니 된다.

▎ 도시계획시설의 필요성

도시발전의 효율성과 공익을 위한 공공시설인 도시계획시설 설치의 필요성은 크게 세 가지로 분류할 수 있다.

① 도시 공공시설에 필요한 토지를 미래의 수요에 대비하여 확보하지 않으면 장래에는 시설용지의 부족으로 공공시설을 설치할 수 없게 되거나 많은 비용부담이 소요되는 부작용이 발생할 수 있다. 이런 부작용을 방지하기 위해서는 도시계획을 수립하여 장래 공공시설의 수요 예측과 도시의 균형발전을 도모하기 위하여 공공시설 용지를 미리 확보 계획 조성하여야 한다.

② 도시계획시설은 국가와 지자체 관점에서 최선의 토지이용을 이룩하기 위한 토지이용과 도시시설을 공간적으로 배치하는 공공계획이다. 따라서 외부효과가 큰 도시공공시설의 위치를 지정하고 토지이용과 공공시설 간의 관계가 유기적이 되도록 계획함으로써 토지이용의 외부 불경제를 미연에 방지한다.

③ 도시 공공시설인 도로, 공원 등은 시민활동에 필수적인 시설이지만 자유 시장 경제 논리로는 공공시설용 토지의 수요와 공급이 균형을 이룰 수 없다. 따라서 정부는 사회가 필요로 하는 도시공공시설의 효율적 공급을 위하여 토지수용이나 행위제한 등과 같이 법률적 공권력을 적용해서라도 공공 시설용지를 확보하지 않으면 안 된다.

2. 도시계획시설의 역사

도시계획시설은 도시민의 일상생활과 사회·경제활동을 위한 물리적 기반이자 수단으로 사회간접자본과 같이 생산 활동을 지원하고 경제개발을 촉진하며 쾌적한 도시생활을 하는데 중요한 역할을 하고 있다. 하지만 도시·군계획 시설이 결정되면 해당 부지에서 개발행위의 제한이 수반되며, 도시·군계획시설 사업이 시행되는 경우에는 당해 토지의 수용 또는 사용 등에 따른 재산권침해가 야기된다.

개인의 사유재산권은 근대 자유국가에 있어서 신성불가침한 권리로 인정되었지만, 산업화 도시화로 인하여 발생하는 각종 사회문제의 해결을 위해 국가의 개입이 중시됨에 따라 개인의 재산권도 일반 국민의 공익을 위해서는 제한이 불가피한 것으로 인식이 전환되었다(법률로 제한 – 재산권 「대한민국헌법」 제23조[1], 환경권 「대한민국헌법」 제35조[2]).

그러나 2000년 이전까지 결정되었던 상당수의 도시·군계획시설과 도시공원은 집행측면의 고려가 미흡하였으며 이후에도 사업시행자의 재원부족과 투자 우선순위에서 밀려 장기간 미집행 상태로 이어지고 있다.

1) 우리나라에 근대적 의미의 도시·군계획시설은 일제강점기인 1936년 "조선시가지 계획령"[3]에 의해 결정되면서부터라고 할 수 있다. 이 시기의 도시·군계획시설 결정은 집행과 시민들의 이용을 우선시한 것이 아니고 일제의 편의를 위한

---

1 제23조 ①모든 국민의 재산권은 보장된다. 그 내용과 한계는 법률로 정한다.②재산권의 행사는 공공복리에 적합하도록 하여야 한다.③공공필요에 의한 재산권의 수용 사용 또는 제한 및 그에 대한 보상은 법률로써 하되, 정당한 보상을 지급하여야 한다.

2 제35조 ①모든 국민은 건강하고 쾌적한 환경에서 생활할 권리를 가지며, 국가와 국민은 환경보전을 위하여 노력하여야 한다.②환경권의 내용과 행사에 관하여는 법률로 정한다.③국가는 주택개발정책등을 통하여 모든 국민이 쾌적한 주거생활을 할 수 있도록 노력하여야 한다.

3 1934년 조선총독부는 조선시가지계획령을 공포하고 경성부는 새로운 도시 계획, 즉 경성시가지 계획을 1936년 수립했으며 이 계획이 우리나라 근대 도시계획의 출발점이 되었다.

계획으로 추진되었다. 현재까지도 도로나 공원 중심으로 조선총독부 고시에 의한 미집행 도시·군계획시설이 남아 있다.

2) 그 이후, 한국전쟁과 1970년대 산업화기를 지나면서 우리나라는 급격히 도시화가 진행되었으며, 대도시의 인구 과밀이라는 인구적 도시화의 특성을 보인다. 이 때문에 도시기반시설 유지와 도시체계를 갖추는 데 필요한 도시기반시설의 확충이 급선무였으며 도시 활동의 근간이 되는 도로와 도시환경 보전을 위한 공원(대규모 공원) 중심으로 도시·군계획시설로 결정되게 되었다. 그리고 이 시기에 결정된 도시·군계획시설 역시 집행계획은 고려되지 못하였다. 결국 일제강점기 때부터 오늘날까지 길게는 60년 이상 미집행시설은 도시계획의 한 부분을 차지하고 있다.

3) 2013년 말 기준 10년 이상 된 장기미집행시설의 면적은 전국적으로 931㎢ 규모이고 그중 공원과 도로가 대부분을 차지한다. 지자체의 재정여건을 고려한 장기미집행 도시·군계획시설의 집행가능성은 현저히 낮은 수준이며 일몰제(자동실효제) 적용 이후 발생하는 시설해제부지의 개발행위는 자칫 도시의 난개발과 기능 저하를 초래할 수도 있는 원인이 된다. 이 때문에 체계적이고 적극적인 미집행시설의 사전 처리방안과 관리방안이 필요하다.

4) 장기미집행 도시계획시설 중 2020년 7월 1일 이후에 발생되는 장기미집행 도시·군계획시설의 자동실효에 따른 도시문제를 최소화하고, 불요불급한 시설의 우선 해제를 통해 장기미집행시설부지 중 도시공원에 대한 민간 투자를 촉진하여 경제 활성화에 따른 투자의 방향성을 분석해 볼 수 있다.

3. 도시계획시설

1) 도로 · 공원 · 시장 · 철도 등 도시주민의 생활이나 도시기능의 유지에 필요한 「국토의 계획 및 이용에 관한 법률」(약칭 국토계획법) 상의 기반시설[4] 중 도시 관리계획으로 결정된 시설을 말하며, 이러한 도시계획시설결정에 따라 도시계획시설을 설치 · 정비 · 개량하는 사업을 도시계획시설사업이라 하며 〈표 2-1〉처럼 분류된다.

:: 〈표 2-1〉 도시계획시설의 분류 ::

구 분	기 반 시 설
교통시설	도로 · 철도 · 항만 · 공항 · 주차장 · 자동차정류장 · 궤도 · 운하, 자동차 및 건설기계검사시설, 자동차 및 건설기계운전학원
공간시설	광장 · 공원 · 녹지 · 유원지 · 공공공지
유통 공급시설	유통업무설비, 수도 · 전기 · 가스 · 열공급설비, 방송 · 통신시설, 공동구 · 시장, 유류저장 및 송유설비
공공 문화체육시설	학교 · 운동장 · 공공청사 · 문화시설 · 공공필요성이 인정되는 체육시설 · 연구시설 · 사회복지시설 · 공공직업훈련시설 · 청소년수련시설
방재시설	하천 · 유수지 · 저수지 · 방화설비 · 방풍설비 · 방수설비 · 사방설비 · 방조설비
보건위생시설	화장시설 · 공동묘지 · 봉안시설 · 자연장지 · 장례식장 · 도축장 · 종합의료시설
환경기초시설	하수도 · 폐기물처리시설 · 수질오염방지시설 · 폐차장

* 자료: 「국토의 계획 및 이용에 관한 법률 시행령」 제2조 1항

---

4 기반시설 : 교통시설, 공간시설, 유통공급시설, 공공문화체육시설, 방재시설, 보건위생시설. 환경기초시설

2) 기반시설이 단순한 시설 자체를 의미한다면 도시계획시설은 그 기반시설의 설치가 도시 관리계획의 규정된 절차를 통해 계획으로 결정되어 법적인 의미를 지니게 되었다는 것을 의미하며, 기반시설을 세분화하면 다음 〈표2-2〉와 같다.

:: 〈표 2-2〉 기반시설 세분화 ::

▶ 기반시설 중 도로·자동차정류장 및 광장은 다음 각호와 같이 세분할 수 있다.

도로	(ㄱ) 일반도로	(ㄴ) 자동차전용도로
	(ㄷ) 보행자전용도로	(ㄹ) 보행자우선도로
	(ㅁ) 자전거전용도로	(ㅂ) 고가도로
	(ㅅ) 지하도로	
자동차정류장	(ㄱ) 여객자동차터미널	(ㄴ) 화물터미널
	(ㄷ) 공영차고지	(ㄹ) 공동차고지
	(ㅁ) 화물자동차 휴게소	(ㅂ) 복합환승센터
광장	(ㄱ) 교통광장	(ㄴ) 일반광장
	(ㄷ) 경관광장	(ㄹ) 지하광장
	(ㅁ) 건축물부설광장	

* 자료: 「국토의 계획 및 이용에 관한 법률 시행령」 제2조 제2항

4. 장기미집행 도시계획시설

도시계획시설결정 고시 이후 재정적인 문제로 인해 10년 이상 미집행 상태인 도시계획시설을 의미한다.

1) 도시계획시설이 들어서게 되는 부지를 도시계획시설부지라 하여 지정·고시하고 이러한 도시계획시설부지에 대한 개발행위는 원천적으로 금지되므로 도시계

획시설결정이 고시되었으나 사업이 시행되지 않아 발생하는 재산권의 침해를 방지하기 위해 법규에서는 그 고시일로부터 10년 이내에 당해 도시계획시설의 설치에 관한 도시계획시설사업이 시행되지 않은 경우 특별시장·광역시장·시장 또는 군수에게 당해 토지의 매수를 청구할 수 있고, 고시일로부터 20년이 경과될 때까지 당해 도시계획시설사업이 시행되지 않는 경우 그 도시계획시설의 결정은 그 고시일로부터 20년이 되는 날의 다음 날에 그 효력을 상실하도록 규정하고 있다.

2) 이 규정은 2000년 7월 1일 이전에 기존의 도시계획법에 의해 고시된 도시계획시설에 대해서는 2000년 7월 1일 기준으로, 2000년 7월 2일 이후에 고시된 도시계획시설에 대해서는 당해 고시일을 기준으로 적용된다.

3) 장기미집행 도시계획시설부지는 도시계획시설결정의 고시일부터 10년 이내에 당해 도시계획시설사업이 시행되지 아니한 경우 당해 도시계획시설의 부지로 되어 있는 토지를 말한다.

4) '매수청구제도'는 도시계획시설로 결정된 후 10년 이상이 지났지만 사업이 시행되지 않은 도로, 공원, 하천 등 장기미집행 도시계획시설 부지의 토지 가운데 공부상 지목이 대(垈)인 토지가 청구대상이며, 토지에 있는 건축물과 정착물이 보상대상으로 이주대책비나 영업 손실 보상비 및 잔여지 보상은 청구대상이 아니다.
매수청구 토지보상은 도시계획시설로 부지매수 청구서가 접수되면 매수청구일로부터 6개월 이내에 매수 여부를 결정하고, 매수하기로 결정한 토지는 매수 결정을 알린 날부터 2년 이내 매수토록 규정하고 있다.

5) 매수대상으로 결정된 토지와 건축물 및 정착물은 「공익사업을 위한 토지 등의 취득 및 보상에 관한 법률」에 따라 감정평가를 거쳐 보상금이 산정돼 지급된다.

5. 장기미집행 도시계획시설에 대한 프로세스

▎도시계획시설부지 매수청구권(국토계획법 제47조, 2002년 1월 1일 시행)

① 도시계획시설이 들어서게 되는 부지를 도시계획시설부지라 하여 지정 고시하고 이러한 도시계획시설부지에 대한 개발행위는 원천적으로 금지되므로 도시계획시설 결정이 고시되었으나 사업이 시행되지 않아 발생하는 재산권의 침해를 방지하기 위해 국토계획법에서는 그 고시일로부터 10년 이내에 당해 도시계획시설의 설치에 관한 도시계획시설사업이 시행되지 않은 경우 특별시장 광역시장 시장 또는 군수에게 당해 토지의 매수를 청구할 수 있도록 하였다.

② 매수청구를 받은 자는 현금으로 대금을 지급하거나 도시계획시설 채권을 발행하여 지급할 수 있다. 매수하지 않기로 결정하거나, 매수 통보 후 2년 이내에 매수하지 않는 경우 단독주택, 제1·2종 근린생활시설(3층 이하), 공작물 등의 건축행위를 허가해야 한다.

③ 그러나 매수청구제도는 지목이 '대'인 경우만 해당되며, 나머지 지목에 대해서는 해결방안이 될 수 없다는 문제점이 있으며, 또한 가격산정방법도 문제가 된다.

▎도시계획시설결정 실효제도(장기미집행시설 일몰제, 국토계획법 제48조)

① 「국토계획법」은 도시계획시설 결정 고시일부터 20년이 경과될 때까지 당해 도시계획시설사업이 시행되지 않는 경우 그 도시계획시설의 결정은 그 고시일로부터 20년이 되는 날의 다음 날에 그 효력을 상실하도록 규정하였다.

② 이 규정은 2000년 7월 1일 이전에 기존의 도시계획법에 의해 고시된 도시계획시설에 대해서는 2000년 7월 1일 기준으로, 2000년 7월 2일 이후에 고시된 도시계획시설에 대해서는 당해 고시일을 기준으로 적용된다(「국토계획법」부칙 제16조).

③ 이에 따라 「국토계획법」 시행 전 도시계획시설은 2000년 7월 1일부터 기산하므로 2020년 7월 1일 이후 최초 실효됨은 다음 〈표 2-3〉과 같다.

:: 〈표 2-3〉 장기미집행 도시계획시설 실효 프로세스 ::

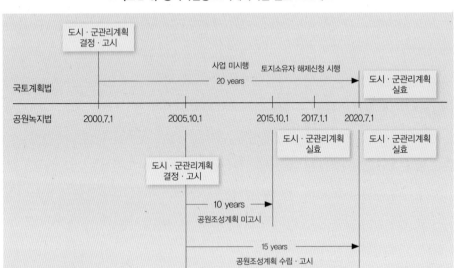

| **지방의회 해제권고제**(「국토계획법」 제48조, 시행령 제42조. 2012.4.15시행)

① 「국토의 계획 및 이용에 관한 법률」은 지자체가 10년 이상 장기미집행 도시계획시설에 대해 매년 지방의회에 보고하면, 의회는 해제를 권고할 수 있도록 하고, 지자체는 특별한 사유가 없는 한 해제하도록 규정하고 있다.

② 이 규정은 모든 토지에 적용되지만 지방의회를 통과하여야 하는 단점이 있다.

| 장기미집행 도시계획시설 재검토계획 수립

미집행된 도시계획시설을 대상으로 5년마다 재정비계획 수립을 통해 실현 가능한 계획을 수립하여야 한다. 불요불급하거나 불합리한 시설은 과감히 해제 또는 조정해야 하며, 이로 인한 문제점을 미리 분석하고 해결방안 또는 보완방안을 강

구해야 한다.

┃ 도시계획시설사업의 분할시행 가능

도시계획시설의 효율적 설치를 위해 필요한 경우 2개 이상으로 분할시행이 가능하며, 단일사업도 집행계획에 따라 부분집행이 가능하다.

▶ 보상지침 법령[국토계획법 제47조]

제47조(도시·군계획시설 부지의 매수 청구) ① 도시·군계획시설에 대한 도시·군 관리계획의 결정(이하 "도시·군계획시설결정"이라 한다)의 고시일부터 10년 이내에 그 도시·군계획시설의 설치에 관한 도시·군계획 시설사업이 시행되지 아니하는 경우(제88조에 따른 실시계획의 인가나 그에 상당하는 절차가 진행된 경우는 제외한다. 이하 같다) 그 도시·군계획시설의 부지로 되어 있는 토지 중 지목(地目)이 대(垈)인 토지(그 토지에 있는 건축물 및 정착물을 포함한다. 이하 이 조에서 같다)의 소유자는 대통령령으로 정하는 바에 따라 특별시장·광역시장·특별자치시장·특별자치도지사·시장 또는 군수에게 그 토지의 매수를 청구할 수 있다. 다만, 다음 각호의 어느 하나에 해당하는 경우에는 그에 해당하는 자(특별시장·광역시장·특별자치시장·특별자치도지사·시장 또는 군수를 포함한다. 이하 이 조에서 "매수의무자"라 한다)에게 그 토지의 매수를 청구할 수 있다. 〈개정 2011.4.14.〉
1. 이 법에 따라 해당 도시·군계획시설 사업의 시행자가 정하여진 경우에는 그 시행자
2. 이 법 또는 다른 법률에 따라 도시·군계획시설을 설치하거나 관리하여야 할 의무가 있는 자가 있으면 그 의무가 있는 자. 이 경우 도시·군계획시설을 설치하거나 관리하여야 할 의무가 있는 자가 서로 다른 경우에는 설치하여야 할 의무가 있는 자에게 매수 청구하여야 한다.
② 매수의무자는 제1항에 따라 매수 청구를 받은 토지를 매수할 때에는 현금으로 그 대금을 지급한다. 다만, 다음 각호의 어느 하나에 해당하는 경우로서 매수의무자가 지방자치단체인 경우에는 채권(이하 "도시·군계획시설채권"이라 한다)을 발행하여 지급할 수 있다. 〈개정 2011.4.14.〉

---

1. 토지 소유자가 원하는 경우

2. 대통령령으로 정하는 부재부동산 소유자의 토지 또는 비업무용 토지로서 매수대금이 대통령령으로 정하는 금액을 초과하여 그 초과하는 금액을 지급하는 경우

③ 도시·군계획시설채권의 상환기간은 10년 이내로 하며, 그 이율은 채권 발행 당시 「은행법」에 따른 인가를 받은 은행 중 전국을 영업으로 하는 은행이 적용하는 1년 만기 정기예금금리의 평균 이상이어야 하며, 구체적인 상환기간과 이율은 특별시·광역시·특별자치시·특별자치도·시 또는 군의 조례로 정한다. 〈개정 2010.5.17., 2011.4.14.〉

④ 매수 청구된 토지의 매수가격·매수절차 등에 관하여 이 법에 특별한 규정이 있는 경우 외에는 「공익사업을 위한 토지 등의 취득 및 보상에 관한 법률」을 준용한다.

⑤ 도시·군계획시설 채권의 발행절차나 그밖에 필요한 사항에 관하여 이 법에 특별한 규정이 있는 경우 외에는 「지방재정법」에서 정하는 바에 따른다. 〈개정 2011.4.14.〉

⑥ 매수의무자는 제1항에 따른 매수 청구를 받은 날부터 6개월 이내에 매수 여부를 결정하여 토지 소유자와 특별시장·광역시장·특별자치시장·특별자치도지사·시장 또는 군수(매수의무자가 특별시장·광역시장·특별자치시장·특별자치도지사·시장 또는 군수인 경우는 제외한다)에게 알려야 하며, 매수하기로 결정한 토지는 매수 결정을 알린 날부터 2년 이내에 매수하여야 한다. 〈개정 2011.4.14.〉

⑦ 제1항에 따라 매수 청구를 한 토지의 소유자는 다음 각호의 어느 하나에 해당하는 경우 제56조에 따른 허가를 받아 대통령령으로 정하는 건축물 또는 공작물을 설치할 수 있다. 이 경우 제58조와 제64조는 적용하지 아니한다.

1. 제6항에 따라 매수하지 아니하기로 결정한 경우

2. 제6항에 따라 매수 결정을 알린 날부터 2년이 지날 때까지 해당 토지를 매수하지 아니하는 경우

▶ 보상지침 법령[국토계획법 시행령 제41조]

제41조(도시·군계획시설부지의 매수청구) ①법 제47조 제1항의 규정에 의하여 토지의 매수를 청구하고자 하는 자는 국토교통부령이 정하는 도시·군계획시설 부지매수 청구서(전자문서로 된 청구서를 포함한다)에 대상토지 및 건물에 대한 등기사항증명서를 첨부하여 법 제47조 제1항 각호외의 부분 단서의 규정에 의한 매수의무자에게 제출

하여야 한다. 다만, 매수의무자는 「전자정부법」 제36조 제1항에 따른 행정정보의 공동이용을 통하여 대상토지 및 건물에 대한 등기부 등본을 확인할 수 있는 경우에는 그 확인으로 첨부서류를 갈음하여야 한다. 〈개정 2004.3.17., 2005.9.8., 2008.2.29., 2010.5.4., 2010.11.2., 2012.4.10., 2013.3.23.〉

②법 제47조 제2항 제2호의 규정에 의한 부재부동산소유자의 토지의 범위에 관하여는 「공익사업을 위한 토지 등의 취득 및 손실보상에 관한 법률 시행령」 제26조의 규정을 준용한다. 이 경우 "사업인정고시일"은 각각 "매수청구일"로 본다. 〈개정 2005.9.8.〉

③ 법 제47조 제2항 제2호의 규정에 의한 비업무용토지의 범위에 관하여는 「법인세법 시행령」 제49조 제1항 제1호의 규정을 준용한다. 〈개정 2005.9.8.〉

④ 법 제47조 제2항 제2호에서 "대통령령이 정하는 일정금액"이라 함은 3천만 원을 말한다.

⑤ 법 제47조 제7항 각호 외의 부분 전단에서 "대통령령으로 정하는 건축물 또는 공작물"이란 다음 각호의 것을 말한다. 다만, 다음 각호에 규정된 범위에서 특별시 · 광역시 · 특별자치시 · 특별자치도 · 시 또는 군의 도시 · 군계획조례로 따로 허용범위를 정하는 경우에는 그에 따른다. 〈개정 2005.9.8., 2009.7.7., 2009.7.16., 2012.4.10., 2014.3.24.〉

1. 「건축법 시행령」 별표 1 제1호 가목의 단독주택으로서 3층 이하인 것

2. 「건축법 시행령」 별표 1 제3호의 제1종 근린생활시설로서 3층 이하인 것

2-2. 「건축법 시행령」 별표 1 제4호의 제2종 근린생활시설(같은 호 거목, 더목 및 러목은 제외한다)로서 3층 이하인 것

3. 공작물

[제목개정 2012.4.10.]

6. 장기미집행 도시계획시설의 문제점과 보완

┃ 장기미집행 도시계획시설의 문제점과 헌법불합치 결정

장기 미집행 도시계획시설의 문제점은 주민의 재산권 행사가 어려워 민원이 발생한다는 점이다. 도시계획시설 예정용지는 건축, 허가 등 행위가 제한되어 지주

들의 재산권 침해 주장이 끊임없이 제기되고 있다. 국토계획법 이전에 도시계획 시설에 대해 규정하고 있었던 (구) 도시계획법 제4조의 헌법불합치 판결(헌법재판소 1999. 10. 21. 선고 97헌바26)이 결정 난 바 있다.

▶ 헌법불합치(憲法不合致)

1. 요약
어떤 법률의 위헌 여부에 대한 헌법재판소의 5가지 변형결정 가운데 하나.

2. 본문
헌법재판소는 어떤 법률의 위헌 여부에 대한 신청을 받으면 합헌(合憲)과 위헌(違憲) 결정 이외에 한정합헌, 한정위헌, 일부위헌, 헌법불합치, 입법촉구의 5가지 변형결정을 내린다. 헌법불합치는 해당 법률이 사실상 위헌이기는 하지만 즉각적인 무효화에 따르는 법의 공백과 사회적 혼란을 피하기 위해 법을 개정할 때까지 한시적으로 그 법을 존속시키는 결정이다.
이 결정은 사기 경과규정을 두는 경과규정부 헌법불합치결정, 경과규정을 두지 않는 단순 헌법불합치결정으로 구분된다. 경과규정부 헌법불합치결정은 경과규정까지 해당 법률을 계속 적용할 수 있지만, 단순 헌법불합치결정은 더 이상 적용할 수 없다. 입법촉구결정은 헌법불합치결정을 전제로 한다.
헌법재판소에서 헌법불합치결정을 내린 예로는 1993년 공무원의 단체행동권을 금지한 노동쟁의조정법(1997년 노동조합 및 노동관계조정법으로 대체), 1994년 토지초과이득법(1998년 폐지), 1997년 동성동본의 결혼을 금지한 민법규정, 1998년 개발제한구역 안에서 건물의 건축 등을 금지한 도시계획법(2002년 폐지)의 규정, 2003년 재임용 탈락을 재심 청구의 대상으로 명시하지 않은 교원지위향상을 위한 특별법의 규정 등이 있다.

3. 판결의 주요 골자
(ㄱ) 도시계획시설의 결정과 토지재산권 제한의 내용
(ㄴ) 도시계획시설의 지정에 대하여 국가나 지방자치단체는 이에 대한 보상을 해야 함
(ㄷ) 도시계획시설로 지정된 토지가 나대지인 경우, 집행지연으로 인한 보상의 필요성

(ㄹ) 도시계획의 공익점 관점과 소유자의 재산권을 고려하여 서로 조화와 균형을 이루도록 함

(ㅁ) 보상규정과 보상시점을 명확히 하여야 함

(ㅂ) 토지의 사적 이용권이 배제된 상태에서 토지소유자로 하여금 10년 이상을 아무런 보상 없이 수인하도록 하는 것은 헌법상의 재산권 보장에 위배됨

(ㅅ) 도시계획은 국가와 지방자치단체의 중요한 행정으로서 잠시도 중단되어서는 안 되기 때문에, 이 사건 법률조항을 입법개선시까지 잠정적으로 적용

| 장기 미집행시설의 발생 원인

(1) 제도적 측면에서의 요인

도시계획시설을 계획·관리하여야 할 지방자치단체는 소요되는 예산을 확보할 수 있는 재정능력이 부족하여 장기 미집행시설에 대한 사업을 시행하지 못하고 장기간 방치되게 된다. 토지·건물소유자들은 정부(지방자치단체)의 제도적 필요성을 인지하지만 개발행위(건축)의 제한과 담보·대출기피 등 사유권행사의 피해에 따른 민원을 제기할 수밖에 없으며 정부에 대한 불신감이 높아지는 현실이다.

미집행 도시계획시설 부지 내의 토지는 개발행위도 불가능하며 집행되는 시점까지 토지보상도 못한다. 이러한 사유재산권의 침해를 받고 있는 토지 소유자는 부당한 사유제한과 재산권 제약에 따른 손실을 본인이 감수해야 한다.

손실보상이란 적법한 공권력의 행사로 인해 특정인에게 가해진 경제상의 특별한 손실인 공공수용·공공사용 등에 대하여 전체적인 공평부담의 견지에서 이것을 조절하기 위해 행정주체가 행하는 재산적 보상, 토지수용에 대한 손실보상 등을 의미한다. 보상 시에는 최근에 공시된 공시지가를 기준으로 하고 있으나 장기 미집행 도시계획시설은 사업 시행 시까지 토지소유자의 재산권 행사를 부당하게 제한할 뿐만 아니라 당해 토지가격을 하락시켜 행정상의 손실보상 문제를 야기하기도 하며, 도시계획시설에 편입된 토지의 공시지가는 인근 유사 토지 공시지가의

40~60% 정도로 공시되어 인근 유사토지보다 현저하게 낮게 책정되어 있다.

우리나라의 도시계획관련 행정조직 구조는 예산기획-도시계획-사업집행 부서로 구성, 서로 3원화되어 있어 각각의 독자영역을 구축하고 있다. 도시계획시설은 토지이용계획과는 달리 도시계획사업의 시행에 의해 그 목적을 달성하는 것이라고 본다면 예산의 뒷받침이 없는 사업의 실현이란 있을 수 없다.

도시계획시설사업 시행 시에도 사업집행 직전에야 보상(또는 토지수용)을 실시하는 보상-집행 일괄 시스템을 채택하고 있다. 그 이유는 업무의 일괄성, 집행의 효과성 등 장점을 가지고 있지만 근본적인 이유는 예산과 집행의 한계성에 기인한다고 볼 수 있다.

(2) 법규적 측면에서의 발생요인

① 도시계획 재정비의 요인

도시계획제도는 도시계획에 관한 계획의 수립과 집행 등에 관하여 필요한 사항을 정함으로써 공공복리의 증진과 국민의 삶의 질을 향상함을 목적으로 함에도 과거 우리의 현실은 그렇지 않았다. 주민의견 청취제도가 도입되기 전 1980년대 이전과 지방자치제 실시로 의회가 구성되기 전 1990년대 이전은 도시계획에 관한 수장의 역할은 실로 막강하였다. 수장의 지시에 의해 도시계획은 탄생하고 수장의 지시에 의해 도시계획은 소멸할 수 있는 등 명멸을 거듭하는 가운데 수장의 성향에 따라 도시계획의 업적은 달리 나타나게 되었다. 이 시기 또한, 전시성과 투자의 상관성으로 전시성 효과가 강한 시설에 국한되어 도시계획시설사업을 집행하다 보니 결국 전시성이 강조되었고, 부익부 빈익빈 현상도 도시의 지역에 따라 그 궤도를 달리하여 현재에 이르고 있다.

② 가설건축물의 건축허가

「건축법」 제52조의 규정에 의하면 가설건축물은 존치기간이 짧을 뿐만 아니라 임시적인 건축물로서 건축허가권자는 도시계획시설 또는 도시계획시설 예정지에 있어서 각 지방자치단체가 정하는 조례의 범위 내에서 철근 콘크리트조 또는 철골 철근 콘크리트조가 아닌 3층 이하의 규모로서 3년 이내의 존치기간을 두고 가설건축물의 건축허가를 할 수 있으며, 도시계획시설사업이 시행될 때까지 그 기간을 연장할 수 있으나 그 건축허가 규모가 작을 뿐만 아니라 새로운 간선설비를 요하는 전기 등의 공급을 금지하는 단서 규정을 두어 토지소유자의 가설건축물의 건축을 어렵게 하고 있다.

③ 현행 장기미집행 도시계획시설 관련 상세 법령의 미흡

현행 「국토의 계획 및 이용에 관한 법률」은 난개발을 방지하기 위하여 '도시계획법'과 '국토이용관리법'을 통합하여 비도시지역(종전 도시계획이외의 구역)도 도시계획 기법을 도입함으로써 난개발을 방지하고 국토의 계획적·체계적인 이용을 통한 환경 친화적인 국토의 이용 체계를 구축하기 위하여 제정하였으나 법령의 범위가 너무 광범위하고 포괄적으로 장기미집행 도시계획시설에 관련된 규정이 미흡하여 법령의 운용에 한계가 있다.

④ 연차별 집행계획의 요인

도시계획시설을 도시 관리계획으로 결정·고시한 경우 2년 이내에 재원조달 계획, 보상계획 등을 포함하는 단계별 집행계획을 수립하여야 한다.

단계별 집행계획 수립 시 공공부담시설, 토지소유자·민간의 공동부담시설, 단독부담시설로 구분하여 집행우선순위를 정하고 도로, 상하수도 등의 도시계획시설에 대하여는 재원조달계획·보상계획 등을 구체적으로 포함하도록 규정하고 있으나 현실에의 적용은 용이하지 못하다. 이런 주요 요인들은 예산의 문제와 지방자치단체장의 교체로 인하여 그 실효가 어렵고 결국 장기미집행 도시계획이 양산되는 결과를 초래하고 있다.

(3) 재정적 측면에서의 요인

장기미집행 도시계획시설이 발생되는 주요 요인은 재원이 없거나 확실한 재원조달 방안이 마련되지 않은 상태에서 도시계획을 결정하는 데 있다고 할 수 있다.

도시계획시설은 그 속성상 도시의 장래 수요에 대비하고 장기적인 도시발전을 위하여 계획하는 것이기 때문에 단기간 내에 집행하지 않아도 결정할 수 있는 것으로, 소요재원이 확보되지 않더라도 시설을 미리 확보하고 타 용도로 이용되는 것을 예방함으로써 도시계획시설을 설치하는 데 소요되는 비용을 절약한다는 의미에서 재원과 관계없이 계획을 결정하는 합리적인 요인이다.

그러나 도시계획 집행이 10년 또는 20년 이상 장기화될 때에는 도시계획시설용지 내 토지소유자가 제기하는 도시계획시설의 해제 등의 민원에 대하여 공공이 변명할 수 있는 합리적인 근거를 제시하기가 곤란하다.

또한, 기존의 장기미집행 도시계획시설 가운데에는 도시계획시설이 불합리하게 계획된 경우나 상위계획과의 관계에서 도시계획시설의 필요성이 반감되어 집행이 어려운 경우 등이 있다. 이는 주변 지역의 여건, 주민 여론, 지역 특성을 충분히 고려하지 않고 시급히 계획됨으로 인해 발생하거나 계획시점에서는 장래 집행상의 문제점은 없었으나 당해 지역의 특수한 여건 변화로 집행이 불가능 경우로 인해 장기미집행시설이 축적 누적되는 경우도 있다.

▌ 미집행 도시계획시설의 주요 관련 법규

(1) 미집행 도시계획시설의 재검토

① 미집행시설 개념 재정립

법적 용어가 아니라 실무적으로 사용해오던 미집행의 개념에 대한 논란의 소지를 없애기 위하여 도시계획시설로 결정고시가 되었으나 도시계획시설의 설치에 관한 사업이 시행되지 아니하는 경우라고 규정하였다. 도로, 철도 등 도시기반시설은 반드시 도시계획으로 결정하고 실시계획인가를 받아 설치하도록 되어 있던 것을 도시계획결정만 되면 다른 법률에 의해서도 설치가 가능하도록 허용함에 따라 다른 법률에서 실시계획인가에 상당하는 절차가 행하여진 경우에도 미집행시설에서 제외되는 것으로 정해졌다.

② 부분 미집행의 인정

도로, 공원 등의 일부구간 또는 구역에 대해서 집행이 되었을 경우, 그 구간 또는 구역은 미집행시설에서 명확히 제외하기 위하여 도시계획사업은 2 이상으로 분할하여 시행할 수 있도록 명시하였다. 집행된 상태로 남아 있는 시설들을 전체시설에 대하여 미집행시설로 분류되어 각종 조치가 적용되지 않도록 하여 지자체가 가능한 범위 안에서 차근차근 단계적으로 시설을 설치할 수 있도록 하였다.

③ 미집행시설의 전면 재검토

도시계획 결정일로부터 10년 이상 미집행된 시설은 각 지방자치단체별로 2000년 7월 1일부터 2001년 12월 31일까지 1년 6개월 동안 도시계획시설결정의 폐지여부를 결정하여 그 결과를 도시계획에 반영하도록 의무화하여 시행[5]한 바 있다. 이렇게 되면 지방자치단체는 반드시 필요하지 않은 시설이나 현실적으로 재원조달이 불가능한 것으로 판단되는 사업은 도시계획의 절차를 거쳐 해제하여야 한다. 이제 지방자치단체는 도시계획시설별로 당해 시설이 필요한지, 조속히 사업이 시행가능한지 여부에 대하여 명확히 입증할 의무가 생겼으며 만약 입증이 되지 않는 시설은 해제하여야 한다. 또한 2001년 12월 31일까지 불요불급한 시설의 정리가 이루어진다고 해서 조치가 끝나는 것이 아니다. 이후에도 매 5년마다 모든 도시계획을 전반적으로 재정비하도록 하는 규정(국토계획법 제34조)을 신설하였으므로 이

---

5   지방자치단체의 소극적인 업무와 인력부족 등으로 폐지율은 2.5%에 불과하였다.

때에도 10년 이상 미집행시설은 특별한 재검토가 이루어지도록 하여 미집행시설이 해소될 때까지는 지자체가 관리하고 해결하여야 한다.

(2) 단계별 집행계획의 수립 의무화

지방자치단체는 모든 도시계획시설에 대하여 도시계획 결정일로부터 2년 이내 재원조달계획, 보상계획이 포함된 단계별 집행계획을 수립하여 공고(국토계획법 제85조)하여야 한다. 이것은 도시계획시설의 집행시기를 주민들에게 명확히 알려 주도록 하여 예측 가능한 도시계획시설사업이 이루어지도록 하기 위한 것이다. 특히, 구 도시계획법 개정 시행일 이전에 도시계획 결정된 시설 중 2001년 말까지 재검토하여 해제되지 않은 모든 미집행 도시계획시설(10년 이하 미집행된 시설도 포함)은 2001년 12월 31일까지 재원조달계획과 보상 계획이 포함된 단계별 집행계획을 수립하여 공고하였고. 또한 단계별 집행계획에서 3년 이내 시행할 사업은 1단계 계획에 포함하여 시행하였다.

종전에는 폭 8m 이하의 도로와 도시자연공원의 경우에는 단계별 집행계획을 수립하지 않아도 되었으나 이제는 모든 도시계획시설에 대하여 단계별 집행 계획을 수립하여야 한다. 종전에는 재원조달의 어려움으로 단계별 집행계획의 현실성이 부족하여 유명무실 하였으나 이제는 재원조달계획과 보상계획을 제시하도록 하였고, 이 단계별 집행계획의 반영에 따라 건축행위 등의 허용 여부가 결정되므로 종전처럼 형식적인 단계별 집행계획을 수립할 수가 없게 된 것이다.

(3) 대지 소유자의 매수 청구권 및 건축허용

① 대지 토지소유자의 매수청구권[6]

2001년 말까지 10년 이상 미집행시설의 전면 재검토를 거쳐 불필요한 시설은 해제한 후 2001년 1월 1일부터는 도시계획시설 결정·고시일로부터 10년 이상 미집행된 시설부지 중 지적법상 지목이 대인 토지는 시장·군수에게 당해 토지의 매수를 청구할 수 있게 되었다(국토계획법 제47조).

헌법 재판소의 헌법 불합치 결정에서는 나대지에 대해서만 보상할 필요가 있다고 하였으나, 국토의 계획 및 이용에 관한 법률에서 도시계획시설의 부지로 되어 있는 토지 중 지목이 대(토지에 있는 건축물 및 정착물 포함)인 토지의 소유자는 매수 청구권을 요구할 수 있다고 언급한 것은 건축물 있는 대지에 대해서도 매수청구권을 확대 부여하여 지방자치단체가 우선 매수 여부를 결정할 수 있는 길을 터 주기 위한 것이다. 물론 전·답이나 임야등 대지 이외의 토지에 대해서도 매수청구권을 부여하여야 하나 헌법 재판소의 헌법 불합치 결정에서 이러한 토지는 당해 용도대로 사용하는 데 제한을 두고 있지 않으므로 보상할 필요가 없다고 판시하였고, 정책적으로 매수대상을 확대하고자 하여도 지방자치단체의 재정능력으로는 일괄적으로 매수하기가 현실적으로 불가능하므로 제외하였다.

시장·군수는 매수청구일로부터 2년 이내에 매수 여부를 토지 소유자에게 통지하여야 하며, 매수하기로 결정한 토지는 매수를 결정한 날부터 2년 이내에 매수하여야 한다. 이렇게 기간을 둔 것은 토지매수 여부의 결정과 매수절차가 간단한 것이 아니므로 신중하게 검토하여 처리하도록 하기 위한 것으로, 만약 매수청구

---

6 도시계획결정·고시일로부터 당해 도시계획시설의 설치에 관한 도시계획시설 사업이 시행되지 아니하는 경우(실시계획의 인가 또는 그에 상당하는 절차가 행하여진 경우를 제외) 당해 도시계획시설이 부지로 되어 있는 토지 중 지목이 대인 토지(당해 토지에 있는 건축물 및 정착물 포함)의 소유자는 시장 또는 군수에게 당해 토지의 매수를 청구할 수 있는 제도이다. 장기간 권리행사를 할 수 없게 되어 재산권의 제약이 상대적으로 크기 때문에 이를 구제하기 위한 조치이다. 동시에 매수청구가 집행되지 않을 경우 지방자치단체의 재정능력이 한계가 있을 수밖에 없으므로 현금 대신 도시계획시설 채권을 발행하여 해결하려 할 것이다. 그런 차원에서 앞으로 도시계획시설을 도시관리계획으로 결정함에 있어 재정계획을 포함하여 신중하게 결정해야 할 것이다.

일로부터 당장 매수 여부를 결정하게 하였을 경우에는 졸속 결정을 초래할 가능성이 있다 할 것이다. 이것은 토지소유자의 입장에서도 바람직하지 않을 것으로 보인다.

매수 청구된 토지에 대한 구체적인 매수가격, 매수절차 등에 관하여는 공공용지의 취득 및 손실보상에 관한 특별법의 규정을 준용하게 된다.

② 미매수 대지부지에 대한 건축허용

매수청구를 한 토지소유자는 시장·군수가 매수하기로 결정하였거나 매수하기로 결정한 뒤 2년이 되도록 매수가 이루어지지 않을 경우에는 그 즉시 관련규정(국토법 제47조제7항)에 근거하여 시장, 군수로부터 개발행위허가를 받아 일정한 건축물 또는 공작물을 설치할 수 있다. 이 경우 당해 토지가 도시계획시설로 결정되어 있음에 따른 행위제한은 배제된다. 즉 도시계획시설에 대한 행위제한 이외의 다른 조문 또는 법령에 의한 기준(예컨대 개발제한구역에서의 행위제한, 건축법, 소방법에 의한 건축물의 안전기준 등)에 적합한 경우 건축이 가능하도록 한다는 것이다.

허용할 건축물의 수준은 대통령령에서 정하게 되겠으나 당해 부지는 어디까지나 장래에 도시계획시설을 설치할 것이고 이때 철거하여야 할 건축물이므로 그 규모와 용도를 제한할 수밖에 없다. 이러한 제도를 도입한 취지는 지방자치단체가 가급적 토지를 매수하도록 하되, 재정 형편상 불가피한 경우에도 재산권의 제한을 받는 토지소유자에게 보상하는 방안으로 당해 토지의 본래 용도(즉 대지 안에서의 건축)대로 사용하도록 하여 헌법 불합치 상태를 제거하고자 하는 것이다. 결국 지방자치단체는 당해 토지를 매수하는 것과 매수하지 않고 건축물을 허용하였을 때 나중에 도시계획사업 시행 시 철거에 따른 예상되는 사회 경제적 비용을 감안하여 신중하게 매수 여부를 결정하고 나아가 도시계획시설의 존치 여부도 따져 보아야 할 것이다.

(4) 도시계획시설채권[7]의 발행 및 매수근거 마련

매수 청구한 토지를 매수함에 있어서는 현금으로 보상하는 것을 원칙으로 하나 현실적으로 지방자치단체의 재정능력이 열악하기 때문에 매수 청구한 토지를 모두 현금으로 매수하기는 불가능할 것으로 보인다. 그래서 새로 도입한 것이 일정한 경우에는 현금 대신으로 도시계획시설채권을 발행하여 토지를 매수할 수 있도록 규정(국토계획법 제47조제2항)하였다.

채권을 지급할 수 있는 경우는 첫째, 토지소유자가 원하는 때이며, 둘째, 일정한 부재부동산 소유자의 토지 또는 비업무용 토지로서 매수대금이 일정금액을 초과하는 경우 그 초과하는 금액에 대하여 지급하는 경우이다. 이는 토지 수용법 제45조의 규정에 의해 현금 대신 토지 상환채권의 지급이 가능한 경우와 동일하게 규정하였다. 채권상환기간은 10년 이내로 하며, 이자율은 금융기관의 1년 만기 정기예금의 금리수준을 고려하여 정하되, 구체적인 상환기간과 이자율은 시·군의 조례로 정하도록 하였다. 따라서 지자체별로 다를 수 있다. 채권의 지급은 어디까지나 현금대신 지급하는 예외적인 것이며, 현금지급에 버금가도록 채권의 이자율, 상환기간을 조례로 정하여 헌법에서 보장한 정당한 보상이 되도록 하여야 할 것이다.

(5) 20년 이상 미집행시설의 일몰제 도입

도시계획시설의 조속한 설치를 의무화하고 무분별한 도시계획결정을 원칙적으로 방지하기 위하여 도시계획결정 후 20년 동안 집행되지 않는 시설은 도시계획결정이 자동 실효되도록 하였다(국토계획법 제48조). 이러한 장치는 도시계획을 무력

---

7 채권 발행 지급 요건: 토지 소유자가 원할 때, 부재부동산 소유자가 토지 또는 비업무용 토지로서 매수 대금이 3천만 원을 초과하는 금액에 대하여 지급하는 경우. 매수가격, 매수절차 등에 관하여는 공공용지취득 및 손실보상에 관한특별법을 준용한다. 상환기간은 10년이다.

화시키는 것이므로 최후의 장치이다. 특히 종전 도시계획법에 의하여 결정·고시된 도시계획시설 중 2000년 7월 1일 이전에 도시계획시설로 결정된 시설은 불필요한 경우 해제하거나 그렇지 않으면 조속히 사업을 시행하여야 하는 것이지, 당장 실효시킬 것이 아니다.

그래서 종전에 결정된 시설은 그 미집행기간에 불구하고 개정 도시계획법 시행일로부터 20년을 기산하도록 하였다. 즉, 만약 2020년 7월까지 미집행이 되면 자동 실효되는 것이다. 이를 두고 주민들의 반발이 예상(이미 20년 내지 30년 이상 미집된 시설인데 또다시 20년을 기다려야 되는 것)되나, 이제는 결코 도시계획을 실효시키는 데 목적이 있지 않다. 조속한 사업시행을 촉구하기 위한 가장 강력한 장치로 도시계획시설결정 자체의 자동 실효제를 규제개혁위원회에서 도입한 것이다.

이 제도의 도입 취지는 도시계획시설을 실효시키고자 하는 것이 아니라 20년 이내에는 반드시 사업을 시행하도록 하는 것이다. 주민재산권을 제한하면서 20년간이나 도시계획시설을 실시하지 않고 방치하여 도시계획시설로 인해 불편을 겪고 있는 주민들은 자동실효를 기다릴 것이 아니라 불필요한 도시계획시설은 해제하도록 하거나, 조속히 사업을 시행하도록 지방자치단체에 촉구하여야 할 것이며, 이와 관련하여 원칙적인 장기미집행시설의 발생을 방지하기 위하여 도시계획 수립 시에는 반드시 재원조달방안을 첨부하도록 하였다(국토계획법 제25조제2항).

「국토의 계획 및 이용에 관한 법률」과는 별도로 제정된 「도시개발법」에서는 지자체에 도시개발 특별회계를 설치하여 도시계획사업을 지원할 수 있도록 하였다. 이 도시개발 특별회계의 재원은 정부출연금, 도시계획세의 일정률, 과밀부담금의 일정률 등이다. 국토의 계획 및 이용에 관한 법률을 제정하면서 수많은 전문가와 일선 공무원 그리고 주민들의 의견을 수렴하는 과정에서 주민들의 무조건적인 도시계획시설의 토지 매수나 해제와 도시계획 전문가와 지방자치단체의 도시계획 공공성에 대한 합의점을 찾는 데 매우 어려웠을 것이다.

구 분		기 산 일
종전 도시계획법	2000.7.1. 이전 결정, 고시된 도시계획시설	2000.7.1
	2000.7.2. 이후 결정, 고시된 도시계획시설	당해 도시계획시설의 결정, 고시일
종전 국토이용관리법	설치되거나 그 입지에 관한 고시가 된 공공시설 또는 공용건축물	2003.1.1

헌법재판소의 결정도 바로 이러한 두 가지 이익, 즉 도시계획이라는 공익과 개인재산권이라는 사익을 비교·형량 하여 내린 결정일 것이다. 그러나 수많은 다양한 의견을 모두 법제화하기에는 한계가 있다. 법령제도가 현실에서 무리 없이 살아 있도록 하는 것은 운영의 몫이다. 그리고 운영으로 해결할 수 없는 예상하지 못한 문제들이 나타나게 되면 그리고 그 문제가 제도로써 해결할 수 있다면 추후 제도를 보완하여야 할 것이다.

(6) 도시개발특별회계 운영

지방자치단체의 도시계획 관련 재원조달을 위하여 도시개발특별회계의 설치가 가능하도록 도시개발법에 규정되어 있으며, 도시개발특별회계의 재원은 일반회계전입금, 정부보조금, 개발부담금, 도시계획세 등을 통하여 조성하도록 규정되어 있다(도시개발법 제59조).

이러한 도시개발특별회계는 도시계획시설의 결정에 재원조달계획이 요구되는 개정법 제도하에서 지방자치단체의 유용한 재원조달 역할을 담당할 수 있을 것이다.

(7) 건축제한 완화

위와 같은 규정 이외에도 주민 생활의 불편을 들어주기 위하여 각종 건축규제가 완화되었다.

첫째, 건축법에 의하여 신고하고 설치할 수 있는 건축물의 개축·증축 또는 재축과 이에 필요한 범위 안에서 토지 형질변경의 경우에는 개발허가 또는 개별허가 없이 가능하다. 건축법(법제9조)상 신고대상인 건축물은 다음과 같다.

- 바닥면적의 합계가 85㎡이내의 증축·개축 또는 재축
- 농·어업을 영위하기 위하여 소규모 주택, 축사 또는 창고로서 대통령령이 정하는 지역 및 규모 건축물의 건축 또는 대수선[8]
- 국토의 계획 및 이용에 관한 법률에 의한 준도시지역 안에 건축하는 건축물로서 연면적 100㎡ 이하인 것.

둘째, 2년이 경과할 때까지 당해시설의 설치에 관한 사업이 시행되지 아니한 도시계획시설 중 도시계획결정 후 2년 이내에 수립하게 되어 있는 단계별 집행계획이 수립되지 아니하였거나 단계별 집행계획에서 3년 내에 사업을 시행할 제1단계 집행계획에 포함되지 않은 경우 가설건축물의 건축, 도시계획시설의 설치에 지장이 없는 공작물의 설치, 기존 건축물의 개축 및 재축과 이에 필요한 토지의 형질변경에 대한 개발행위 허가가 가능해졌다. 이때 단계별 집행계획에의 반영 여부에 따라 허용 여부가 달라지므로 집행계획의 변경을 통한 건축허용의 지연을 방지하기 위하여 계획이 변경되더라도 최초의 단계별 집행계획에 따르도록 하였다.

다만, 가설건축물과 공작물은 도시계획시설사업이 시행되는 때에도 그 시행예

---

8 읍·면지역에서 연면적의 합계가 100제곱미터(단독주택일 경우에는 330제곱미터)이하인 주택, 연면적이 200제곱미터 이하인 창고, 연면적이 400제곱미터 이하인 축사, 연면적이 400제곱미터 이하인 작물 재배사, 3미터 높이를 증가하는 건축물, 표준설계도서에 의하여 건축하는 건축물, 공업지역과 산업단지 안에서 건축하는 2층 이하의 건축물로 연면적이 500제곱미터 이하인 공장의 건축.

정일 3개월 전까지 지방자치단체가 무상철거를 명하게 되고 사업시행 시까지는 철거하여야 한다. 무상철거가 되지 않을 경우에는 「행정대집행법」에 의한 절차에 따라 강제철거가 되며 소요되는 비용은 소유자가 부담 지불하도록 규정되어 있다.

❙ 장기미집행 도시계획시설에 대한 제도 보완

(1) 도시계획시설부지 매수청구권(국토계획법 제47조, 2000년 7월 1일 시행)

도시계획시설이 들어서게 되는 부지를 도시계획시설부지라 하여 지정·고시하고 이러한 도시계획시설부지에 대한 개발행위는 원천적으로 금지되므로 도시계획시설 결정이 고시되었으나 사업이 시행되지 않아 발생하는 재산권의 침해를 방지하기 위해 국토계획법에서는 그 고시일로부터 10년 이내에 당해 도시계획시설의 설치에 관한 도시계획시설사업이 시행되지 않은 경우 특별시장·광역시장·시장 또는 군수에게 당해 토지의 매수를 청구할 수 있도록 하였다.

10년 이상 경과된 도시계획시설부지 중 지목이 대(垈)인 토지소유자는 지자체에 매수청구권을 행사할 수 있고, 매수 여부는 매수청구일로부터 6개월 이내에 결정하여야 하며, 매수 결정된 토지는 2년 이내에 매수하여야 한다.

매수 청구를 받은 자는 현금으로 대금을 지급하거나 도시계획시설 채권을 발행하여 지급할 수 있다. 매수하지 않기로 결정하거나, 매수 통보 후 2년 이내에 매수하지 않는 경우 단독주택, 제1·2종 근린생활시설(3층 이하), 공작물 등의 건축행위를 허가해야 한다.

그러나 매수청구제도는 지목이 '대'인 경우만 해당되며, 나머지 지목에 대해서는 해결방안이 될 수 없다는 문제점이 있으며, 또한 가격산정방법도 문제가 된다.

(2) 도시계획시설결정 실효제도(장기미집행시설 일몰제, 국토계획법 제48조)

국토계획법은 도시계획시설 결정·고시일부터 20년이 경과될 때까지 당해 도시계획시설사업이 시행되지 않는 경우 그 도시계획시설의 결정은 그 고시일로부터

20년이 되는 날의 다음 날에 그 효력을 상실하도록 규정하였다.

이 규정은 2000년 7월 1일 이전에 기존의 도시계획법에 의해 고시된 도시계획시설에 대해서는 2000년 7월 1일 기준으로, 2000년 7월 2일 이후에 고시된 도시계획시설에 대해서는 당해 고시일을 기준으로 적용된다(국토계획법 부칙 제16조).

이에 따라 국토계획법 시행 전 도시계획시설은 2000년 7월 1일부터 기산하므로 2020년 7월 1일 이후 최초 실효된다.

(3) 지방의회 해제권고제(국토계획법 제48조, 시행령 제42조. 2012.4.15시행)

국토계획법은 지자체가 10년 이상 장기미집행 도시계획시설에 대해 매년 지방의회에 보고하면, 의회는 해제를 권고할 수 있도록 하고, 지자체는 특별한 사유가 없는 한 해제하도록 규정하고 있다.

이 규정은 모든 토지에 적용되지만 지방의회를 통과하여야 하는 단점이 있다.

(4) 장기미집행 도시계획시설 재검토계획 수립

미집행된 도시계획시설을 대상으로 5년마다 재정비계획 수립을 통해 실현 가능한 계획을 수립하여야 한다. 불요불급하거나 불합리한 시설은 과감히 해제 또는 조정해야 하며, 이로 인한 문제점을 미리 분석하고 해결방안 또는 보완방안을 강구해야 한다.

(5) 도시계획시설사업의 분할시행 가능도시계획시설의 효율적 설치를 위해 필요한 경우 2개 이상으로 분할시행이 가능하며, 단일사업도 집행계획에 따라 부분집행이 가능하다.

7. 장기미집행 도시 · 군계획시설 해제 신청제 시행

장기미집행 도시 · 군계획시설[9]에 대하여 지자체의 구체적인 집행계획이 수립 · 공고되지 않았다면, 2027년 1월 1일부터 토지소유자가 해당 도시 · 군계획시설의 결정 해제를 신청할 수 있다.

장기미집행 도시 · 군계획시설의 토지소유자가 지자체와 국토부에 해제신청 등을 할 수 있도록 법률이 개정(2015.8.11.공포, 2017.1.1.시행)됨에 따라 그 위임사항을 규정하려는 것으로, 2016년 10월 입법예고(2016.10.18.~2016.11.28.) 등을 거쳐 개정안에 대하여 의견을 수렴한 바 있으며, 이번에 의결된 시행령 개정안의 주요 내용은 다음과 같다.

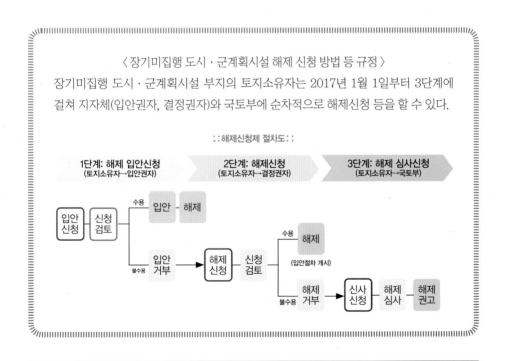

〈 장기미집행 도시 · 군계획시설 해제 신청 방법 등 규정 〉
장기미집행 도시 · 군계획시설 부지의 토지소유자는 2017년 1월 1일부터 3단계에 걸쳐 지자체(입안권자, 결정권자)와 국토부에 순차적으로 해제신청 등을 할 수 있다.

:: 해제신청제 절차도 ::

1단계: 해제 입안신청 (토지소유자→입안권자)
2단계: 해제신청 (토지소유자→결정권자)
3단계: 해제 심사신청 (토지소유자→국토부)

---

9 도시 · 군계획시설 결정 후 10년 이상 해당 시설사업이 시행되지 않고 있는 시설

(1) 1단계

장기미집행 도시·군계획시설의 토지소유자는 도시·군 관리계획 입안권자(주로 기초자치단체장)에게 해제입안을 신청할 수 있으며, 입안권자는 해당 시설의 실효 시까지 설치하기로 집행계획을 수립하거나 해당 시설의 실시계획이 인가된 경우 등을 제외하고는 해제입안을 하여야 한다.

(2) 2단계

토지소유자는 1단계 신청에도 불구하고, 해제 입안이 되지 않는 등의 사유가 발생하면 추가적으로 결정권자(광역자치단체 또는 기초자치단체장)에게 해제신청을 할 수 있다.

(3) 3단계

1·2단계 신청 결과에도 해제되지 않거나 일부만 해제되는 등의 사유가 있으면, 토지소유자는 국토부장관에게 해제 심사를 신청할 수 있으며, 국토부장관은 중앙도시계획위원회 심의를 거쳐 결정권자에게 해당 시설의 결정 해제를 권고하고, 결정권자는 이에 따라야 한다. 참고로, 해제 신청을 하기 위해서 확인하여야 하는 집행계획은 관련 지자체가 공고하도록 되어 있으므로, 본인 소유 토지의 집행계획 수립 여부는 해당 지자체에 문의하면 된다.

(4) 기타 제도개선 사항

현재 지자체장이 설치하는 1천㎡ 이상 주차장은 반드시 도시·군계획시설로 결정한 후에 설치하도록 하고 있으나, 절차 간소화 등 효율적인 설치를 도모할 수 있도록 도시·군계획시설 결정 없이도 설치할 수 있도록 개선하였다.

지자체에서 경관, 미관, 방재 등 다양한 목적의 용도지구를 지정하고 있으나, 여건변화 등이 발생해도 그대로 존치되는 경우가 있어, 주변 지역 개발에 따라 존치 필요성이 없거나 지구단위계획이 수립되는 경우 등에는 용도지구의 변경 · 해제를 검토하도록 용도지구 정비 기준을 신설하였다.

아울러, 용도지구 중 경과지구 및 미관지구 안에서는 조례로 정한 모든 건축제한을 동일하게 적용하고 있으나, 지역특성 등을 고려하여 필요한 경우에는 조례로 정한 건축제한 중 일부 사항만 적용할 수 있도록 예외를 규정하였다.

제3장

도시·군계획시설

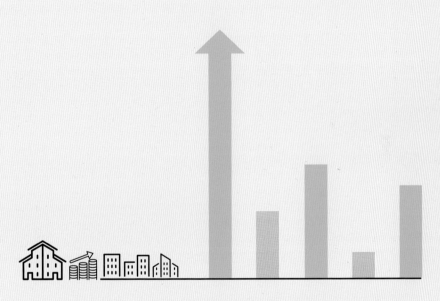

도시·군계획시설은 국민이 살아가는 데 꼭 필요한 국가기반시설로 '시민의 공동생활과 도시의 경제·사회활동을 지원하며, 삶의 질을 향상시키는 데 필요한 공공시설물로서 민간의 자율적인 활동만으로는 효율적으로 설치되기 어려운 시설이기 때문에 정부가 직접 설치하거나 민간부문이 정부의 지원을 받아 설치하되 전체의 발전과 타 시설물과의 기능적 조화를 도모하도록 법정 도시계획에 의하여 설치되는 물리적 시설'이라고 정의할 수 있다.

1. 도시·군계획시설의 정의

▌일반적 정의

도시·군계획시설은 일반적으로는 '시민의 공동생활과 도시의 경제·사회활동을 지원하며, 삶의 질을 향상시키는 데 필요한 공공시설물로서 민간의 자율적인 활동만으로는 효율적으로 설치되기 어려운 시설이기 때문에 정부가 직접 설치하거나 민간부문이 정부의 지원을 받아 설치하되 전체의 발전과 타 시설물과의 기능적 조화를 도모하도록 법정 도시계획에 의하여 설치되는 물리적 시설'이라고 정의할 수 있다.

▌법률적 정의

도시·군계획시설은 법률적으로는 「국토의 계획 및 이용에 관한 법률」 제2조 제7호에 따라 "기반시설 중 도시·군 관리계획으로 결정하는 시설"을 말하며, 이 중 기반시설은 동법 제2조 제6호에 따른 도로·공원·시장·철도 등 53개 시설을 말한다.

기반시설이 단순한 시설 자체를 의미한다면 도시·군계획시설은 그 기반시설의 설치가 도시·군 관리계획의 규정된 절차를 통해 계획으로 결정되어 법적인 의미를 지니게 됨을 의미하며, 세부적인 도시·군계획시설의 결정은 「도시·군계획시설의 결정·구조 및 설치 기준에 관한 규칙」을 반드시 준수해야 한다.

제47조(도시 · 군계획시설 부지의 매수 청구)

도시 · 군계획시설에 대한 도시 · 군 관리계획의 결정 고시일부터 10년 이내에 그 도시 · 군계획시설의 설치에 관한 도시 · 군계획시설 사업이 시행되지 아니하는 경우 그 도시 · 군계획시설의 부지로 되어 있는 토지 중 지목(地目)이 대(垈)인 토지의 소유자는 특별시장 · 광역시장 · 특별자치시장 · 특별자치도지사 · 시장 또는 군수에게 그 토지의 매수를 청구할 수 있다.

제48조(도시 · 군계획시설 결정의 실효 등)

도시계획시설 결정 고시일부터 20년이 경과될 때까지 당해 도시계획시설사업이 시행되지 않는 경우 그 도시계획시설의 결정은 그 고시일로부터 20년이 되는 날의 다음 날에 그 효력을 잃는다.

제41조(도시 · 군계획시설 부지의 매수청구)

토지의 매수를 청구하고자 하는 자는 국토교통부령이 정하는 도시 · 군계획시설부지 매수청구서에 대상 토지 및 건물에 대한 등기사항증명서를 첨부하여 매수의무자에게 제출하여야 한다.

* 자료: 「국토의 계획 및 이용에 관한 법률」 제47조, 제48조, 동법 시행령 제41조

2. 도시 · 군계획시설의 분류

▍ 법률에 따른 분류

(1) 기반시설 · 광역시설 · 공공시설

「국토의 계획 및 이용에 관한 법률」에서는 도시 · 군계획시설 뿐 아니라 기반시설, 광역시설, 공공시설을 정의하고 있다. 이 시설들은 53개 기반시설 내에서 각각의 정의에 따라 서로 교차 · 중복되며, 법률 내에서 또는 타 법률에서 주요한 분류로 사용되고 있다. 이러한 시설 중 도시 · 군 관리계획으로 결정되는 시설이 도시 · 군계획시설이다.

① 기반시설 (법 제2조 제6호)

도시주민의 생활이나 도시기능의 유지한 필요한 물리적인 요소로서, 「국토의 계획 및 이용에 관한 법률」상의 7개 대분류, 53개 시설을 말한다.

(ㄱ) 도로 · 철도 · 항만 · 공항 · 주차장 등 교통시설
(ㄴ) 광장 · 공원 · 녹지 등 공간시설
(ㄷ) 유통업무설비, 수도 · 전기 · 가스공급설비, 방송 · 통신시설, 공동구 등 유통 · 공급시설
(ㄹ) 학교 · 운동장 · 공공청사 · 문화시설 및 공공필요성이 인정되는 체육시설 등 공공 · 문화체육시설
(ㅁ) 하천 · 유수지(遊水池) · 방화설비 등 방재시설
(ㅂ) 화장시설 · 공동묘지 · 봉안시설 등 보건위생시설

② 광역시설 (법 제2조 제8호)

둘 이상의 특별시 · 광역시 · 특별자치시 · 특별자치도 · 시 또는 군의 관할 구역에 걸쳐 있는 시설이거나 공동으로 이용하는 시설로서, 「국토의 계획 및 이용에 관한 법률」상의 기반시설 중 33개 시설을 말한다.

(ㄱ) 2 이상의 특별시 · 광역시 · 특별자치시 · 특별자치도 · 시 또는 군(광역시의 관할구역 안에 있는 군을 제외한다. 이하 같다. 다만, 제110조 · 제112조 및 제128조에서는 광역시의 관할구역 안에 있는 군을 포함한다)의 관할구역에 걸치는 시설 : 도로 · 철도 · 운하 · 광장 · 녹지, 수도 · 전기 · 가스 · 열공급설비, 방송 · 통신시설, 공동구, 유류저장 및 송유설비, 하천 · 하수도(하수종말처리시설을 제외한다)
(ㄴ) 2 이상의 특별시 · 광역시 · 특별자치시 · 특별자치도 · 시 또는 군이 공동으로 이용하는 시설 : 항만 · 공항 · 자동차정류장 · 공원 · 유원지 · 유통업무설비 · 운동장 · 문화시설 · 공공필요성이 인정되는 체육시설 · 사회복지시설 · 공공직업훈련시설 · 청소년수련시설 · 유수지 · 화장장 · 공동묘지 · 봉안시설 · 도축장 · 하수도(하수종말처리시설에 한한다) · 폐기물처리시설 · 수질오염방지시설 · 폐차장

③ 공공시설 (법 제2조 제13호)

불특정 다수인이 사용하는 공공의 시설로서, 「국토의 계획 및 이용에 관한 법률」상의 기반시설 중 26개 시설을 말한다.

1.	항만 · 공항 · 운하 · 광장 · 녹지 · 공공공지 · 공동구 · 하천 · 유수지 · 방화설비 · 방풍설비 · 방수설비 · 사방설비 · 방조설비 · 하수도 · 구거
2.	행정청이 설치하는 주차장 · 운동장 · 저수지 · 화장장 · 공동묘지 · 봉안시설
3.	「스마트도시 조성 및 산업진흥 등에 관한 법률」 제2조 제3호 다목에 따른 시설
㈀	「국토의 계획 및 이용에 관한 법률」 제2조 제6호에 따른 기반시설 또는 같은 조 제13호에 따른 공공시설에 건설 · 정보통신 융합기술을 적용하여 지능화된 시설
㈁	「국가정보화 기본법」 제3조 제13호의 초고속정보통신망, 같은 조 제14호의 광대역통합정보통신망, 그밖에 대통령령으로 정하는 정보통신망
㈂	스마트도시서비스의 제공 등을 위한 스마트도시 통합운영센터 등 스마트도시의 관리 · 운영에 관한 시설로서 대통령령으로 정하는 시설
㈃	스마트도시서비스를 제공하기 위하여 필요한 정보의 수집, 가공 또는 제공을 위한 건설기술 또는 정보통신기술 적용 장치로서 폐쇄회로 텔레비전 등 대통령령으로 정하는 시설

▎ 이용특성에 따른 분류

도시 · 군계획시설은 경합성의 유무와 배제가능성에 따라 〈표 3-2〉와 같이 공공재적 시설, 요금재적 시설, 민간재적 시설로 분류할 수 있다.

(1) 공공재적 시설

특정 이용자의 배제가 불가능하고 소비의 경합이 없는 공동소비의 특성을 갖는다. 이러한 시설은 민간에 의해 공급되기 어려우며 주로 공공에 의해 공급된다. 도로, 공원, 학교, 폐기물처리시설 등이 여기에 해당된다.

(2) 요금재적 시설

이용대가의 지불여부에 따라 특정 이용자의 배제가 가능하지만 소비의 경합은 없는 시설이다. 전기, 통신, 가스, 상하수도 등이 대표적인 요금재적 특성을 갖는 시설이다. 이들은 대부분 공공재적 특성을 함께 갖고 있기 때문에 공공에 의한 적극적인 공급과 관리가 필요하다.

(3) 민간재적 시설

경합적 소비와 배제가 완벽하게 가능한 특성을 갖는다. 이러한 특성을 갖는 시설은 시장에서 수요와 공급의 원리에 따라 자율적으로 제공되기 때문에 원칙적으로 공급문제가 발생하지 않는다. 다만, 서비스의 안전성, 규격기준 등을 고려하여야 하므로 사회적 차원에서 정부의 규제가 필요하다. 자동차 및 건설기계 검사시설, 유통업무설비, 종합의료시설 등은 민간재적 특성이 강한 시설이다.

:: 〈표 3-2〉 이용 특성에 따른 도시 · 군계획시설의 분류 ::

구 분	도시 · 군계획시설
공공재적 시설	도로, 광장, 공원, 녹지, 공공공지, 공동구, 학교, 운동장, 체육시설, 공공청사, 도서관, 사회복지시설, 공공직업훈련시설, 하천, 유수지, 저수지, 방화설비, 방풍설비, 방수설비, 사방설비, 방조설비, 하수도, 폐기물처리시설, 수질오염방지시설
요금재적 시설	철도, 항만, 공항, 주차장, 자동차정류장, 궤도, 운하, 유원지, 수도공급설비, 전기공급설비, 가스공급설비, 방송통신시설, 유류저장 및 송유설비, 열공급설비, 문화시설, 청소년수련시설, 화장시설, 공동묘지, 봉안시설, 자연장지, 폐차장
민간재적 시설	자동차 및 건설기계 검사시설, 자동차 및 건설기계 운전학원, 유통업무설비, 시장, 연구시설, 도축장, 장례식장, 종합의료시설

3. 도시 · 군계획시설의 세부 분류

1) 「도시 · 군계획시설의 결정 · 구조 및 설치 기준에 관한 규칙」에서는 「국토의 계획 및 이용에 관한 법률」에서 정하는 7개 대분류와 시행령에서 정하는 53개 시설을 149개로 〈표 3-3〉과 같이 세부 분류하고 있다.

국계법 제2조 6호	국계법시행령 제2조 1항	도시 · 군계획시설의 결정 · 구조 및 설치기준에 관한 규칙[2017.7.26.]
교통시설	도로	일반도로, 자동차전용도로, 보행자전용도로, 보행자우선도로, 자전거전 용도로, 고가도로, 지하도로
	철도	철도, 도시철도, 사업시설(한국철도시설공단법 제7조 및한국철도공사법 제9조 제1항)
	항만	항만시설, 어항시설, 마리나항만시설
	공항	공항(공항시설법 제2조제3호), 공항시설(공항시설법 제2조제7호)
	주차장	노외주차장(주차장법 제2조제1호)
	자동차정류장	여객자동차터미널, 물류터미널, 공영차고지, 공동차고지, 화물자동차 휴 게소, 복합환승센터
	궤도	궤도시설(궤도운송법 제2조3호)
	운하	내륙수운을 위하여 설치하는 시설
	자동차 및 건설기계검사시설	자동차검사시설, 건설기계검사소
	자동차 및 건설기계운전학원	자동차운전학원, 건설기계운전학원
공간시설	광장	교통광장, 일반광장, 경관광장, 지하광장 및 건축물부설광장
	공원	국가도시공원, 생활권공원, 주제공원, 도시지역 외 공원
	녹지	완충녹지, 경관녹지 및 연결녹지, 도시지역 외 녹지
	유원지	주민의 복지향상에 기여하기 위하여 설치하는 오락과 휴양을 위한 시설
	공공용지	시 · 군내의 주요시설물 또는 환경의 보호, 재해대책, 보행자의 통행과 주민의 일시적 휴식공간의 확보를 위한 시설
유통 · 공급 시설	유통업무설비	일반물류단지, 대규모점포 · 임시시장 · 전문상가단지 및 공동집배송센 터, 농수산물도매시장 · 농수산물공판장 및 농수산물종합유통센터, 자 동차경매장, 화물자동차운수사업용 공영차고지, 철도역, 화물의 운송 · 하역 및 보관시설, 하역시설, 창고 · 야적장 또는 저장소, 화물적하시 설 · 화물적치용건조물 그 밖에 이와 유사한 시설, 축산물보관장, 생산 된 자동차를 인도하는 출고장

유통·공급 시설	수도공급설비	취수시설, 저수시설, 정수시설 및 배수시설, 도수시설, 송수시설
	전기공급설비	발전시설, 변전시설, 송전선로, 배전사업소
	가스공급설비	고압가스 저장소, 고정식 압축천연가스이동충전차량 충전시설, 용기충 전시설과 자동차에 고정된 탱크충전시설, 가스공급시설
	열공급설비	열원시설, 열수송시설
	방송·통신시설	사업용 전기통신설비, 무선설비, 유선방송국설비
	공동구	전기·가스·수도 등의 공급설비, 통신시설, 하수도 시설 등 지하매설 물을 공동 수용함으로써 미관의 개선, 도로구조의 보전 및 교통의 원활 한 소통을 위하여 지하에 설치하는 시설물
	시장	대규모점포 및 임시시장, 농수산물도매시장, 농수산물공판장 및 농수산 물종합유통센터, 가축시장
	유류저장 및 송유설비	석유를 비축·저장하는 시설과 송유시설, 송유관, 제1석유류·제2석유 류·제3석유류 또는 제4석유류를 저장하기 위하여 설치하는 저장소
공공·문화 체육시설	학교	유치원, 초등학교·공민학교, 중학교·고등공민학교, 고등학교·고등기 술학교, 특수학교, 각종학교, 대학, 산업대학, 교육대학, 전문대학, 방송 대학·통신대학·방송통신대학 및 사이버대학, 외국교육기관
	운동장	국민의 건강 증진과 여가 선용에 기여하기 위하여 설치하는 종합운동장
	공공청사	국가 또는 지방자치단체의 청사, 정부가 설치하여 주한외교관에게 빌려 주는 공관, 교정시설(교도소·구치소·소년원 및 소년분류심사원에 한한다)
	문화시설	공연장, 박물관 및 미술관, 「지방문화원진흥법 시행령」 제4조의 규정에 의한 시설(사무실, 회의실, 강당, 전시실, 도서실), 공연시설, 문화산업진흥시 설 및 문화산업단지, 과학관, 전시시설, 국제회의시설, 공공도서관 및 전문도서관
	체육시설	전문체육시설, 생활체육시설, 경기장시설
	연구시설	과학·기술·학술·문화·예술 및 산업경제 등에 관한 조사·연구·시 험 등을 위하여 설치하는 연구시설
	사회복지시설	국가나 지방자치단체가 설치하는 사회복지시설
	공공직업 훈련시설	공공훈련시설(직업능력개발훈련을 위하여 설치하는 시설로서 고용노동부장관 과 협의하거나 고용노동부장관의 승인을 받아 설치한 시설)
	청소년수련시설	청소년수련관, 청소년수련원, 청소년문화의 집, 청소년특화시설, 청소년 야영장, 유스호스텔

방재시설	하천	국가하천 · 지방하천, 소하천
	유수지	유수시설, 저류시설
	저수지	발전용수 · 생활용수 · 공업용수 · 농업용수 또는 하천유지용수의 공급이나 홍수조절을 위한 댐 · 제방 그 밖에 당해 댐 또는 제방과 일체가 되어 그 효용을 높이는 시설 또는 공작물과 공유수면
	방화설비	소방시설중 소방용수설비
	방풍설비	방풍림시설, 방풍담장시설, 방풍망시설
	방수설비	저지대나 지반이 약한 지역에 대한 내수범람 및 침수피해를 방지하기 위하여 설치하는 배수 및 방수시설
	사방설비	사방사업에 따라 설치된 공작물과 파종 · 식재된 식물
	방조설비	항만시설 중 방조제, 어항시설 중 방조제, 제방
보건위생 시설	화장시설	공설화장시설, 사설화장시설 중 일반의 사용에 제공하는 화장시설
	공동묘지	공동묘지, 공설묘지, 사설묘지 중 일반의 사용에 제공되는 묘지
	납골시설	봉안시설, 공설봉안시설, 사설봉안시설 중 일반의 사용에 제공하는 봉안시설
	자연장지	공설자연장지, 법인 등 자연장지 중 일반의 사용에 제공하는 자연장지
	장례식장	장례식장
	도축장	도축장, 집유장, 축산물가공장, 식육포장처리장 또는 축산물보관장
	종합의료시설	병원 · 한방병원 또는 요양병원(300개 이상의 병상, 7개 이상의 진료과목) 갖춘 병원급 의료기관, 종합병원
환경기초 시설	하수도	하수관로(지방자치단체가 설치 또는 관리하는 하수도), 공공하수처리시설
	폐기물처리시설	폐기물의 중간처분시설, 최종처분시설 및 재활용시설, 광역폐기물처리시설, 재활용시설, 건설폐기물처리업의 허가를 받은 자 또는 건설폐기물처리업 시설
	수질오염방지시설	폐수종말처리시설, 폐수수탁처리업시설, 처리시설(가축분료를 자원화 또는 정화시설), 공공처리시설 및 분뇨처리시설, 광해방지사업의 일환으로 폐광의 폐수를 처리하기 위하여 설치하는 시설
	폐차장	자동차폐차업의 등록을 한 자가 설치하는 사업장

2) 도시계획시설의 체계도는 〈그림 3-1〉처럼 분류하고 있다.

::〈그림 3-1〉도시·군계획시설 체계도 ::

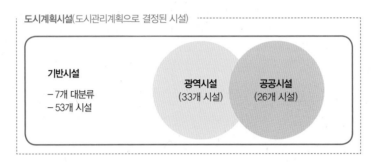

4. 도시·군계획시설 현황

도시·군계획시설이란 기반시설 중 도시 기능유지를 위해 요구되는 필수 공공시설로서 도시·군 관리계획으로 결정된 시설을 말한다.

2006년 말 기준 전체 도시·군계획시설 결정면적은 약 4,288㎢로, 이 가운데 광장·공원 등 공간시설이 1,515㎢(35.3%)로 가장 많고 교통시설, 공공문화체육시설, 방재시설, 유통 및 공급시설, 환경기초시설, 보건위생시설 순으로 결정되어 있고, 2016년 말 기준 전체 도시·군계획시설 결정면적은 7,536㎢으로 2015년 대비 약 705㎢가 증가하였음을 〈표 3-4〉을 통해 알 수 있다.

국민소득이 높아질수록 삶의 질 향상을 위한 국민의 욕구는 점차 증대될 것으로 앞으로도 도시·군계획시설에 대한 필요성은 증가해야 할 것으로 전망됨에 따라 도시·군계획시설의 집행을 위한 준비가 필요하다.

:: 〈표 3-4〉 도시·군계획시설 현황 [단위 : ㎢, %] ::

		2006	2007	2008	2009	2010	2011	2012	2013	2014	2015	2016
교통 시설	면적	1,388	1,425	1,507	1,722	1,936	2,053	2,124	2,196	2,229	2,293	2,340
	비율	32.4	31.7	30.8	31.9	31.7	32.4	32.3	32.7	33.4	33.6	31.8
공간 시설	면적	1,515	1,579	1,689	1,539	1,543	1,489	1,510	1,506	1,497	1,486	1,486
	비율	35.3	35.1	34.5	28.5	25.3	23.5	23	22.4	22.4	21.8	20.2
유통 및 공급시설	면적	113	116	156	125	199	212	218	218	221	226	230
	비율	2.6	2.6	3.2	2.3	3.3	3.3	3.3	3.2	3.3	3.3	3.1
공공문화 체육시설	면적	514	596	694	794	853	887	925	937	957	979	982
	비율	12	13.3	14.2	14.7	14	14	14.1	13.9	14.3	14.3	13.4
방재 시설	면적	665	684	747	1,098	1,443	1,564	1,655	1,724	1,613	1,689	2,162
	비율	15.5	15.2	15.3	20.3	23.6	24.7	25.2	25.6	24.2	24.7	29.4
보건위생 시설	면적	24	25	27	38	47	50	51	52	48	49	50
	비율	0.6	0.6	0.6	0.7	0.8	0.8	0.8	0.8	0.7	0.7	0.7
환경기초 시설	면적	69	71	73	77	82	84	87	88	104	109	106
	비율	1.6	1.6	1.5	1.4	1.3	1.3	1.3	1.3	1.6	1.6	1.4
합계	면적	4,287	4,496	4,894	5,392	6,102	6,338	6,568	6,721	6,670	6,831	7,536

* 자료: 국토교통부, LH 「도시계획현황」

5. 도시·군계획시설의 재검토

┃ 관련 규정

「국토의 계획 및 이용에 관한 법률」에서는 기존 도시·군계획시설에 대하여 도시·군 관리계획 수립 시 재검토(시행령 제19조9항)하도록 하고 결정된 지 10년 이상 되었으나 집행되지 아니한 도시·군계획시설에 대한 재정비(동법 시행령 제29조1항)

를 규정하고 있다. 또한, 국토교통부 훈령「도시·군 관리계획 수립지침(제9장 도시·군계획시설의 재검토)」에서는 '도시·군계획시설 결정고시일로부터 10년 이상 집행되지 않은 모든 시설(10년 미만의 시설 포함 가능)을 대상으로 5년마다 재검토'하도록 〈표3-5〉처럼 규정하고 있다.

:: 〈표 3-5〉 미집행 관련「도시·군 관리계획 수립지침」세부 내용 ::

구 분	「도시·군 관리계획 수립지침」내용
재정비	시기 5년마다 도시·군 관리계획 재검토
재정비 대상	시설결정 고시일로부터 10년 이상 집행되지 않은 모든 시설 (10년 미만 시설 포함 가능)
기본 고려사항	지적법상 '대'가 많은 시설 우선 재검토
	미집행기간이 오래된 시설부터 우선 폐지 여부 검토
	실현 가능한 단계별 집행계획이 수립될 수 없는 시설은 원칙적으로 폐지 검토
	해제/조정 시 나타날 수 있는 문제점을 분석하여 해결방안 또는 보완방안 강구
	존치시설은 중기재정계획과 연계하여 집행계획을 수립 재원확보방안 및 우선순위 지정
	자동실효가 예상되는 시설결정 후 15년 경과 시부터 매년 당해 시설에 대한 해제검토
일반적 재정비 기준	기술적 가능성, 재원조달 가능성, 기존계획 연계성, 시설입지 적정성, 장래계획의 유동성, 공익성 여부, 적법성
	도시개발사업 등과의 연계성, 지자체 우선순위 등과의 관계

* 자료 : 국토교통부, 장기미집행 도시·군계획시설 해소 방안 연구, 2015.

| 미집행 도시·군계획시설 재검토 기준

도시·군 관리계획 수립지침에는 〈표 3-6〉과 같이 일반적 기준과 시설별 재검토 기준을 제시하고 있다.

::〈표 3-6〉「도시 · 군 관리계획 수립지침」상 일반적 재검토 기준 ::

재검토	기준 재정비 방향
기술적 가능성	현재 토지이용상 지장물 유무 및 자연조건을 고려하여 개설이 가능한지 여부를 판단하고, 기술적으로 설치가 어렵거나 불합리한 시설은 해제 또는 조정
재원조달 가능성	대지의 보상 및 시설설치를 위한 재원조달 가능성을 시 · 군의 재정상황과 전망을 바탕으로 검토하여, 실현 가능한 재원조달계획 및 보상계획이 수립되기 곤란한 시설은 해제 또는 조정
기존 계획과의 연계성	상위계획 및 관련계획과의 종합적 연계성을 검토하고 자연녹지지역 등 보전하여야 할 지역에는 긴급한 간선도로나 마을 진입도로 외의 도로의 계획을 억제하여 도로에 접하여 건축행위 등 개발이 이루어지지 아니하도록 조정
시설입지의 적정성	시설의 위치, 폭원, 규모, 기능 등의 적정성 검토
장래 계획의 유동성	계획수립시의 여건과 현재 여건을 비교하여 여건변화로 인한 도시 · 군 관리계획의 변경 필요성 검토
공익성 여부의 재검토	절대 필요한 시설은 조기에 설치하여 계획 목적을 실현하고 공익성이 현저히 결여된 시설은 변경 검토
적법성	각종 시설의 결정 내용이 법령의 기준에 적합한지 여부 검토
도시개발사업 등과의 연계성	해당 시설이 도시개발구역 · 재개발구역 · 주거환경개선지구 · 택지개발예정지구 등에 포함여부 및 연관성을 검토하여 사업시행으로 인한 미집행의 해소 가능성 검토
지자체의 우선순위 등과의 관계	해당 시 · 군이 추진하는 역점사업과 미집행시설과의 연관성 검토

* 자료 : 국토교통부

제4장

도시공원

도시공원은 도시환경의 개선, 도시 방재에 크게 기여하며, 지구온난화 방지, 도시열섬 현상의 완화, 생물보전에 의한 양호한 도시환경을 제공 목적으로 도시공원의 정비, 녹지의 보전, 녹화 추진에 의하여 도시의 안정성을 향상시키고 재해로부터 시민을 안전하게 보호하며, 시민의 여가활동의 장과 휴식장소를 제공하여 편안한 녹지조성으로 건강과 문화 활동의 거점으로 이용되고 있다.

주거의 쾌적하고 안락한 삶을 중요시하다 보니 그린 프리미엄을 누릴 수 있는 아파트는 선호도가 높고 아파트값도 높은 경우가 많다. 그런데 2020년이면 공원 '안' 아파트도 볼 수 없을 가능성이 크다. 2020년 7월이면 '도시공원일몰제'에 따라 공원으로 지정된 부지 가운데 20년 이상 사업에 착수하지 못한 곳은 공원으로서 지정된 효력이 상실되기 때문이다.

1. 도시공원의 정의

　도시공원이란 도시의 자연경관을 보호하고 시민들의 건강과 휴양 및 정서생활을 향상시키는 데 이바지하기 위하여 설치 또는 지정된 곳을 의미한다. 이러한 도시공원이 1999년 헌법재판소에서 헌법불합치 판정을 받으면서 정부는 2020년 7월 1일부로 일몰제, 즉 도시계획시설 자동 해제를 결정하였다. 헌법불합치 판정 이후에라도 정부나 지방자치단체에서는 예산 확보를 통해 도시공원 조성 기본계획에 따라 사유지 매입 등을 추진했어야 함에도 손을 놓고 있다가 일몰제 시한이 임박한 시점에 민간공원 특례사업을 추진하면서 전국적으로 큰 소용돌이가 치고 있는 것이다.

　민간공원 특례사업은 2009년 국토부가 도시공원 일몰제를 대비해 5만 제곱미터 이상의 공원에 한해서 민간 사업자가 공원시설로 70%, 아파트 등 비공원 시설로 30%를 개발할 수 있게 하였다. 하지만 이 사업은 공원으로서의 기능을 훼손하고 사유재산권의 침해가 없는 국공유지를 대거 포함함과 동시에 사업성 높은 아파트 개발이 주를 이루면서 교통 및 환경문제 등 필연적으로 도시문제들을 야기할 수밖에 없는 한계를 가지고 있는 제도이다. 더욱이 공원의 실태나 생태조사도 되어 있지 않은 곳이 대부분이다 보니 소중한 산림을 훼손하고 아파트 등을 짓는 또 다른 난개발이라는 비난을 자초하고 있는 것이다.

　이미 광주시는 이런 논란을 불식시키기 위해 1단계 민간공원 특례 사업에 있어 13회에 걸쳐 민·관 회의를 열어 도시공원들이 난개발에 훼손되지 않고 공원 본연의 기능과 역할을 할 수 있도록 다각적이고 심도 있게 논의해 공원시설의 공공성 강화 및 적정 규모, 시민 접근성 등에 대한 기준안을 마련했을 뿐만 아니라 향후 개발되는 민간공원 특례 사업에는 사유재산 침해가 없는 국·공유지 배제원칙을 추가적으로 수립했다.

또한 도시공원 일몰제의 실질적인 책임과 해결책은 정부와 국회에 있다. 정부와 국회가 손 놓고 있는 상황에서 지방정부가 나서기에는 한계가 있다. 세제 해택 등 다양한 보상제도와 예산지원 없이는 난개발을 근본적으로 막을 수 없기 때문이다.

2. 도시공원의 역할과 구분

도시공원은 도시환경의 개선, 도시 방재에 크게 기여하며, 지구온난화 방지, 도시열섬 현상의 완화, 생물보전에 의한 양호한 도시환경을 제공할 목적으로 도시공원의 정비, 녹지의 보전, 녹화 추진에 의하여 도시의 안정성을 향상시키고 재해로부터 시민을 안전하게 보호하며, 시민의 여가활동의 장과 휴식장소를 제공하여 편안한 녹지조성으로 건강과 문화 활동의 거점으로 이용되고 있다.

▎도시공원 및 녹지의 구분

「도시공원 및 녹지 등에 관한 법률」에 정의하고 있는 도시공원의 분류는 생활권공원은 도시생활권의 기반이 되는 공원의 성격으로 소공원, 어린이 공원, 근린공원으로 구분되며 주제공원은 생활권공원 이외에 다양한 활용 목적으로 설치하는 역사공원, 문화공원, 체육공원, 묘지공원, 도시농업공원, 그 밖에 조례로 정하는 공원으로 〈표 4-1〉처럼 구분된다.

:: 〈표 4-1〉 도시공원 구분 ::

구분	세분		기능 및 목적
생활권공원	소공원		소규모 토지를 이용하여 도시민의 휴식 및 정성 함양을 도모하기 위하여 설치하는 공원
	어린이공원		어린이의 보건 및 정서생활의 향상에 이바지하기 위하여 설치하는 공원
	근린공원	근린생활권	인근 거주자의 이용에 제공할 것을 목적으로 설치하는 공원
		도보권	도보권 안에 거주하는 자의 이용에 제공할 것을 목적으로 하는 공원
		도시지역권	도시지역 안에 거주하는 전체 주민의 종합적인 이용에 제공할 것을 목적으로 하는 공원
		광역권	하나의 도시지역을 초과하는 광역적인 이용에 제공할 것을 목적으로 하는 공원
주제공원	역사공원		도시의 역사적 장소나 시설물, 유적 · 유물 등을 활용하여 도시민의 휴식 · 교육을 목적으로 설치하는 공원
	문화공원		도시의 각종 문화적 특징을 활용하여 도시민의 휴식 · 교육을 목적으로 설치하는 공원
	수변공원		도시의 하천변 · 호수변 등 수변공간을 활용하여 도시민의 여가 · 휴식을 목적으로 설치하는 공원
	묘지공원		묘지 이용자에게 휴식 등을 제공하기 위하여 일정한 구역 안에 「장사 등에 관한 법률」에 의한 묘지와 공원시설을 혼합하여 설치하는 공원
	체육공원		주로 운동경기나 야외활동 등 체육활동을 통하여 건전한 신체와 정신을 배양함을 목적으로 설치하는 공원
	도시농업공원		도시민의 정서순화 및 공동체의식 함양을 위하여 도시농업을 주된 목적으로 설치하는 공원
	기타		그 밖에 특별시 · 광역시 · 특별자치도의 조례로 정하는 공원

* 자료: 「도시공원 및 녹지 등에 관한 법률 시행규칙」

┃ 도시공원 규모의 기준

도시공원은 그 기능 및 목적에 따라 다음과 같이 세분하고 설치 및 규모에 대한 기준은 〈표 4-2〉와 같다.

::: 〈표 4-2〉 도시공원의 설치 및 규모의 기준(제6조 관련) :::

공 원 구 분			유치거리	규모
생활권공원	가. 소공원		제한 없음	제한 없음
	나. 어린이공원		250M 이하	1천5백㎡ 이상
	다. 근린공원	(1) 근린생활권근린공원	500M 이하	1만㎡ 이상
		(2) 도보권근린공원	1천M 이하	3만㎡ 이상
		(3) 도시지역권 근린공원	제한 없음	10만㎡ 이상
		(4) 광역권근린공원	제한 없음	100만㎡ 이상
주제공원	가. 역사공원		제한 없음	제한 없음
	나. 문화공원		제한 없음	제한 없음
	다. 수변공원		제한 없음	제한 없음
	라. 묘지공원		제한 없음	10만㎡이상
	마. 체육공원		제한 없음	1만㎡이상
	바. 도시농업공원		제한 없음	1만㎡이상
	사. 법 제15조제1항제2호 사목에 따른 공원		제한 없음	제한 없음

* 자료: 「도시공원 및 녹지 등에 관한 법률 시행규칙」, [별표 3]

3. 도시자연공원구역의 정의

1) 도시자연공원구역이란 「국토의 계획 및 이용에 관한 법률」 상의 용도구역에 속하며, 동법 제38조의 2에 시·도지사 또는 대도시 시장은 도시의 자연환경 및 경관을 보호하고 도시민에게 건전한 여가·휴식공간을 제공하기 위하여 도시지역 안에서 식생이 양호한 산지의 개발을 제한할 필요가 있다고 인정하면 도시자연공원구역의 지정 변경을 도시·군 관리계획으로 결정할 수 있다고 명시하고 있다.

2) 도시자연공원구역은 「도시자연공원구역의 지정·변경 등에 관한 지침」 제4절에는 시·도지사는 녹지가 훼손되어 자연환경의 보전기능이 현저하게 저하되었거나 도시민의 여가·휴식공간으로서의 이용목적을 상실 한 경우에는 국토계획법에

의한 도시관리계획 변경 절차에 따라 도시자연공원구역 중 일부를 변경해제 할 수 있으며, 5년마다 관할 구역의 도시자연공원구역에 대하여 그 타당성 여부를 전반적으로 재검토하여 정비하여야 한다고 정하고 있다.

4. 도시자연공원구역 생성 배경

도시자연공원의 공원으로 결정된 후 지방자치단체의 재원부족 등으로 인하여 장기간 미 조성된 상태로 남는 경우가 많아 사유재산권 침해의 우려가 있고, 도시자연공원 내에서의 엄격한 행위제한이 수반되어 거주자 등의 민원이 다수 발생하는 문제가 있어 지방자치단체에서는 불필요한 도시자연공원 조성에 따른 재정적 부담을 줄이고 도시자연공원구역 내 토지소유자의 사유재산권 피해를 최소화하기 위하여 도시자연공원구역을 지정하도록 하였다[1].

:: 〈표 4-3〉 도시계획시설 및 도시공원의 실효 시기 ::

구분	시설경정 시점	실효기간일	효력 상실시기	효력 상실여부
도시계획시설 결정의 실효	2000.7.1 이전	2000.7.1	2020.7.2	도시계획시설 사업시행 여부
	2000.7.1 이후	도시계획시설 결정·고시일	고시일로부터 20년이 되는 다음 날	
도시공원 결정의 실효	2005.10.1 이전	2005.10.1	2015.10.2	공원조성계획 고시 여부
	2005.10.1 이후	도시공원 결정·고시일	고시일로부터 10년이 되는 다음 날	

---

1   국토해양부, 2005.

▌ 도시자연공원 일몰제

「도시공원 및 녹지 등에 관한 법률」이 시행되면서 기존 도시자연공원에 대한 도시계획시설의 변경·해제 등 필요한 조치를 취할 수 있도록 도시자연공원에 대한 일몰제가 적용되었다.

2005년 10월 1일부터 도시자연공원에 대한 경과조치에 따라 2009년 12월 31일까지 도시계획시설의 변경·해제 등 필요한 조치를 하지 아니하는 경우에는 2010년 10월 1일에는 도시자연공원구역으로 결정·고시된 것으로 보았다. 그러나 도시자연공원 일몰제 시행 과정에서 2009년 12월 29일 시행된「도시자연공원 및 녹지 등에 관한 법률」에서 기존 도시자연공원에 대한 재검토가 충분히 이루어질 수 있도록 유예기간을 도시공원결정의 실효제 등에 따라 효력이 상실되기 전으로 개정[2] 하는 등 시행에 따른 문제점을 해소하기 위한 노력을 하고 있다.

▌ 도시자연공원구역 지정 기준

(1) 도시자연공원구역 지정의 일반원칙

시·도지사는 도시의 자연환경 및 경관을 보호하고 도시민에게 건전한 여가·휴식공간을 제공하기 위하여 도시지역「국토의 계획 및 이용에 관한 법률」제6조 제1호에 의한 식생이 양호한 수림의 훼손을 유발하는 개발을 제한할 필요가 있는 지역을 도시자연공원구역으로 지정할 수 있다.

(2) 도시자연공원구역의 지정 및 변경은 도시녹지 체계 및 도시민의 여가·휴양 수요와 연계성을 갖도록 공원녹지기본계획에 부합되어야 한다.

---

2 국토해양부, 2009.

〈표 4-4〉는 도시자연공원과 도시자연공원구역의 재산권 행사와 제약에 따른 차이점을 분류하였다.

:: 〈표 4-4〉 "도시자연공원"과 "도시자연공원구역"의 차이점 ::

도시자연공원	도시자연공원구역
– 도시계획시설 – 별도 시설 설치계획 있음	– 도시계획시설이 아니고 용도구역 – 자연 그대로 공원기능을 함, 별도 시설도 설치하지 않아도 됨
– 매수청구제도 있음 – 매수 시 가격은 제한받지 않은 상태로 정상평가	– 매수청구제도 있으나, 제한적(개별공시지가의 평균치의 50퍼센트 미만일 것 등) – 매수시 가격은 제한받는 상태로 평가 – 손실보상을 하는 경우에도 제한받는 상태로 평가
실효제도 있음	실효제도 없음
행위제한 약함	행위제한 매우 강함
출입제한 규정 없음	출입제한 가능(도시공원 및 녹지 등에 관한 법률 33조)
재산세 50% 감면 (지방세특례제한법 제84조)	– 감면 불가 – 행안부 유권해석에 의하면 2009.12.29.자로 세금감면을 위해 구역을 도시공원으로 하였지만 구역은 도시계획시설이 아니므로 감면이 불가하다고 함(행정안전부 지방세운영과-3922, 2011.8.19.)

5. 도시자연공원 관련 법령 해석

▎ 도시자연공원구역에서의 토지매수

Q 질의 내용

○ 도시자연공원구역에서 토지매수 청구대상, 개별공시지가 산정 기준 시점 및 매수 시기 등

○ 「도시공원 및 녹지 등에 관한 법률」제 29조 및 제30조에 따르면 도시자연공원구역의 토지매수 청구대상 토지는 종래의 용도로 사용할 수 없어 그 효용이 현저히 감소된 토지 또는 당해 토지의 사용 및 수익이 사실상 불가능한 토지로 매수 여부는 당해 토지의 이용 상황 등을 고려하여 시장·군수가 판단하여야 할 것입니다.

○ 또한 "종래의 용도로 사용할 수 없어 그 효용이 현저히 감소된 토지"의 판정기준에서 당해 토지의 개별공시지가 산정기준 시점은 매수 청구일의 개별공시지가이며, 매수 시기는 매수대상토지로 통보한 날부터 3년 이내에 매수하여야 합니다.

_질의 회신, '11.9.19

▎토지매수청구대상 요건 중 토지소유자 본인의 귀책사유 의미

Q 질의 내용

○ 도시자연공원구역내 토지매수청구 대상이 되는 토지요건으로 종래의 용도대로 사용할 수 없음이 토지소유자 본인의 귀책사유가 아니어야 한다고 규정하고 있는 바, 도시자연공원구역내 설치 가능한 휴양림을 설치하고자 하나 당해 토지가 척박하거나 위치가 좋지 않아 사업성이 없는 경우를 토지소유자의 귀책사유로 볼 수 있는 것인지

A 회신 내용

○ 도시자연공원구역은 도시의 자연환경 및 경관을 보호하고 도시민에게 건전한 여가·휴식공간을 제공하기 위하여 도시지역 안의 식생이 양호한 산지의 개발을 제한할 필요가 있다고 인정하는 경우에 도시관리계획으로 정하는 용도구역의 하나로서,

○ 동 용도구역의 지정으로 인하여 종래의 용도로 사용할 수 없어 그 효용이 현저하게 감소된 토지 또는 당해 토지의 사용 및 수익이 사실상 불가능한 토지 소유자는 「도시공원법」제29조에 의거 당해 용도구역을 관할하는 특별시장·광역시장·시장 또는 군수에게 토지의 매수를 청구할 수 있도록 하고 있습니다.

○ 이와 같이 도시자연공원구역내 매수청구대상이 되는 토지는 구역 지정 이전의 용도대

로 사용할 수 없음이 전제되어야 하는 것인 바,

○ 귀하가 예시한 휴양림의 경우 도시자연공원구역 지정 이전부터 휴양림으로 사용·수익 등 하던 토지이나 동 용도구역 지정으로 인하여 휴양림으로 사용할 수 없게 된 경우에는 위 규정 등에 의한 매수대상판정 요건(토지소유자의 귀책사유 등 포함)에 해당되는지를 검토할 수 있을 것이나, 도시자연구역 지정 이전에 휴양림으로 사용하고 있지 않던 토지를 구역 지정 이후 앞으로 토지 소유자가 동 구역 내 허용되는 휴양림으로 사용하고자 하는 경우를 종래의 용도대로 사용할 수 없어 효용이 현자하게 감소된 토지 또는 사용·수익이 사실상 불가능한 토지로 볼 수는 없을 것입니다.

○ 따라서, 질의의 토지가 매수청구대상이 되는 토지인지 여부는 당해 구역 지정 전·후의 토지이용현황, 토지소유권 현황 등 현지 여건 등에 따라 해당 시장·군수 등이 판단할 사항임을 알려드립니다.

○ 참고로, 토지소유자 본인의 귀책사유를 예시한다면 도시자연공원구역 지정 이전부터 지목이 대지이나 토지소유자가 스스로 영구적인 형질변경 등을 하여 대지로서 활용할 수 없게 된 경우 등이라 할 수 있을 것입니다.

▎ 도시자연공원구역 내 녹지 협의 매수대상 여부

Q 질의 내용

○ 도시가연공원구역내 녹지가 협의에 의한 토지의 매수대상에 해당하는지 여부

A 회신 내용

○ 「도시공원 및 녹지 등에 관한 법률」 제32조에서 특별시장·광역시장·특별자치시장·특별자시도지사·시장 또는 군수는 도시자연공원구역의 지정목적을 달성하기 위하여 필요한 경우에는 소유자와 협의하여 도시자연공원구역의 토지 및 그 토지의 정착물(이하 "토지 등"이라 한다)을 매수할 수 있도록 하고 있으며,

○ 「국토의 계획 및 이용에 관한 법률」 제38조의 2에서는 도시자연공원구역을 도시의 자연환경 및 경관을 보호하고 도시민에게 건전한 여가·휴식공간을 제공하기 위하여 조시지역 안에서 식생(植生)이 양호한 산지(山地)의 개발을 제한할 필요가 있다고

인정되는 곳으로 규정하고 있습니다.

○ 또한 도시자연공원구역의 협의매수와 관련 지목에 대한 부분은 따로 규정한 바가 없으므로, 질의의 토지(녹지)가 도시자연공원구역의 지정목적을 달성하기 위하여 필요한 것인지 여부는 귀 시가 현지 현황 등을 종합적으로 고려하여 판단하여야 할 것입니다.

_ 질의 회신, '11.10.1

| 도시자연공원구역 내 산지관리법에 따른 지목변경

Q 질의 내용

○ 구 도시자연공원에서 현재 도시자연공원구역으로 지정된 임야에서 3년 이상 경작 시 산지관리법에 따른 지목변경 가능 여부

A 회신 내용

○ 「국토의 계획 및 이용에 관한 법률」상 도시자연공원 및 도시자연공원구역 내 지목변경은 특별히 규정하고 있지 않으나, 도시자연공원 및 도시자연공원구역 안에서 허가받지 아니하고 무단으로 경작한 행위는 같은 법 제49조 및 시행령 제50조에 따른 금지행위로 규정하고 있어 행정처분 대상임을 우선 알려 드립니다.

○ 다만, 구 도시자연공원 및 도시자연공원구역 내 토지(임야)가 공원(구역)지정 이전에 형질변경된 후 계속해서 그 목적대로 이용되고 있는 것이 확인되는 경우 해당 토지에 대하여 「산지관리법」에서 정하는 바에 따라 허가권자의 판단으로 지목변경에 필요한 처분이 가능할 것으로 보입니다.

○ 그러나, 질의하신 임야는 구 도시자연공원 지정 이전부터 형질변경된 토지가 아니므로 원하시는 지목변경에 필요한 처분이 가능하지 않을 것으로 보이니 이에 대한 자세한 사항은 허가권자의 안내를 받으시기 바랍니다.

_ 질의 회신, '17.11.20

* 자료 : 「도시공원 · 도시자연공원구역 및 녹지 관련 질의 · 회신 사례집」, 국토교통부 도시정책관 녹색도시과 2018.1

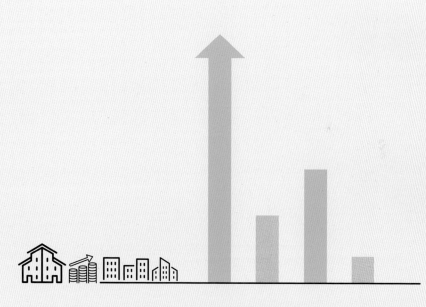

제5장

도시계획 현황 통계

본 도시계획현황 통계는 「국토의 계획 및 이용에 관한 법률」에 의한 전국토의 용도지역/
지구/구역, 도시·군계획시설 등과 관련된 자료를 수록하여 도시 정책 수립 및 개발 등
도시계획분야에 필요한 기초자료 정보를 활용하는데 목적이 있으며 국토교통부 도시정책
과, 한국토지주택공사 공간정보처 자료를 참조하였다.

조사의 내용적 기준은 "고시" 및 "공고"이며, 시간적 기준은 2016년 12월 31일이다.

도시계획현황 도시일반현황, 용도지역/지구/구역, 지구단위계획, 도시·군계획사업 등
을 전국자료와 지자체별로 세분화하여 도시계획 진행상황과 장기 미집행 도시계획에 대
한 유용한 자료로 활용하기를 바란다.

1. 도시일반현황

우리나라 도시지역에는 2016년 기준 전체 인구의 91.82%인 4,747만여 명이 거주하고 있다. 지난 2005년 도시 거주 비율이 90%를 넘어선 뒤 11년간 1.7% 증가하는 데 그쳤으며, 이는 도시로의 인구유입이 안정세에 접어들었음을 〈그림 5-1〉에서 알 수 있다. 「국토의 계획 및 이용에 관한 법률」에 의한 용도지역[1]상 전국토의 면적은 2016년 말 기준 106,059.8㎢로서 그중 도시지역[2] 면적은 1년 전(17,613.7㎢)보다 감소한 17,609.5㎢로 전체 면적의 약 16.6%를 차지하고 있으며, 도시지역에 거주하는 인구는 2015년보다 171,628명 증가한 47,469,137명으로 2016년 말 전체 인구 5,169만여 명 중 도시지역에 거주하는 인구의 비율이 91.82%로 나타났다.

:: 〈그림 5-1〉 도시지역 인구비율 추이 현황 2016년 말 기준 ::

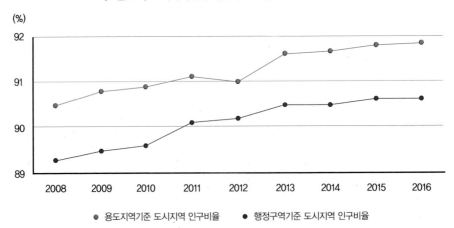

● 용도지역기준 도시지역 인구비율   ● 행정구역기준 도시지역 인구비율

* 출처 : 국토교통부, LH 「도시계획현황」

---

1 "용도지역"은 「국토의 계획 및 이용에 관한 법률」에 의하여 토지를 경제적·효율적으로 이용하고 공공복리의 증진을 도모하기 위하여 서로 중복되지 아니하게 도시관리계획으로 결정하는 지역을 말하며, 도시지역, 관리지역, 농림지역 및 자연환경보전지역으로 세분됨.

2 "용도지역상 도시지역"은 주거지역, 상업지역, 공업지역, 녹지지역 및 미지정지역으로 다시 세분됨.

| 도시지역 인구 현황

인구의 도시지역 집중현상은 국가 전체에 대한 도시적 생활양식 및 산업구조 분석 등에서 중요한 자료로 활용될 수 있다. 이러한 도시지역 인구 현황 파악은 용도지역상의 도시인구를 기준으로 하는 도시지역 인구비율을 통하여 도시화 진행의 추이를 알 수 있다. 도시지역 인구비율이란, 국토의 도시화 정도를 나타내는 수치로 전체 인구에 대한 용도지역상 도시지역 거주인구비율을 말한다.

우리나라의 경우 1960년대 이후 산업화에 따른 이촌향도현상으로 도시화가 가속화 단계에 들어섰고, 1970년대부터 1980년대 초까지 급격하게 도시화가 진행되었으며, 현재는 종착단계에 이르렀다고 볼 수 있다.

우리나라 도시지역 인구비율은 1960년(39.15%)부터 2000년(88.35%)까지 49.2% 급증하던 추세가 2005년(90.12%) 이후 10년간 1.32%대 증가에 그치는 등 2005년 이후 증가 추세가 둔화되었으며, 이는 도시인구의 안정화가 이루어졌음을 〈그림 5-2〉에서 알 수 있다.

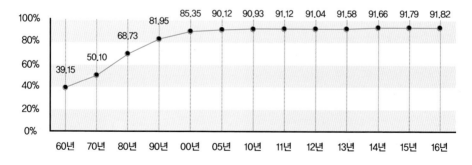

:: 〈그림 5-2〉 도시지역 인구 비율 2016년 말 기준 ::

* 자료 : 행정자치부 주민등록 인구

광역시도별 도시지역 인구비율을 보면, 서울/부산의 경우 도시지역 인구비율이

100%를 보이고 있으며, 대구/인천/광주/대전/울산은 97% 이상의 도시지역 인구 비율을 보여 전국 7개 특·광역시는 평균 99.6%의 도시지역 인구비율을 보이고 있다.

  도별로는 경기도(93.23%), 제주특별자치도(90.81%)의 도시지역 인구비율이 가장 높으며, 전라남도(71.46%), 충청남도 (70.59%)의 도시지역 인구비율이 가장 낮음을 〈표 5-1〉에서 알 수 있다.

:: 〈표 5-1〉 시도별 도시지역 인구비율 2016년 12월 말 기준 ::

단위 : %

연도 시도	2007	2008	2009	2010	2011	2012	2013	2014	2015	2016
서울	100.00	100.00	100.00	100.00	100.00	100.00	100.00	100.00	100.00	100.00
부산	100.00	100.00	100.00	100.00	100.00	100.00	100.00	100.00	100.00	100.00
대구	99.98	99.98	99.98	99.99	99.98	99.98	99.98	99.98	100.00	99.93
인천	97.73	97.70	97.53	97.55	97.57	97.59	97.88	97.89	97.49	97.35
광주	99.83	100.00	99.97	99.88	99.88	100.00	100.00	99.89	99.89	100.00
대전	99.82	98.33	98.32	99.79	99.62	99.63	99.99	99.99	99.71	99.71
울산	93.89	100.00	100.00	100.00	99.68	99.80	99.83	99.83	99.82	99.82
세종	–	–	–	–	–	78.21	78.21	83.35	83.35	85.74
경기	90.48	91.04	91.58	91.86	92.07	91.95	93.03	93.13	93.33	93.23
강원	81.15	79.47	79.63	81.12	81.38	80.49	81.39	81.18	81.84	81.04
충북	80.41	81.13	79.63	79.54	79.29	80.02	83.20	82.83	82.70	82.77
충남	64.70	64.15	63.70	64.17	65.00	65.32	67.77	69.40	70.48	70.59
전북	75.86	77.13	77.29	77.88	78.79	78.68	78.72	79.69	79.54	80.12
전남	69.52	69.50	68.65	69.35	70.11	69.43	70.16	70.61	71.28	71.46
경북	77.46	77.23	76.93	76.57	77.97	76.79	77.10	76.75	77.38	77.87
경남	84.85	81.15	85.27	84.49	84.61	84.63	84.76	84.44	84.82	85.48
제주	89.39	89.47	89.68	89.58	89.86	90.60	90.61	90.63	90.64	90.81
전국	90.54	90.50	90.78	90.93	91.12	91.04	91.58	91.66	91.79	91.82

* 자료 : 국토교통 통계누리

시도별 도시지역 인구비율을 인구(명)로 보면, 경기도 인구(명)가 가장 많고 다음으로 서울/부산/인천/경남/대구 인구(명)가 많다.

비도시지역 인구비율을 인구(명)로 보면 경기도 인구(명)가 가장 많고 충남/경북/전남/경남 인구(명)가 많은 것을 〈표 5-2〉에서 알 수 있다.

:: 〈표 5-2〉 시도별 도시지역 인구(명) 인구비율 2016년 말 기준 ::

단위 : %

시도	전체인구(명)	도시지역인구(명)	비도시지역인구(명)	도시지역 인구비율(%)
서울	9,930,616	9,930,616	0	100.00
부산	3,498,529	3,498,529	0	100.00
대구	2,484,557	2,482,847	1,710	99.93
인천	2,943,069	2,865,152	77,917	97.35
광주	1,469,214	1,469,214	0	100.00
대전	1,514,370	1,509,956	4,414	99.71
울산	1,172,304	1,170,222	2,082	99.82
세종	243,048	208,385	34,663	85.74
경기	12,716,780	11,855,896	860,884	93.23
강원	1,550,806	1,256,712	294,094	81.04
충북	1,591,625	1,317,366	274,259	82.77
충남	2,096,727	1,480,012	616,715	70.59
전북	1,864,791	1,494,153	370,638	80.12
전남	1,903,914	1,360,584	543,330	71.46
경북	2,700,398	2,102,922	597,476	77.87
경남	3,373,871	2,883,962	489,909	85.48
제주	641,597	582,609	58,988	90.81
전국	51,696,216	47,469,137	4,227,079	91.82

*자료 : 국토교통 통계누리

주) '도시지역'이라 함은 행정구역상 도시가 아닌 국토계획법상 4개 용도지역 중 도시지역을 의미

용도지역, 행적구역, 도시지역 비율을 기준으로 보면 도시지역은 서울/부산/광주는 100% 비율이며, 행정구역기준 농촌인구가 가장 작은 인구지역은 부산/제주/세종/인천 순으로 비율이 낮음을 〈표 5-3〉에서 확인할 수 있다.

:: 〈표 5-3〉 용도지역, 행정구역, 도시지역 세부 인구비율 2016년 말 기준 ::

도시명	전체면적	용도지역기준		행정구역기준		도시지역인구비율	
		도시인구	비도시인구	도시인구	농촌인구	용도지역 인구기준	행정구역 인구기준
	(A)	(B)	(C=A-B)	(D)	(E=A-D)	(B/A*100)	(D/A*100)
총계	51,696,216	47,469,137	4,227,079	46,845,703	4,850,513	91.82	90.62
서울	9,930,616	9,930,616	0	9,930,616	0	100.00	100.00
부산	3,498,529	3,498,529	0	3,480,451	18,078	100.00	99.48
대구	2,484,557	2,482,847	1,710	2,409,921	74,636	99.93	97.00
인천	2,943,069	2,865,152	77,917	2,878,195	64,874	97.35	97.80
광주	1,469,214	1,469,214	0	1,469,214	0	100.00	100.00
대전	1,514,370	1,509,956	4,414	1,514,370	0	99.71	100.00
울산	1,172,304	1,170,222	2,082	1,102,473	69,831	99.82	94.04
세종	243,048	208,385	34,663	192,461	50,587	85.74	79.19
경기	12,716,780	11,855,896	860,884	11,903,984	812,796	93.23	93.61
강원	1,550,806	1,256,712	294,094	1,209,840	340,966	81.04	78.01
충북	1,591,625	1,317,366	274,259	1,259,760	331,865	82.77	79.15
충남	2,096,727	1,480,012	616,715	1,425,039	671,688	70.59	67.96
전북	1,864,791	1,494,153	370,638	1,455,133	409,658	80.12	78.03
전남	1,903,914	1,360,584	543,330	1,290,548	613,366	71.46	67.78
경북	2,700,398	2,102,922	597,476	2,041,015	659,383	77.87	75.58
경남	3,373,871	2,883,962	489,909	2,675,630	698,241	85.48	79.30
제주	641,597	582,609	58,988	607,053	34,544	90.81	94.62

* 자료 : 국토교통 통계누리

｜ 도시지역 면적 현황

용도(공업, 상업, 주거, 녹지)지역은 1인당 도시지역면적 합계 면적이 연도별로 증감한 것을 〈표 5-4〉에서 알 수 있으며, 주민거주 도시지역 면적은 2016년이 2015년보다 감소하였다.

:: 〈표 5-4〉 용도지역별 연도별 1인당 면적 현황 ::

단위 : ㎡

년도	계 (A+B+C)	주거지역 (A)	상업지역 (B)	공업지역 (C)	녹지지역	도시지역 인구	주민거주 도시지역면적
2001	67.74	45.06	5.83	16.85	281.43	42,805,434	16,084,645,288
2002	68.09	45.35	5.84	16.90	281.99	43,256,195	16,523,911,560
2003	69.43	46.04	5.91	17.48	290.00	43,713,849	16,762,641,812
2004	71.33	47.39	5.96	17.98	288.10	43,852,709	16,901,606,729
2005	72.32	48.27	6.01	18.04	286.79	43,959,922	17,039,773,297
2006	73.55	49.26	6.04	18.25	286.60	44,233,101	17,043,313,841
2007	76.14	18.70	6.26	51.19	284.80	44,610,189	17,180,083,541
2008	78.57	19.57	6.56	52.43	281.46	44,835,506	17,307,468,219
2009	77.22	20.45	6.23	50.54	265.58	45,182,606	17,420,225,241
2010	83.89	22.83	6.76	54.30	275.76	45,933,001	17,492,203,102
2011	84.96	23.24	6.86	54.86	274.80	46,230,613	17,558,814,700
2012	86.13	23.91	6.96	55.26	273.43	46,381,918	17,587,130,337
2013	85.97	23.96	6.93	55.08	270.78	46,837,578	17,593,378,293
2014	86.39	24.27	6.97	55.15	269.13	47,048,116	17,596,849,134
2015	86.83	24.48	6.95	55.40	267.39	47,297,509	17,613,681,961
2016	87.31	24.58	6.97	55.76	265.98	47,469,137	17,609,522,529

* 자료 : 국토교통 통계누리

주) 1인당 면적은 주거지역, 상업지역, 공업지역, 녹지지역 면적을 도시지역 인구로 나눈 값

지역별 용도(공업, 상업, 주거. 녹지)지역 중 1인당 도시지역면적 합계 면적이 가장 넓은 지역은 경기가 가장 넓고 세종이 가장 좁으며, 주거지역이 가장 넓은 면적을

차지하고 있는 것을 〈표 5-5〉에서 확인할 수 있다.

:: 〈표 5-5〉 지역별 인구 1인당 도시지역면적 현황 ::

단위 : ㎡

지역	계 (A+B+C)	주거지역 (A)	상업지역 (B)	공업지역 (C)	녹지지역	도시지역 인구	주민거주 도시지역면적
서울	36.73	31.85	2.63	2.25	24.30	9,930,616	606,114,295
부산	66.63	41.13	7.21	18.29	156.30	3,498,529	940,825,056
대구	72.61	48.79	7.37	16.45	248.78	2,482,847	797,969,025
인천	71.86	41.30	8.17	22.40	100.70	2,865,152	580,154,144
광주	81.84	58.11	6.25	17.48	245.92	1,469,214	481,554,450
대전	62.64	47.39	5.83	9.42	265.55	1,509,956	495,546,287
울산	131.93	57.28	6.48	68.16	439.88	1,170,222	755,545,355
세종	195.79	135.16	26.31	34.32	475.05	208,385	140,971,433
경기	63.51	47.58	5.19	10.74	220.14	11,855,896	3,367,486,105
강원	155.58	111.18	14.46	29.95	633.69	1,256,712	1,027,198,470
충북	125.89	71.36	9.39	45.14	426.98	1,317,366	729,047,038
충남	174.74	86.99	10.07	77.68	398.06	1,480,012	905,131,392
전북	135.90	82.57	11.21	42.12	406.53	1,494,153	885,721,699
전남	257.79	123.46	15.26	119.07	858.18	1,360,584	1,697,909,454
경북	182.46	100.66	12.73	69.07	649.41	2,102,922	1,855,416,781
경남	132.11	75.36	10.16	46.59	512.36	2,883,962	1,889,759,767
제주	101.25	82.56	10.69	8.00	650.54	582,609	453,171,778

* 자료 : 국토교통 통계누리

주) 1인당 면적은 주거지역, 상업지역, 공업지역, 녹지지역 면적을 도시지역 인구로 나눈 값

| 도시지역 면적비율

도시지역은 인구와 산업이 밀집되어 있거나 밀집이 예상되어 체계적인 개발·정비·관리·보전 등이 필요한 지역으로 〈그림 5-3〉에서 우리나라의 도시지역 면적비율은 2004년 전국대비 15.9%에서 2009년 16.5%까지 증가세를 보인 이후 현재까지 16.6%선을 유지하고 있는 것을 알 수 있다.

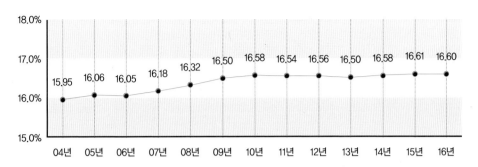

:: 〈그림 5-3〉 전국 도시지역 면적비율 ::

* 자료: 국토교통부 '2016 도시계획현황 통계'

시도별로는 서울이 100% 도시지역이며, 부산/대구/광주/대전이 90%이상으로 전국 7개 특·광역시는 84.1%가 도시지역으로 지정되어 있음을 〈표 5-6〉에서 알 수 있다. 도별로는 경기도가 32.49%로 가장 높으며, 강원도가 6.07%로 가장 낮다.

도시지역으로 지정된 면적을 보면 경기가 3,367.5㎢로 가장 넓으며, 경남 (1,889.8㎢), 경북(1,855.42㎢) 순이다.

:: 〈표 5-6〉 시도별 도시지역 면적비율 2016년 말 기준 ::

단위 : ㎢

시도	용도지역 면적 (a)	도시지역 (b)	비도시지역	도시지역면적비율 (b/a*100)
서울	606.1	606.1	0.0	100.00%
부산	993.5	940.8	52.7	94.69%
대구	883.6	798.0	85.6	90.31%
인천	1,156.7	580.2	576.5	50.16%
광주	501.2	481.6	19.7	96.07%
대전	539.6	495.5	44.1	91.84%
울산	1,144.6	755.5	389.1	66.01%
세종	465.5	141.0	324.5	30.29%
경기	10,365.5	3,367.5	6,998.0	32.49%
강원	16,909.5	1,027.2	15,882.3	6.07%
충북	7,405.4	729.0	6,676.4	9.84%
충남	8,762.4	905.1	7,857.3	10.33%

전북	8,131.2	885.7	7,245.5	10.89%
전남	15,316.0	1,697.9	13,618.1	11.09%
경북	19,128.6	1,855.4	17,273.2	9.70%
경남	11,700.5	1,889.8	9,810.7	16.15%
제주	2,049.9	453.2	1,596.7	22.11%
전국	106,059.8	17,609.5	88,450.4	16.60%

* 자료: 국토교통부 '2016 도시계획현황 통계'

용도지역 비도시지역은 전국기준으로 농림지역이 46.5%로 가장 넓으며, 강원지역이 19,867.3㎢로 가장 넓음을 〈표 5-7〉에서 알 수 있다.

:: 〈표 5-7〉 용도지역 면적 현황 2016년 말 기준 ::

단위 : ㎢

시도	용도지역 (a)+(b)	도시지역 (a)	비도시지역			
			소계(b)	관리지역	농림지역	자연환경보전지역
서울	606.1	606.1	0.0	0.0	0.0	0.0
부산	993.5	940.8	52.7	0.0	0.0	52.7
대구	883.6	798.0	85.6	0.2	37.1	48.3
인천	1,156.7	580.2	576.5	313.4	263.1	0.1
광주	501.2	481.6	19.7	15.0	4.7	0.0
대전	539.6	495.5	44.1	9.2	28.3	6.6
울산	1,144.6	755.5	389.1	61.6	283.8	42.7
세종	465.5	141.0	324.5	173.3	148.6	2.6
경기	10,365.5	3,367.5	6,998.0	2,998.5	3,569.4	430.1
강원	16,909.5	1,027.2	15,882.3	3,256.7	19,867.3	1,758.2
충북	7,405.4	729.0	6,676.4	2,270.7	10,867.3	834.4
충남	8,762.4	905.1	7,857.3	3,134.8	3,570.3	725.9
전북	8,131.2	885.7	7,245.5	2,562.2	4,000.9	682.4
전남	15,316.0	1,697.9	13,618.1	3,453.8	6,258.5	3,905.8
경북	19,128.6	1,855.4	17,273.2	4,974.1	11,166.4	1,132.7
경남	11,700.5	1,889.8	9,810.7	2,880.1	4,982.6	1,948.0
제주	2,049.9	453.2	1,596.7	1,102.8	107.9	386.0

전국	106,059.8	17,609.5	88,450.4	27,206.4	65,156.2	11,956.5
	100.0%	16.6%	83.4%	25.6%	46.5%	11.3%

* 자료: 국토교통부 '2016 도시계획현황 통계'

2. 용도지역

용도지역은 토지의 이용 및 건축물의 용도·건폐율·용적률·높이 등을 제한함
으로써 토지를 경제적·효율적으로 이용하고 공공복리의 증진을 도모하기 위하여
서로 중복되지 아니하게 도시·군 관리계획으로 결정하는 지역을 말한다. 용도지역
은 다음과 같이 도시지역, 관리지역, 농림지역, 자연환경보전지역으로 구분한다.

① 도시지역 : 인구와 산업이 밀집되어 있거나 밀집이 예상되어 당해 지역에 대
하여 체계적인 개발·정비·관리·보전 등이 필요한 지역
② 관리지역 : 도시지역의 인구와 산업을 수용하기 위하여 도시지역에 준하여
체계적으로 관리하거나 농림업의 진흥, 자연환경 또는 산림의 보전을 위하여
농림지역 또는 자연환경보전지역에 준하여 관리가 필요한 지역
③ 농림지역 : 도시지역에 속하지 아니하는 「농지법」에 의한 농업진흥지역 또는
「산지관리법」에 의한 보전산지 등으로서 농림업의 진흥과 산림의 보전을 위
하여 필요한 지역
④ 자연환경보전지역 : 자연환경·수자원·해안·생태계·상수원 및 문화재의
보전과 수산 자원의 보호·육성 등을 위하여 필요한 지역

도시·군 관리계획으로 결정 고시된 용도지역의 지정면적은 2016년 말을 기준
하여 〈표 5-8〉에서 육지부 100,356.6㎢, 해면부 5,703.3㎢로 총 106,059.8㎢임
을 알 수 있다.

단위 : ㎢

구분	계		육지		해면	
	면적	비율	면적	비율	면적	비율
도시지역	17,609.5	16.6%	16,814.0	16.8%	795.6	13.9%
관리지역	27,206.5	25.6%	27,205.1	27.1%	1.4	0.0%
농림지역	49,285.4	46.5%	49,285.4	49.1%	0.0	0.0%
자연환경보전지역	11,958.4	11.3%	7,052.1	7.0%	4,906.3	86.0%
합계	106,059.8	100.0%	100,356.6	100.0%	5,703.3	100.0%

* 자료: 국토교통부 '2016 도시계획현황 통계'

▎ 용도지역 지정 현황

2016년 말 기준으로 용도지역별 면적은 106,059.8㎢로, 〈그림 5-4〉에서 농림지역 49,285.4㎢(46.5%), 관리지역 27,206.5㎢(25.6%), 도시지역 17,609.5㎢(16.6%), 자연환경보전지역 11,958.4㎢(11.3%)임을 알 수 있다.

:: 〈그림 5-4〉 용도지역 지정 현황 ::

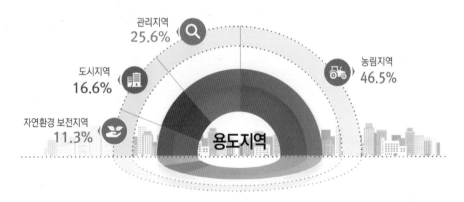

* 자료: 국토교통부 '2016 도시계획현황 통계'

도시지역[17,609.5㎢]은 주거지역 2,646.9㎢(15.03%), 상업지역 330.9㎢(1.88%), 공업지역 1,166.8㎢(6.63%), 녹지지역 12,625.7㎢(71.70%), 미지정지역[3] 839.2㎢(4.77%)의 현황을 〈그림 5-5〉에서 알 수 있다.

:: 〈그림 5-5〉 도시지역 지정 현황 ::

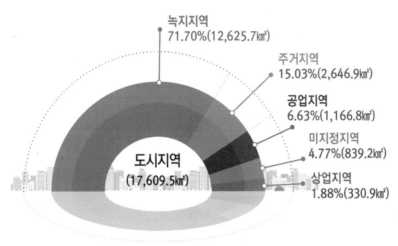

녹지지역
71.70%(12,625.7㎢)

주거지역
15.03%(2,646.9㎢)

공업지역
6.63%(1,166.8㎢)

미지정지역
4.77%(839.2㎢)

도시지역
(17,609.5㎢)

상업지역
1.88%(330.9㎢)

* 자료: 국토교통부 '2016 도시계획현황 통계'

┃ 용도지역 면적 구성

2016년 말 기준 전체 용도지역(106,059.8㎢) 중 농림지역이 46.5%인 49,285.4 ㎢, 관리지역은 25.6%인 27,206.5㎢, 도시지역은 16.6%인 17,609.5㎢, 자연 환경보전지역은 11.3%인 11,958.4㎢로 나타났음을 〈그림 5-6〉과 〈그림 5-7〉, 〈표 5-9〉에서 알 수 있다.

---

3 "미지정지역"은 「국토의 계획 및 이용에 관한 법률」 제42조에 따라 항만법 등 개별 법률에 의한 사업지구는 도시지역 내 계획 수립 이전까지 용도지역 미지정 지역으로 분류함

:: 〈그림 5-6〉 용도지역 면적구성 2016년 ::

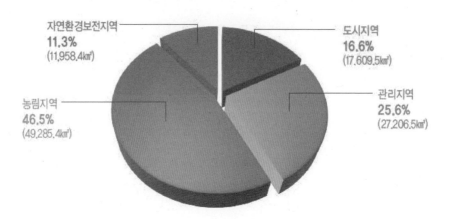

자연환경보전지역
11.3%
(11,958.4㎢)

도시지역
16.6%
(17,609.5㎢)

농림지역
46.5%
(49,285.4㎢)

관리지역
25.6%
(27,206.5㎢)

:: 〈그림 5-7〉 용도지역 면적구성 2015년 ::

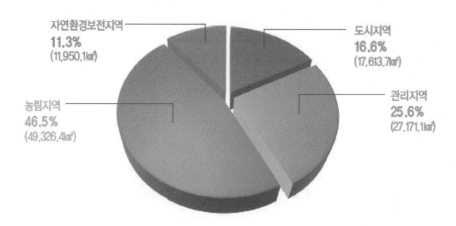

자연환경보전지역
11.3%
(11,950.1㎢)

도시지역
16.6%
(17,613.7㎢)

농림지역
46.5%
(49,326.4㎢)

관리지역
25.6%
(27,171.1㎢)

* 자료: 국토교통부 '2016 도시계획현황 통계'

부동산 투자의 블루오션
장기미집행시설에 투자하라

단위 : km²

시도	전체면적(km²)	도시지역		관리지역		농림지역		자연환경보전지역	
		면적(km²)	비율(%)	면적(km²)	비율(%)	면적(km²)	비율(%)	면적(km²)	비율(%)
서울	606.1	606.1	100.00%	0.0	0.00%	0.0	0.00%	0.0	0.00%
부산	993.5	940.8	94.69%	0.0	0.00%	0.0	0.00%	52.7	5.31%
대구	883.6	798.0	90.31%	0.2	0.03%	37.1	4.20%	48.3	5.47%
인천	1,156.7	580.2	50.16%	313.4	27.09%	263.1	22.75%	0.1	0.00%
광주	501.2	481.6	96.07%	15.0	2.99%	4.7	0.94%	0.0	0.00%
대전	539.6	495.5	91.84%	9.2	1.71%	28.3	5.24%	6.6	1.21%
울산	1,144.6	755.5	66.01%	61.6	5.38%	283.8	24.79%	43.7	3.81%
세종	465.5	141.0	30.29%	173.3	37.22%	148.6	31.93%	2.6	0.56%
경기	10,365.5	3,367.5	32.49%	2,998.5	28.93%	3,569.4	34.44%	430.1	4.15%
강원	16,909.5	1,027.2	6.07%	3,256.7	19.26%	10,867.3	64.27%	1,758.2	10.40%
충북	7,405.4	729.0	9.84%	2,270.7	30.66%	3,570.3	48.21%	835.4	11.28%
충남	8,762.4	905.1	10.33%	3,134.8	35.78%	3,996.5	45.61%	725.9	8.28%
전북	8,131.2	885.7	10.89%	2,562.2	31.51%	4,000.9	49.20%	682.4	8.39%
전남	15,316.0	1,697.9	11.09%	3,453.8	22.55%	6,258.5	40.86%	3,905.8	25.50%
경북	19,128.6	1,855.4	9.70%	4,974.1	26.00%	11,166.4	58.38%	1,132.7	5.92%
경남	11,700.5	1,889.8	16.15%	2,880.1	24.62%	4,982.6	42.58%	1,948.0	16.65%
제주	2,049.9	453.2	22.11%	1,102.8	53.80%	107.9	5.27%	386.0	18.83%
전국	106,059.8	17,609.5	16.60%	27,206.5	25.65%	49,285.4	46.47%	11,958.4	11.28%

* 자료: 국토교통부 '2016 도시계획현황 통계'

　권역별 용도지역은 수도권은 도시지역이 37.5% 가장 높고 전국기준은 농림지역이 가장 높으며, 자연환경보전 지역이 가장 낮음을 〈그림 5-8〉에서 알 수 있다.

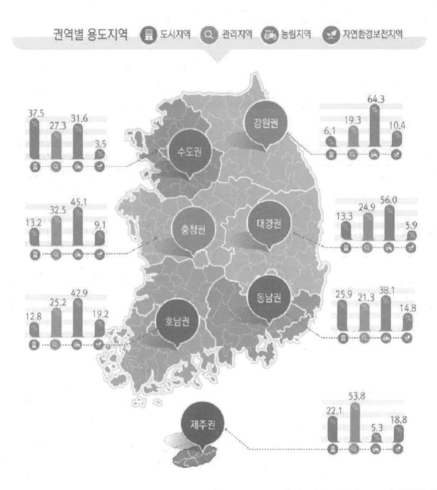

권역별 용도지역　🏢 도시지역　🔍 관리지역　🚜 농림지역　🦅 자연환경보전지역

* 자료: 국토교통부 '2016 도시계획현황 통계'

▌용도지역 면적 증감 현황

〈표 5-10〉 참조 2016년 말 용도지역 지정면적의 증감현황을 보면, 도시지역은 주거지역(+26.7), 상업지역(+2.0), 공업지역(+9.0)이 증가하고 녹지지역(-21.4) 및 미지정지역(-20.4)이 감소하여 전체적으로 도시지역이 -4.2㎢ 감소하였고, 관리

지역은(+35.4) 증가한 반면, 농림지역(−41.0)은 감소하였으며 자연환경보전지역 (+8.3)은 증가하였음을 〈그림 5−9〉에서 알 수 있다.

152페이지 〈그림 5−10〉과 〈표 5−11〉에서 보면, 경기도가 +8.6㎢ 증가하였으며, 전라남도는 −55.2㎢ 감소한 반면, 나머지 시도 지역은 큰 증감치를 보이지 않았음을 알 수 있다.

:: 〈표 5−10〉 용도지역 증감 현황 ::

단위 : ㎢

구 분	2015년	2016년	증감	전년대비
− 도시지역	17,613.7	17,609.5	−4.2	△0.02%
주거지역	2,620.2	2,646.9	26.7	1.0%
상업지역	328.9	330.9	2.0	0.6%
공업지역	1,157.8	1,166.8	9.0	0.8%
녹지지역	12,647.1	12,625.7	−21.4	△0.2%
미지정지역	859.6	839.2	−20.4	△2.4%
− 관리지역	27,171.1	27,206.5	35.4	0.1%
농림지역	49,326.4	49,285.4	−41.0	△0.1%
자연환경보전지역	11,950.1	11,958.4	8.3	0.1%
계	106,061.4	106,059.8	−1.5	△0.001%

* 자료: 국토교통부 '2016 도시계획현황 통계'

:: 〈그림 5-9〉 용도지역 증감 현황 ::

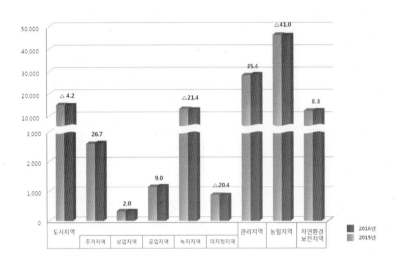

* 자료: 국토교통부 '2016 도시계획현황 통계'

최근 3년간 용도지역 지정면적의 증감 현황을 〈그림 5-10〉과 〈표 5-11〉에서 보면, 경기도는 +8.6㎢ 증가 하였으며, 전라남도는 -55.2㎢ 감소한 반면, 나머지 시도 지역은 큰 증감치를 보이지 않았음을 알 수 있다.

:: 〈그림 5-10〉 최근 3년간 용도지역 면적 현황 추이 ::

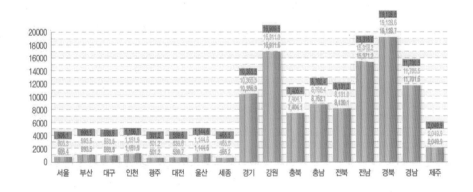

:: 〈표 5-11〉 최근 3년간 용도지역 면적 증감치 ::

단위 : ㎢

시도 \ 연도	2014년	2015년	2016년	증감치
서울특별시	606.4	605.3	606.1	−0.3
부산광역시	993.5	993.5	993.5	0
대구광역시	883.5	883.6	883.6	0.1
인천광역시	1,151.9	1,151.9	1,156.7	4.8
광주광역시	501.2	501.2	501.2	0
대전광역시	539.7	539.6	539.6	−0.1
울산광역시	1,144.6	1,144.6	1,144.6	0
세종특별자치시	465.2	465.5	465.5	0.3
경기도	10,356.9	10,365.5	10,365.5	8.6
강원도	16,911.6	1,6911.0	16,909.5	−2.1
충청북도	7,404.1	7,404.1	7,405.4	1.3
충청남도	8,762.1	8,762.4	8,762.4	0.3
전라북도	8,130.1	8,130.0	8,130.2	1.1
전라남도	15,371.2	15,318.2	15,316.0	−55.2
경상북도	19,128.7	19,128.6	19,128.6	−0.1
경상남도	11,701.6	11,705.5	11,705.5	−0.1
제주특별자치도	2,049.9	2,049.9	2,049.9	0
전국	91.66	91.79	91.82	−42.4

* 자료: 국토교통부 '2016 도시계획현황 통계' ※ 증감치 : 2014년과 2016년의 증감 차이

(1) 도시지역

도시지역은 다음과 같이 주거지역, 상업지역, 공업지역, 녹지지역으로 구분한다.

① 주거지역 : 거주의 안녕과 건전한 생활환경의 보호를 위하여 필요한 지역

② 상업지역 : 상업이나 그 밖의 업무의 편익을 증진하기 위하여 필요한 지역

③ 공업지역 : 공업의 편익을 증진하기 위하여 필요한 지역

④ 녹지지역 : 자연환경·농지 및 산림의 보호, 보건위생, 보안과 도시의 무질서한 확산을 방지하기 위하여 녹지의 보전이 필요한 지역

※ 미지정지역 : 도시지역 내에서 어느 용도로 사용할 것인지 계획이 확정되지 않은 지역(항만법 등 개별 법률에 의한 사업지구는 실시계획 수립 이전까지 미지정지역으로 분류)

도시지역은 전국적으로 총 17,609.5㎢가 지정되어 있으며 전체 용도지역 지정 면적의 16.6%를 차지하고 있음을 〈그림 5-11〉과 〈표 5-12〉에서 알 수 있다.

:: 〈그림 5-11〉 도시지역 면적 구성 ::

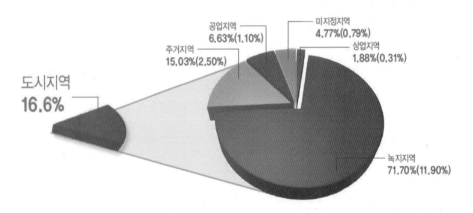

* 자료: 국토교통부 '2016 도시계획현황 통계' ※ 괄호안은 용도지역 전체 면적에 대한 비율임

단위 : ㎢

지역	도시지역계	주거지역	상업지역	공업지역	녹지지역	미지정지역
서울	606.1	316.3	26.2	22.3	241.3	0.0
부산	940.8	143.9	25.2	64.0	546.8	160.9
대구	798.0	121.1	18.3	40.8	617.7	0.0
인천	580.2	118.3	23.4	64.2	288.5	85.7
광주	481.6	85.4	9.2	25.7	361.3	0.0
대전	495.5	71.6	8.8	14.2	401.0	0.0
울산	755.5	67.0	7.6	79.8	514.8	86.4
세종	141.0	28.2	5.5	7.2	99.0	1.2
경기	3,367.5	564.2	61.5	127.3	2,610.0	4.5
강원	1,027.2	139.7	18.2	37.6	796.4	35.3
충북	729.0	94.0	12.4	59.5	562.5	0.7
충남	905.1	128.7	14.9	115.0	589.1	57.4
전북	885.7	123.4	16.7	62.9	607.4	75.2
전남	1,697.9	168.0	20.8	162.0	1,167.6	179.5
경북	1,855.4	211.7	26.8	145.3	1,365.7	106.1
경남	1,889.8	217.3	29.3	134.4	1,477.6	31.1
제주	453.2	48.1	6.2	4.7	379.0	15.2
전국	17,609.5	2,646.9	330.9	1,166.8	12,625.7	839.2
	100.00%	15.03%	1.88%	6.63%	71.70%	4.77%

*자료: 국토교통부 '2016 도시계획현황 통계'

    시·도별 도시지역 면적은 경기가 넓고 세종이 가장 좁음을 〈그림5-12〉에서, 3 년간 도시지역 면적 현황 추이는 〈그림 5-13〉에서 알 수 있다.

:: 〈그림 5-12〉 시 · 도별 도시지역 면적 현황 ::

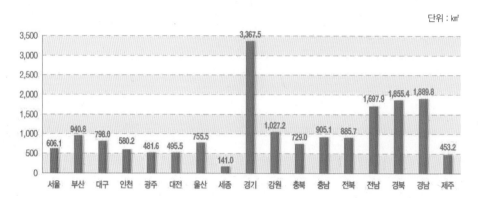

단위 : ㎢

* 자료: 국토교통부 '2016 도시계획현황 통계'

:: 〈그림 5-13〉 최근 3년간 시 · 도별 도시지역 면적 현황 추이 ::

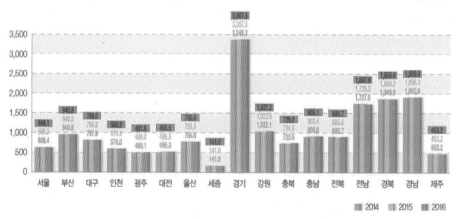

단위 : ㎢

* 자료: 국토교통부 '2016 도시계획현황 통계'

시·도별 도시지역 면적이 최근 3년간 전라남도, 경상남도, 서울, 울산광역시는 감소하고 경기도가 가장 높게 증가한 것을 〈표 5-13〉에서 알 수 있다.

:: 〈표 5-13〉 최근 3년간 시·도별 도시지역 면적 증감치 ::

단위 : km²

시도	2014년	2015년	2016년	증감치
서울특별시	606.4	605.3	606.1	−0.3
부산광역시	940.8	940.8	940.8	0
대구광역시	797.9	798.0	798.0	0.1
인천광역시	576.0	575.4	580.2	4.2
광주광역시	480.1	480.0	481.6	1.5
대전광역시	495.3	495.5	495.6.	0.2
울산광역시	755.6	755.5	755.5	−0.1
세종특별자치시	141.0	141.0	141.0	0
경기도	3,348.3	3,357.5	3,367.5	19.2
강원도	1,022.1	1,022.6	1,027.2	5.1
충청북도	723.5	724.5	729.0	5.5
충청남도	900.8	903.4	905.1	4.3
전라북도	885.7	885.5	885.7	0
전라남도	1,727.6	1,729.0	1,697.9	−29.7
경상북도	1,849.9	1,850.2	1,855.4	5.5
경상남도	1,892.8	1,896.3	1,889.8	−3
제주특별자치도	453.2	453.2	453.2	0
합계	17,597	17,613.7	17,609.6	12.5

* 자료: 국토교통부 '2016 도시계획현황 통계' (※ 증감치 : 2014년과 2016년의 증감 차이)

(2) 관리지역

관리지역은 다음과 같이 보전관리지역, 생산관리지역, 계획관리지역으로 구분한다.

① 보전관리지역 : 자연환경 보호, 산림 보호, 수질오염 방지, 녹지공간 확보 및 생태계 보전 등을 위하여 보전이 필요하나, 주변 용도지역과의 관계 등을 고려할 때 자연환경보전지역으로 지정하여 관리하기가 곤란한 지역

② 생산관리지역 : 농업 · 임업 · 어업 생산 등을 위하여 관리가 필요하나, 주변 용도지역과의 관계 등을 고려할 때 농림지역으로 지정하여 관리하기가 곤란한 지역

③ 계획관리지역 : 도시지역으로의 편입이 예상되는 지역이나 자연환경을 고려하여 제한적인 이용 · 개발을 하려는 지역으로서 계획적 · 체계적인 관리가 필요한 지역

※ 미세분지역 : 관리지역으로 세분화되지 않은 지역(개발행위 시 세분화되기 전까지 보전관리지역에 준하여 적용)

관리지역은 서울특별시와 부산광역시를 제외한 15개 시 · 도에 27,206.5㎢로 지정되어 있어 전체 용도지역 지정면적의 25.6%를 차지하고 있음을 〈그림 5-14〉와 〈표 5-14〉에서 알 수 있다.

:: 〈그림 5-14〉 관리지역 면적 구성 ::

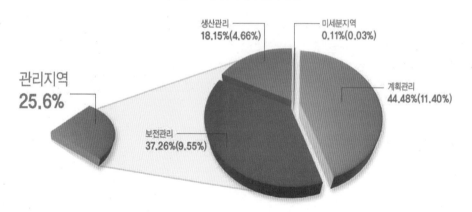

* 자료: 국토교통부 '2016 도시계획현황 통계' (※ 괄호 안은 용도지역 전체 면적에 대한 비율임)

단위 : ㎢

시도	관리지역계	계획관리	생산관리	보전관리	미세분지역
서울특별시	–	–	–	–	–
부산광역시	–	–	–	–	–
대구광역시	0.2	–	0.2	–	–
인천광역시	313.4	154.7	28.7	126.2	3.8
광주광역시	15.0	4.8	4.7	5.5	–
대전광역시	9.2	2.6	1.4	5.2	–
울산광역시	61.6	8.9	12.7	40.1	–
세종특별자치시	173.3	78.2	18.5	76.6	–
경기도	2,998.5	1,415.3	421.2	1,158.3	3.6
강원도	3,256.7	1,734.9	508.1	1,013.7	0.1
충청북도	2,270.7	903.6	389.7	976.4	0.9
충청남도	3,134.8	1,542.0	612.7	976.7	3.4
전라북도	2,562.2	892.7	720.2	948.7	0.6
전라남도	3,453.8	1,288.4	756.0	1,397.8	11.6
경상북도	4,974.1	2,287.2	694.5	1,992.1	0.3
경상남도	2,880.1	1,148.3	519.2	1,206.3	6.3
제주특별자치도	1,102.8	638.5	251.1	213.2	–
전국	27,206.5	12,100.2	4,938.9	10,136.8	30.6
	100.00%	44.48%	18.15%	37.26%	0.11%

* 자료: 국토교통부 '2016 도시계획현황 통계'

시·도별 관리지역 지정면적은 경북이 4,974.1㎢로 가장 넓고 전남, 강원, 충남, 경기 등의 순서임을 〈그림 5-15〉에서, 최근 3년간 시·도별 관리지역 면적 현황 추이는 〈그림 5-16〉에서 알 수 있다.

::: 〈그림 5-15〉 시 · 도별 관리지역 면적 현황 :::

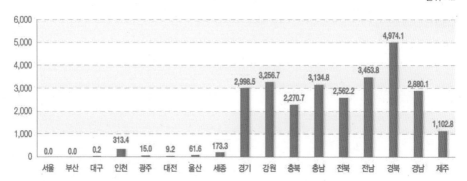

단위 : km²

* 자료: 국토교통부 '2016 도시계획현황 통계'

::: 〈그림 5-16〉 최근 3년간 시 · 도별 관리지역 면적 현황 추이 :::

단위 : km²

2014   2015   2016

* 자료: 국토교통부 '2016 도시계획현황 통계'

시 · 도별 관리지역 면적의 최근 3년간 추이를 보면 전라북도, 경기도, 광주광
역시, 충청북도, 대전광역시는 감소하고 전라남도가 가장 높게 증가한 것을 〈표
5-15〉에서 알 수 있다.

:: 〈표 5-15〉 최근 3년간 시 · 도별 관리지역 면적 증감치 ::

단위 : ㎢

시도	2014년	2015년	2016년	증감치
서울특별시	–	–	–	–
부산광역시	–	–	–	–
대구광역시	0.2	0.2	0.2	–
인천광역시	312.3	313.0	313.4	1.1
광주광역시	17.6	17.6	15.0	−2.6
대전광역시	10.0	9.2	9.2	−0.8
울산광역시	61.6	61.6	61.6	–
세종특별자치시	173.0	173.3	173.3	0.3
경기도	3,003.3	3,002.7	2,998.5	−4.8
강원도	3,245.3	3,247.9	3,256.7	11.4
충청북도	2,273.2	2,273.0	2,270.7	−2.5
충청남도	3,117.8	3,126.1	3,134.8	17
전라북도	2,567.4	2,560.0	2,562.2	−5.2
전라남도	3,430.1	3,440.4	3,453.8	23.7
경상북도	4,964.7	4,964.6	4,974.1	9.4
경상남도	2,875.3	2,878.7	2,880.1	4.8
제주특별자치도	1,102.8	1,102.8	1,102.8	–
합계	27,154.6	27,171.1	27,206.5	51.9

* 자료: 국토교통부 '2016 도시계획현황 통계' ※ 증감치 : 2014년과 2016년의 증감 차이

(3) 농림지역

농림지역의 면적은 총 49,285.4㎢로 전체 용도지역 지정면적의 46.5%를 차지하고 있으며, 시 · 도 별로는 경상북도가 11,166.4㎢로 가장 넓음을 〈그림 5-17〉에서, 3년간 농림지역 면적 현황 추이는 〈그림 5-18〉에서 알 수 있다.

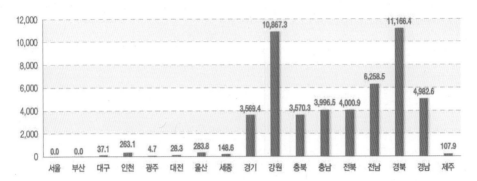

:: 〈그림 5-17〉 시 · 도별 농림지역 면적 현황 ::

단위 : ㎢

* 자료: 국토교통부 '2016 도시계획현황 통계'

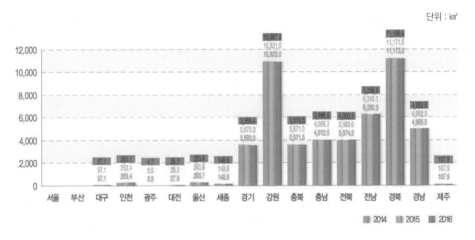

:: 〈그림 5-18〉 최근 3년간 시 · 도별 농림지역 증감 현황 추이 ::

단위 : ㎢

■ 2014   ■ 2015   ■ 2016

* 자료: 국토교통부 '2016 도시계획현황 통계'

시 · 도별 농림지역 면적의 최근 3년간 추이를 보면 강원도, 충청남도, 경기도, 경상북도, 경상남도, 충청북도, 인천광역시는 감소하고 전라북도가 가장 높게 증가한 것을 〈표 5-16〉에서 알 수 있다.

:: 〈표 5-16〉 최근 3년간 시·도별 농림지역 면적 증감치 ::

단위 : km²

시도	2014년	2015년	2016년	증감치
서울특별시	–	–	–	–
부산광역시	–	–	–	–
대구광역시	37.1	37.1	37.1	–
인천광역시	263.4	263.4	263.1	−0.3
광주광역시	3.5	3.5	15.0	1.2
대전광역시	27.9	28.3	28.3	0.4
울산광역시	283.7	283.8	283.8	0.1
세종특별자치시	148.6	148.6	148.6	–
경기도	3,583.3	3,575.3	3,569.4	−13.9
강원도	10,923.0	10,921.6	10,867.3	−55.7
충청북도	3,571.5	3,571.0	3,570.3	−1.2
충청남도	4,012.5	4,005.7	3,996.5	−16
전라북도	3,974.2	3,983.0	4,000.9	26.7
전라남도	6,250.3	6,243.1	6,258.5	8.2
경상북도	11,172.0	11,171.6	11,166.4	−5.6
경상남도	4,985.5	4,982.5	4,982.6	−2.9
제주특별자치도	107.9	107.9	107.9	–
합계	49,344.4	49,326.4	49,285.4	−59

* 자료: 국토교통부 '2016 도시계획현황 통계' ※ 증감치 : 2014년과 2016년의 증감 차이

(4) 자연환경보전지역

　자연환경보전지역의 면적은 총11,958.4㎢로 전체 용도지역 지정면적의 11.3%를 차지하고 있으며, 시·도 별로는 전남이 3,905.8㎢로 가장 넓음을 〈그림 5-19〉에서, 3년간 자연환경보전지역 면적 증감 현황 추이는 〈그림 5-20〉에서 알 수 있다.

:: 〈그림 5-19〉 시 · 도별 자연환경보전지역 면적 현황 ::

단위 : ㎢

* 자료: 국토교통부 '2016 도시계획현황 통계'

:: 〈그림 5-20〉 최근 3년간 시 · 도별 자연환경보전지역 증감 현황 추이 ::

단위 : ㎢

■ 2014 ■ 2015 ■ 2016

* 자료: 국토교통부 '2016 도시계획현황 통계'

시·도별 자연환경보전지역 면적의 최근 3년간 증감치를 보면 전라남도, 전라북도, 경상북도, 충청남도, 충청북도는 감소하고 강원도가 가장 높게 증가한 것을 〈표 5-17〉에서 알 수 있다.

:: 〈표 5-17〉 최근 3년간 시·도별 자연환경보전지역 면적 증감치 ::

단위 : ㎢

시도	2014년	2015년	2016년	증감치
서울특별시	–	–	–	–
부산광역시	52.7	52.7	52.7	–
대구광역시	48.3	48.3	48.3	–
인천광역시	0.1	0.1	0.1	–
광주광역시	–	–	–	–
대전광역시	6.6	6.6	6.6	–
울산광역시	43.7	43.7	43.7	–
세종특별자치시	2.6	2.6	2.6	–
경기도	422.0	430.1	430.1	8.1
강원도	1,721.1	1,718.9	1,758.2	37.1
충청북도	835.9	835.6	835.4	−0.5
충청남도	731.1	727.2	725.9	−5.2
전라북도	702.8	702.5	682.4	−20.4
전라남도	3,963.3	3,905.8	3,905.8	−57.5
경상북도	1,142.2	1,142.2	1,132.7	−9.5
경상남도	1,948.0	1,948.0	1,948.0	–
제주특별자치도	386.0	386.0	386.0	–
합계	12,006.4	11,950.1	11,958.4	−48.0

* 자료: 국토교통부 '2016 도시계획현황 통계' (※ 증감치 : 2014년과 2016년의 증감 차이)

3. 지구단위계획

지구단위계획이란 도시·군계획수립 대상지역의 일부에 대하여 토지 이용을 합리화하고 그 기능을 증진시키며 미관을 개선하고 양호한 환경을 확보하며, 그 지역을 체계적·계획적으로 관리하기 위하여 수립하는 도시·군 관리계획을 말한다.

1) 2016년 말 기준으로 전국의 지구단위계획구역 지정면적 현황과, 신시가지의 개발 현황이 가장 높다는 것을 〈그림 5-21〉에서 알 수 있다.

::〈그림 5-21〉 지구단위계획구역 지정면적 현황 ::

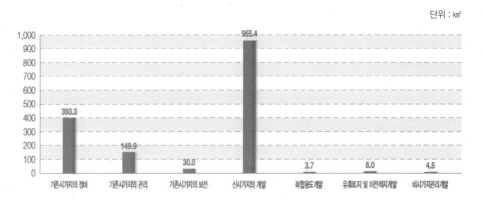

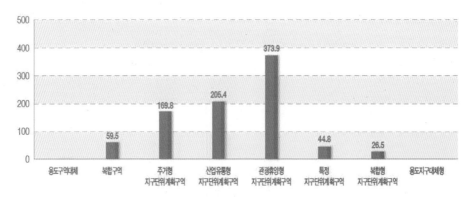

* 자료: 국토교통부 '2016 도시계획현황 통계'

부동산 투자의 블루오션
장기미집행시설에 투자하라

2) 최근 3년간 추이를 보면, 신시가지의 개발과 지구단위계획구역 중 관광휴양형이 가장 높다는 것을 알 수 있다.

::〈그림 5-22〉최근 3년간 지구단위계획구역 면적 증감치 ::

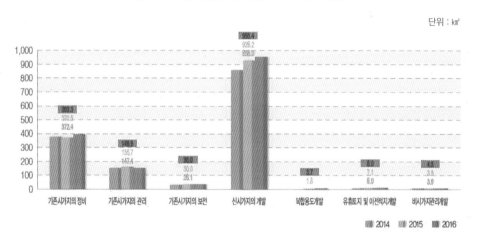

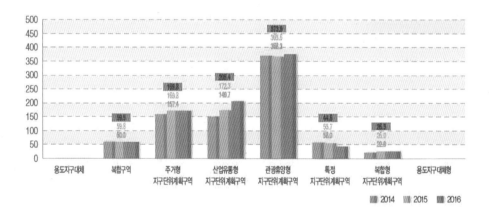

* 자료: 국토교통부 '2016 도시계획현황 통계'

3) 지구단위계획 면적의 최근 3년간 증감치를 보면 특정지구단위계획구역이 −13.1㎢로 가장 감소하였고, 신시가지의 개발이 97.4㎢로 가장 증가한 것을 〈표 5−18〉에서 알 수 있다.

:: 〈표 5−18〉 최근 3년간 지구단위계획구역 면적 증감치 ::

단위 : ㎢

시도	2014년	2015년	2016년	증감치
기존시가지역의 정비	372.4	370.5	393.3	20.9
기존시가지의 관리	147.4	155.7	149.9	2.5
기존시가지의 보전	28.1	30	30.0	1.9
신시가지의 개발	858	926.2	955.4	97.4
복합용도개발	−	1.8	3.7	3.7
유휴토지 및 이전적지개발	6	7.1	8.0	2
비시가지관리개발	3.9	3.9	4.5	0.6
용도지구대체	−	−	−	−
복합구역	60	59.8	59.5	−0.5
주거형지구단위계획구역	157.4	169.8	169.8	12.4
산업유통형지구단위계획구역	149.7	172.3	205.4	55.7
관광휴양형지구단위계획구역	368.3	365.6	373.9	5.6
특정지구단위계획구역	58	55.7	44.8	−13.2
복합형지구단위계획구역	22.9	26	26.5	3.6
용도지여구대체형지구단위계획구역	−	−	−	−
합계	2,232.1	2,344.5	2,424.7	192.5

* 자료: 국토교통부 '2016 도시계획현황 통계' (※ 증감치 : 2014년과 2016년의 증감 차이)

4. 도시 · 군계획시설

도시 · 군계획시설이란 국토의 계획 및 이용에 관한 법률에 의하여 도시 · 군 관리계획으로 결정되는 기반시설을 말한다. 도시 · 군계획시설은 크게 교통시설, 공간시설, 유통 및 공급시설, 공공 · 문화체육시설, 방재시설, 보건위생시설, 환경기초시설로 구분된다.

1) 2016년 말 기준으로 도시 · 군계획시설로 결정된 전체 면적은 7,356.1km²이며 그 중 교통시설이 2,340.0km²(31.8%)로 가장 넓고, 이어서 방재시설, 공간시설, 공공문화체육시설, 유통 및 공급시설, 환경기초시설, 보건위생시설 순이다. 이에 대한 시설의 면적은 다음 〈표 5-19〉와 〈그림 5-23〉과 같다.

:: 〈표 5-19〉 도시 · 군계획시설 결정 면적 현황 ::

구분	결정면적(km²)	해당비율
교통시설	2,340.0	31.81%
공간시설	1,486.2	20.20%
유통 및 공급시설	229.5	3.12%
공공문화 체육시설	982.1	13.35%
방재시설	2,161.8	29.39%
보건위생시설	50.4	0.69%
환경기초시설	106.1	1.44%
합 계	7,356.1	100.0%

* 자료: 국토교통부 '2016 도시계획현황 통계'

:: 〈그림 5-23〉 도시 · 군계획시설 면적 구성 ::

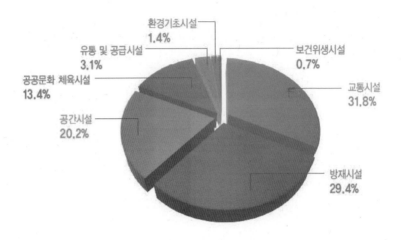

환경기초시설
1.4%

유통 및 공급시설
3.1%

보건위생시설
0.7%

공공문화 체육시설
13.4%

교통시설
31.8%

공간시설
20.2%

방재시설
29.4%

* 자료: 국토교통부 '2016 도시계획현황 통계'

2) 시 · 도별 도로, 공원, 녹지 및 학교 등 주요 도시 · 군계획시설의 결정면적중
전국기준으로 도로, 공원, 학교. 녹지 의 순서임을 〈표-20〉에서 알 수 있다.

:: 〈표 5-20〉 시 · 도별 주요 도시 · 군계획시설 결정 면적 현황(문서화) ::

단위 : km²

시도	도로	공원	녹지	학교
전국	1,795.1	942.2	224.1	353.5
서울특별시	88.3	137.0	5.0	33.3
부산광역시	58.5	62.4	10.3	17.2
대구광역시	58.6	24.8	7.3	11.8
인천광역시	68.5	44.2	10.8	12.0
광주광역시	34.5	20.7	4.0	10.0
대전광역시	36.5	25.2	2.9	11.2
울산광역시	48.2	36.7	10.4	6.8

세종특별자치시	29.1	22.1	3.2	5.8
경기도	332.2	182.5	65.2	65.7
강원도	113.0	38.2	7.9	23.2
충청북도	93.0	32.2	14.4	18.1
충청남도	133.9	38.9	18.4	25.1
전라북도	115.0	49.2	7.4	21.2
전라남도	149.2	61.6	17.6	24.3
경상북도	204.4	72.4	19.1	35.4
경상남도	196.5	85.8	19.5	26.3
제주특별자치도	35.7	8.3	0.7	6.1

* 자료: 국토교통부 '2016 도시계획현황 통계'

3) 시 · 도별 도로의 결정 면적은 경기도가 가장 넓고(332.2㎢), 경상북도(204.4 ㎢), 경상남도(196.5㎢), 전라남도(149.2㎢)의 순으로 지정되어 있음을 〈그림 5-24〉에서 알 수 있다.

:: 〈그림 5-24〉 시 · 도별 도로 면적 현황 ::

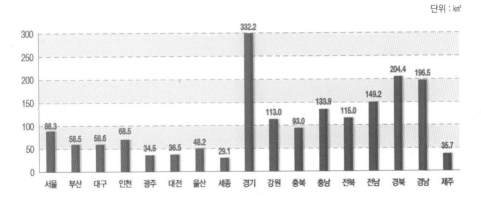

* 자료: 국토교통부 '2016 도시계획현황 통계'

4) 시·도별 도로 면적의 최근 3년간 추이를 보면 세종특별자치시, 광주광역시는 감소하고 경기도가 가장 높게 증가한 것을 〈그림 5-25〉와 〈표 5-21〉에서 알 수 있다.

:: 〈그림 5-25〉 최근 3년간 시·도별 도로 면적 현황 추이 ::

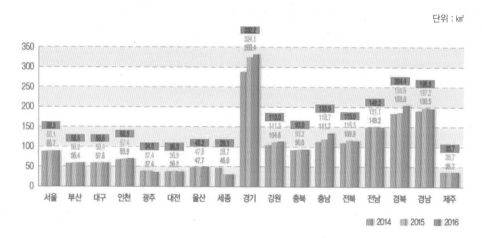

단위 : ㎢

* 자료: 국토교통부 '2016 도시계획현황 통계'

:: 〈표 5-21〉 최근 3년간 시·도별 도로 면적 증감치 ::

단위 : ㎢

시도	2014년	2015년	2016년	증감치
서울특별시	86.7	88.1	88.3	1.6
부산광역시	56.4	58.0	58.5	2.1
대구광역시	57.8	58.4	58.6	0.8
인천광역시	65.9	67.4	68.5	2.6
광주광역시	37.4	37.4	34.5	−2.9
대전광역시	36.2	36.9	36.5	0.3
울산광역시	47.7	47.8	48.2	0.5

세종특별자치시	46.6	28.7	29.1	−17.5
경기도	288.4	324.1	332.2	43.8
강원도	104.6	111.3	113.0	8.4
충청북도	90.0	93.2	93.0	3
충청남도	111.7	118.7	133.9	22.2
전라북도	109.9	116.3	115.0	5.1
전라남도	149.2	151.1	149.2	−
경상북도	183.0	185.6	204.4	21.4
경상남도	190.5	197.2	196.5	6
제주특별자치도	35.7	35.7	35.7	−
합계	1,697.7	1,755.9	1,795.1	97.4

* 자료: 국토교통부 '2016 도시계획현황 통계' (※ 증감치 : 2014년과 2016년의 증감 차이)

5) 시·도별 공원의 결정 면적은 경기(182.5㎢)가 가장 넓고 서울(137.0㎢), 경남(85.8㎢), 경북(72.4㎢), 전남(61.6㎢)의 순으로 지정되어 있음을 〈그림 5-26〉에서 알 수 있다.

:: 〈그림 5-26〉 시·도별 공원 면적 현황 ::

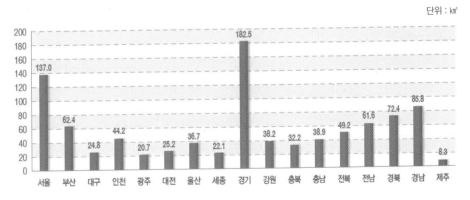

단위 : ㎢

* 자료: 국토교통부 '2016 도시계획현황 통계'

6) 시·도별 공원 면적의 최근 3년간 증감치를 보면 충청북도, 전라남도, 경상남도, 인천광역시, 서울특별시, 경상북도, 전라북도, 강원도 등 시·도는 감소하고 경기도가 가장 높게 증가한 것을 〈그림 5-27〉과 〈표 5-22〉에서 알 수 있다.

:: 〈그림 5-27〉 시·도별 공원 면적 현황 ::

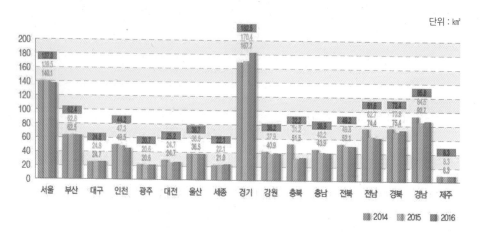

* 자료: 국토교통부 '2016 도시계획현황 통계'

:: 〈표 5-22〉 최근 3년간 시·도별 공원 면적 증감치 ::

단위 : ㎢

시도	2014년	2015년	2016년	증감치
서울특별시	140.1	139.5	137.0	−3.1
부산광역시	62.5	62.8	62.4	−0.1
대구광역시	24.7	24.8	24.8	0.1
인천광역시	49.5	47.3	44.2	−5.3
광주광역시	20.6	20.6	20.7	0.1
대전광역시	27.7	24.7	25.2	−2.5
울산광역시	36.5	36.6	36.7	0.2
세종특별자치시	21.0	22.1	22.1	1.1
경기도	167.7	170.4	182.5	14.8

강원도	40.9	37.9	38.2	−2.7
충청북도	51.5	31.2	32.2	−19.3
충청남도	43.9	40.2	38.9	−5
전라북도	52.1	49.8	49.2	−2.9
전라남도	74.4	62.7	61.6	−12.8
경상북도	75.4	70.8	72.4	−3
경상남도	92.7	84.6	85.8	−6.9
제주특별자치도	8.3	8.3	8.3	−
합계	989.5	934.2	942.2	−47.3

* 자료: 국토교통부 '2016 도시계획현황 통계' (※ 증감치 : 2014년과 2016년의 증감 차이)

7) 시 · 도별 녹지의 결정 면적은 경기(65.2㎢)가 가장 넓고, 경남(19.5㎢), 경북 (19.1㎢), 충남(18.4㎢), 전남(17.6㎢)의 시 · 도별 녹지 면적 현황을 〈그림 5-28〉에 서 알 수 있다.

:: 〈그림 5-28〉 시 · 도별 녹지 면적 현황 ::

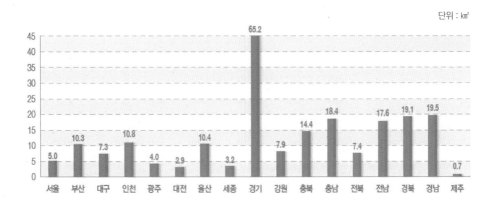

단위 : ㎢

* 자료: 국토교통부 '2016 도시계획현황 통계'

8) 시·도별 녹지 면적의 최근 3년간 추이를 보면 전라남도, 대구광역시, 서울특별시는 감소하고 경기도가 가장 높게 증가한 것을 〈그림 5-29〉와 〈표 5-23〉에서 알 수 있다.

:: 〈그림 5-29〉 최근 3년간 시·도별 녹지 면적 현황 추이 ::

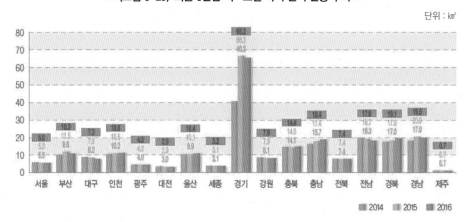

단위 : km²

■ 2014 ■ 2015 ■ 2016

* 자료: 국토교통부 '2016 도시계획현황 통계'

:: 〈표 5-23〉 최근 3년간 시·도별 녹지 면적 증감치 ::

단위 : km²

시도	2014년	2015년	2016년	증감치
서울특별시	5.3	5.0	5.0	−0.3
부산광역시	9.6	11.5	10.3	0.7
대구광역시	8.2	7.9	7.3	−0.9
인천광역시	10.2	10.6	10.8	0.6
광주광역시	4.0	4.0	4.0	−
대전광역시	3.0	2.9	2.9	−0.1
울산광역시	9.9	10.1	10.4	0.5
세종특별자치시	3.1	3.1	3.2	0.1
경기도	40.3	66.3	65.2	24.9
강원도	8.1	7.9	7.9	−0.2
충청북도	14.1	14.0	14.4	0.3
충청남도	15.7	17.4	18.4	2.7

전라북도	7.4	7.4	7.4	–
전라남도	19.3	18.7	17.6	−1.7
경상북도	17.0	17.8	19.1	2.1
경상남도	17.9	20.0	19.5	1.6
제주특별자치도	0.7	0.7	0.7	–
합계	193.8	225.3	224.1	30.3

* 자료: 국토교통부 '2016 도시계획현황 통계' (※ 증감치 : 2014년과 2016년의 증감 차이)

5. 도시 · 군계획시설 미집행 현황

도시 · 군계획시설로 결정된 시설 중 아직 사업이 완료되지 못한 도시 · 군계획시설 미집행 면적은 전국적으로 1,256.9㎢이며, 시설별로는 공원(504.9㎢)이 가장 넓고, 도로(354.6㎢), 기타(211.6㎢), 녹지(87.0㎢), 유원지(63.2㎢) 등 미집행 현황을 〈표 5-24〉에서 알 수 있다.

:: 〈표 5-24〉 시설별 도시 · 군계획시설 미집행 면적 현황 ::

단위 : ㎢

시설	결정 면적(a+b)	집행 면적(a)	미집행면적(b)
도로	534.5	180.0	354.6
광장	31.1	8.2	22.9
공원	639.7	134.8	504.9
녹지	96.9	9.9	87.0
유원지	94.3	31.2	63.2
학교	32.5	19.8	12.7
기타	325.6	114.0	211.6
합계	1,754.6	497.9	1,256.9

* 자료: 국토교통부 '2016 도시계획현황 통계'

※ 결정면적은 도시 · 군계획시설의 전체 결정면적이 아닌,
미집행이 부분적으로 남아 있거나 전체가 미집행된 시설의 결정면적임(집행 완료된 시설의 결정면적 제외)

1) 시 · 도별, 시설별 도시 · 군계획시설 미집행 현황은 〈그림 5-30〉과 같다.

:: 〈그림 5-30〉 시 · 도별 도시 · 군계획시설 미집행 면적 현황 ::

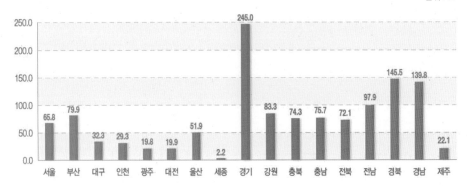

단위 : ㎢

* 자료: 국토교통부 '2016 도시계획현황 통계'

2) 시설별 도시 · 군계획시설 미집행 면적 현황 비율은 공간시설이 54.1%로 가장 비율이 높고 공간시설 중에서 공원(40.2%)이 가장 높으며, 보건위생시설과 환경기초시설이 시설구분에서는 가장 낮은 0.3% 비율임을 〈표 5-25〉에서 알 수 있다.

:: 〈표 5-25〉 시설별 도시 · 군계획시설 미집행 면적 현황 비율 ::

시설 구분		미집행 면적(㎢)	비율(%)
합 계		1,256.9	100.0%
교통시설	도로	354.6	28.2%
	철도	3.8	0.3%
	주차장	10.2	0.8%
	자동차정류장	1.4	0.1%
	항만	6.1	0.5%
	공항	1.3	0.1%
	궤도삭도운하	0.4	0.0%
	검사시설 및 운전학원	0.0	0.0%
	소계	377.9	30.1%

공간시설	광장	22.9	1.8%
	공원	504.9	40.2%
	녹지	87.0	6.9%
	유원지	63.2	5.0%
	공공공지	1.8	0.1%
	소계	679.8	54.1%
유통 및 공급시설		11.1	0.9%
공공문화체육시설	학교	12.7	1.0%
	공공청사	68.8	5.5%
	공공문화체육기타	4.1	0.3%
	소 계	96.7	7.7%
방재시설		95.0	7.6%
보건위생시설		3.9	0.3%
환경기초시설		3.6	0.3%

* 자료: 국토교통부 '2016 도시계획현황 통계'

6. 도시 · 군 기본계획 수립도시 현황

도시 · 군 기본계획 수립도시현황은 〈표 5-26〉과 같이 과거 5년간 추이를 보면 연도별로 134(시급+군급)에서 128(시급+군급)로 감소하였고, 미수립은 2014년 31(시급+군급)에서 2016년 34(시급+군급)로 증가하고 있음을 알 수 있다.

:: 〈표 5-26〉 도시 · 군 기본계획 수립도시 현황1 ::

연 도	계(a+b)	시급(a)	군급(b)	미수립
2012	134	85	49	0
2013	135	85	50	0
2014	131	85	46	31
2015	128	85	43	34
2016	128	85	43	34

* 자료: 국토교통부 '2016 도시계획현황 통계

※ ① "시급", "군급"은 자치단체 중 시, 군을 의미
② 연도별 계는 해당 연도 도시 · 군 기본계획수립 지차제수를 의미

1) 도시·군 기본계획 수립도시현황 〈표 5-27〉과 같이 시급은 경기도가 31(시급 +군급)로 가장 시급지역(28)이 많고, 강원도가 18(시급+군급)지역 중 군급지역(11)이 많으며, 전라남도가 22(시급+군급)지역 중 미수립지역(10) 이 가장 높다.

:: 〈표 5-27〉 도시·군 기본계획 수립도시 현황2 ::

시도별	계	시급	군급	미수립
특/광역시	7	서울특별시,부산광역시,대구광역시,인천광역시,광주광역시,대전광역시,울산광역시(7)		
세종특별자치시	1	세종특별자치시(1)		
경기도	31	수원시,성남시,고양시,용인시,부천시,안산시,안양시,남양주시,화성시,평택시,의정부시,시흥시,파주시,광명시,김포시,군포시,광주시,이천시,양주시,오산시,구리시,안성시,포천시,의왕시,하남시,여주시,동두천시,과천시(28)	양평군,가평군,연천군(3)	
강원도	18	춘천시,원주시,강릉시,동해시,태백시,속초시,삼척시(7)	홍천군,횡성군,영월군,평창군,정선군,철원군,화천군,양구군,인제군,고성군,양양군(11)	
충청북도	11	청주시,충주시,제천시(3)	보은군,옥천군,영동군,진천군,괴산군,음성군,단양군,증평군(8)	
충청남도	15	천안시,공주시,보령시,아산시,서산시,논산시,계룡시,당진시(8)	금산군,부여군,홍성군,예산군(4)	서천군,청양군,태안군(3)
전라북도	14	전주시,군산시,익산시,정읍시,남원시,김제시(6)	무주군,고창군(2)	완주군,진안군,장수군,임실군,순창군,부안군(6)
전라남도	22	목포시,여수시,순천시,나주시,광양시(5)	담양군,화순군,해남군,영암군,무안군,함평군,장성군(7)	곡성군,구례군,고흥군,보성군,장흥군,강진군,영광군,완도군,진도군,신안군(10)

경상북도	23	포항시,경주시,김천시,안동시,구미시,영주시,영천시,상주시,문경시,경산시(10)	군위군, 청도군, 고령군, 성주군, 칠곡군,울릉군(6)	의성군,청송군, 영양군,영덕군, 예천군,봉화군, 울진군(7)
경상남도	18	창원시,진주시,통영시,사천시,김해시,밀양시,거제시,양산시	창녕군,남해군(2)	의령군,함안군, 고성군,하동군, 산청군,함양군, 거창군,합천군(8)
제주특별자치도	2	제주시,서귀포시(2)		

* 자료: 국토교통부 '2016 도시계획현황 통계'

※ ① "국토의 계획 및 이용에 관한 법률"에 의해 도시기본계획 수립대상 도시는 시급/군급으로 분류
② 연도별 도시수는 해당연도 의미 도시 · 군 기본계획수립 지차제수를 의미

2) 목표연도별 도시 · 군 기본계획 수립현황 〈표 5-28〉을 참조하면, 2020년 91(시급59+군급32)지역이 가장 높은 연도이며, 2021년 5(시급5+군급0)지역으로 가장 낮은 연도임을 알 수 있다.

:: 〈표 5-28〉 목표연도별 도시 · 군 기본계획 수립 현황 ::

목표년도	계(a+b)	시 급(a)	군 급(b)
2011	10	대전광역시, 강릉시, 동해시, 삼척시, 목포시, 포항시, 안동시, 문경시, 창원시(9)	고창군(1)
2016	16	대전광역시, 춘천시, 원주시, 강릉시, 태백시, 속초시, 삼척시, 청주시, 제천시, 군산시, 순천시, 나주시, 안동시, 창원시, 제주시, 서귀포시(16)	
2020	91	서울특별시, 대구광역시, 대전광역시, 세종특별자치시, 성남시, 용인시, 안산시, 안양시, 남양주시, 화성시, 평택시, 의정부시, 시흥시, 파주시, 광명시, 김포시, 군포시, 광주시, 이천시, 양주시, 오산시, 구리시, 포천시, 의왕시, 하남시, 여주시, 동두천시, 과천시, 춘천시, 원주시, 강릉시, 동해시, 태백시, 속초시, 삼척시, 충주시, 제천시, 천안시, 공주시, 보령시, 서산시, 논산시, 계룡시, 군산시, 목포시, 나주시, 포항시, 경주시, 김천시, 안동시, 구미시, 영주시, 영천시, 상주시, 경산시, 창원시 김해시, 밀양시, 거제시(59)	양평군, 가평군, 연천군, 홍천군, 횡성군, 영월군, 평창군, 정선군, 철원군, 화천군, 양구군, 인제군, 고성군, 양양군, 보은군, 영동군, 단양군, 화순군, 영암군, 함평군, 장성군, 군위군, 청도군, 고령군, 성주군, 칠곡군(32)

2021	5	춘천시, 청주시, 전주시, 목포시, 제주시(5)	
2025	23	광주광역시, 울산광역시, 동두천시, 청주시, 아산시, 전주시, 익산시, 남원시, 김제시, 순천시, 문경시, 창원시, 진주시, 통영시, 밀양시(15)	진천군, 괴산군, 무주군, 해남군, 무안군, 울릉군, 창영군, 남해군(8)
2030	22	부산광역시, 인천광역시, 대전광역시, 울산광역시, 세종특별자치시, 수원시, 고양시, 부천시, 안성시, 원주시, 청주시, 아산시, 당진시, 정읍시, 여수시, 광양시, 사천시, 양산시(18)	옥천군, 음성군, 함평군, 창녕군(4)

* 자료: 국토교통부 '2016 도시계획현황 통계'

3) 도시 · 군 기본계획 주요지표 〈표 5-29〉를 참조하면, 서울시가 가장 빠른 2016년에 수립하였으며, 인천광역시가 시가화예정용지는 가장 넓고, 대전광역시가 보전용지가 가장 넓음을 알 수 있다.

:: 〈표 5-29〉 도시 · 군 기본계획 주요지표 ::

(단위 : ㎡, 인)

도시	계획개요			토지이용계획	
	수립일	목표년도	계획인구	시가화예정용지	보전용지
서울특별시	2006-04-27	2020	9,798,400		
부산광역시	2012-01-18	2030	4,100,000	35,559,000	606,906,000
대구광역시	2010-06-10	2020	2,750,000	40,184,000	670,500,000
인천광역시	2015-11-30	2030	3,500,000	92,512,000	102,5476,000
광주광역시	2011-02-01	2025	1,800,000	22,170,000	363,500,000
대전광역시	2013-06-28	2030	1,850,000	24,570,000	407,190,000
울산광역시	2016-02-25	2030	1,500,000	58,347,000	850,279
세종특별자치시	2014-02-20	2030	800,000	40,700,000	374,390,000

* 자료: 국토교통부 '2016 도시계획현황 통계'
※ ① 해당 지방자치단체 도시 · 군 기본계획상의 주요지표를 발췌하여 기재
② '도시 · 군 기본계획수립치침'에 따른 토지이용계획 세분화

4) 도시 · 군 기본계획 주요지표 〈표 5-30〉을 참조하면, 경기도는 양평군이 가장 빠른 2006년에 수립하였으며, 수원시가 계획인구는 가장 높고, 화성시가 시가화예정용지와 보전용지가 가장 높음을 알 수 있다.

:: 〈표 5-30〉 도시 · 군 기본계획 경기도 주요지표 ::

(단위 : ㎡, 인)

경기도	계획개요			토지이용계획	
	수립일	목표년도	계획인구	시가화예정용지	보전용지
수원시	2014-02-05	2030	1,315,000	6,250,000	61,868,000
성남시	2015-11-24	2020	1,142,200	2,632,000	103,388,000
고양시	2016-07-05	2030	1,215,000	33,738,000	190,759,000
용인시	2007-03-21	2020	1,200,000	37,600,000	508,576,000
부천시	2014-12-01	2030	991,000	2,032,000	20,675,000
안산시	2014-12-31	2020	930,000	6,169,000	375,243,000
안양시	2011-11-28	2020	670,000	444,000	35,907,000
남양주시	2012-07-31	2020	988,000	33,219,000	389,625,000
화성시	2015-10-29	2020	1,100,000	58,951,000	977,532,000
평택시	2014-11-21	2020	860,000	48,456,000	335,411,000
의정부시	2012-08-22	2020	520,000	2,626,000	60,370,000
시흥시	2011-08-30	2020	700,000	13,474,000	113,858
파주시	2011-08-16	2020	667,830	41,718,000	584,218,000
광명시	2012-09-21	2020	498,000	925,000	20,275,000
김포시	2015-06-09	2020	590,000	30,237,000	227,241,000
군포시	2007-09-06	2020	330,000	1,715,000	24,102,000
광주시	2012-09-17	2020	368,000	14,468,000	391,183,000
이천시	2010-08-31	2020	330,000	23,110,000	419,690,000
양주시	2014-06-26	2020	483,000	33,150,000	243,240,000
오산시	2013-04-17	2020	302,000	7,918,000	20,157,000
구리시	2009-12-03	2020	246,000	1,331,000	24,885,000
안성시	2015-10-01	2030	309,000	22,804,000	503,296,000
포천시	2013-11-05	2020	280,000	58,710,000	738,833,000

의왕시	2015-01-30	2020	200,000	4,434,000	43,151,000
하남시	2014-01-07	2020	333,000	5,750,000	72,706,000
여주시	2008-12-26	2020	180,000	15,950,000	585,870,000
양평군	2006-07-07	2020	170,000	19,428,000	840,511,000
동두천시	2013-10-23	2025	140,000	26,423,000	61,377,000
과천시	2008-08-13	2020	95,000	1,412,000	29,761,000
가평군	2006-12-28	2020	130,000	4,910,000	786,030,000
연천군	2012-10-25	2020	85,000	12,998,000	676,330,000

* 자료: 국토교통부 '2016 도시계획현황 통계'

5) 시·군 기본계획 주요지표 〈표 5-31〉를 참조하면, 강원도는 양양군과 홍천군이 가장 빠른 2007년에 수립하였으며, 원주시가 계획인구는 가장 높고, 춘천시가 시가화예정용지가 넓고 홍천군이 보전용지가 가장 넓음을 알 수 있다.

:: 〈표 5-31〉 도시·군 기본계획 강원도 주요지표 ::

(단위 : ㎡, 인)

강원도	계획개요			토지이용계획	
	수립일	목표년도	계획인구	시가화예정용지	보전용지
춘천시	2014-03-09	2020	400,000	43,370,000	1,035,783,000
원주시	2014-06-05	2030	500,000	29,801,000	783,762,000
강릉시	2014-04-11	2020	350,000	29,341,000	976,096,000
동해시	2016-12-02	2020	200,000	2,081,000	153,683,000
태백시	2008-02-20	2020	120,000	15,412,000	270,851,000
속초시	2014-04-22	2020	120,000	3,431,000	96,894,000
삼척시	2015-12-14	2020	100,000	10,831,000	1,159,978
홍천군	2007-06-26	2020	99,000	32,640,000	1,772,715,000
횡성군	2008-06-18	2020	60,000	18,401,000	966,076,000
영월군	2016-03-24	2020	58,000	17,501,000	1,098,716,000

평창군	2008-03-13	2020	60,000	5,444,000	1,412,588,000
정선군	2008-04-03	2020	65,000	18,675,000	1,186,243,000
철원군	2008-04-11	2020	66,000	18,352,000	872,707,000
화천군	2008-03-31	2020	32,000	13,837,000	892,040,000
양구군	2008-04-16	2020	40,000	4,586,000	696,277,000
인제군	2008-02-26	2020	55,000	14,138,000	1,626,697,000
고성군	2016-06-02	2020	50,000	13,709,000	637,087
양양군	2007-06-26	2020	50,000	13,967,000	609,989,000

* 자료: 국토교통부 '2016 도시계획현황 통계'

6) 도시 · 군 기본계획 주요지표 〈표 5-32〉를 참조하면, 충청북도는 제천시가 가장 빠른 2007년에 수립하였으며, 청주시가 계획인구는 가장 높고, 청주시가 시가화예정용지가 넓고 충주시가 보전용지가 가장 넓음을 알 수 있다.

:: 〈표 5-32〉 도시 · 군 기본계획 충청북도 주요지표 ::

(단위 : ㎡, 인)

충청북도	계획개요			토지이용계획	
	수립일	목표년도	계획인구	시가화예정용지	보전용지
청주시	2016-09-30	2030	956,570	37,919,000	835,664,000
충주시	2008-10-17	2020	330,000	32,803,000	911,168,000
제천시	2007-12-04	2020	170,000	6,850,000	841,270,000
보은군	2008-12-02	2020	55,000	6,350,000	567,870,000
옥천군	2016-08-19	2030	56,000	8,152,000	521,115,000
영동군	2009-06-05	2020	56,000	16,240,000	818,714,000
진천군	2011-02-01	2025	121,000	8,689,000	379,389,000
괴산군	2009-05-14	2025	50,000	11,175,000	824,941,000
음성군	2016-03-10	2030	179,000	57,350,000	435,930,000
단양군	2009-02-20	2020	42,000	12,610,000	752,740,000
증평군	2011-02-18	2020	44,000	6,531,000	69,776,090

* 자료: 국토교통부 '2016 도시계획현황 통계'

7) 도시·군 기본계획 주요지표 〈표 5-33〉을 참조하면, 충청남도는 서산시가 가장 빠른 2007년에 수립하였으며, 천안시가 계획인구는 가장 높고, 당진시가 시가화예정용지가 넓고 공주시가 보전용지가 가장 넓음을 알 수 있다.

:: 〈표 5-33〉 도시·군 기본계획 충청남도 주요지표 ::

(단위 : ㎡, 인)

충청남도	계획개요			토지이용계획	
	수립일	목표년도	계획인구	시가화예정용지	보전용지
천안시	2012-05-25	2020	880,000	8,272,000	563,698,000
공주시	2013-11-13	2020	200,000	36,548,000	814,202,000
보령시	2014-12-24	2020	140,000	20,501,000	563,080,000
아산시	2015-12-31	2030	600,000	40,832,000	473,308,000
서산시	2007-06-13	2020	270,000	40,244,000	670,344,000
논산시	2012-12-21	2020	170,000	14,513,000	530,211,000
계룡시	2013-07-10	2020	80,000	2,501,000	52,385,000
당진시	2013-11-06	2030	450,000	48,464,000	597,566,000
금산군	2008-11-28	2020	82,000	7,060,000	562,120,000
부여군	2010-09-01	2020	90,000	15,840,000	601,110,000
홍성군	2007-07-20	2020	180,000	28,266,000	408,158,000
예산군	2007-07-27	2020	175,000	38,030,000	489,050,000

* 자료: 국토교통부 '2016 도시계획현황 통계'

8) 도시·군 기본계획 주요지표 〈표 5-34〉를 참조하면, 전라북도는 고창군이 가장 빠른 1999년에 수립하였으며, 전주시가 계획인구는 가장 높고, 군산시가 시가화 예정용지가 넓고 남원시가 보전용지가 가장 넓음을 알 수 있다.

(단위 : ㎡, 인)

전라북도	계획개요			토지이용계획	
	수립일	목표년도	계획인구	시가화예정용지	보전용지
전주시	2012-10-18	2025	780,000	5,884,000	154,238,000
군산시	2008-01-22	2020	450,000	61,153,000	292,405,000
익산시	2007-07-19	2025	420,000	37,000,000	437,100,000
정읍시	2016-01-14	2030	135,400	7,270,000	670,150,000
남원시	2008-05-06	2025	130,000	7,433,000	731,136,000
김제시	2008-05-01	2025	150,000	20,236,000	510,253,000
무주군	2007-11-21	2025	50,000	0	0
고창군	1999-12-06	2011	34,856	0	0

* 자료: 국토교통부 '2016 도시계획현황 통계'

9) 도시 · 군 기본계획 주요지표 〈표 5-35〉를 참조하면, 전라남도는 장성군이 가장 빠른 2006년에 수립하였으며, 순천시와 여수시가 계획인구는 가장 높고, 무안 군이 시가화예정용지가 넓고 해남군이 보전용지가 가장 넓음을 알 수 있다.

:: 〈표 5-35〉 도시 · 군 기본계획 전라남도 주요지표 ::

(단위 : ㎡, 인)

전라남도	계획개요			토지이용계획	
	수립일	목표년도	계획인구	시가화예정용지	보전용지
목포시	2008-09-30	2020	310,000	0	23,951,000
여수시	2014-12-11	2030	390,000	7,860,000	378,839,000
순천시	2009-12-23	2025	390,000	7,576,000	859,758,000
나주시	2011-05-02	2020	150,000	13,265,000	568,621,000

광양시	2016-09-12	2030	270,000	15,771,000	409,190,000
담양군	2007-12-31	2020	65,000	7,490,000	433,724,257
화순군	2009-05-27	2020	86,000	47,511,000	727,701,000
해남군	2009-01-07	2025	135,000	27,100,000	867,240,000
영암군	2016-09-01	2020	210,000	11,159,000	518,679,000
무안군	2008-05-01	2025	150,000	64,949,000	575,677,000
함평군	2016-05-24	2030	46,000	6,930,000	379,270,000
장성군	2006-11-03	2020	70,000	3,370,000	0

* 자료: 국토교통부 '2016 도시계획현황 통계'

10) 도시·군 기본계획 주요지표 〈표 5-36〉를 참조하면, 경상북도는 청도군이 가장 빠른 2006년에 수립하였으며, 포항시가 계획인구는 가장 높고, 포항시가 시가화예정용지가 넓고 안동시가 보전용지가 가장 넓음을 알 수 있다.

:: 〈표 5-36〉 도시·군 기본계획 경상북도 주요지표 ::

(단위 : ㎡, 인)

경상북도	계획개요			토지이용계획	
	수립일	목표년도	계획인구	시가화예정용지	보전용지
포항시	2009-04-21	2020	850,000	97,798,000	962,138,000
경주시	2009-04-22	2020	400,000	47,230,000	1,244,610,000
김천시	2015-04-22	2020	200,000	16,362,000	967,535,000
안동시	2014-04-29	2020	220,000	34,717,000	1,471,330,000
구미시	2014-01-08	2020	550,000	14,886,000	513,916,000
영주시	2010-01-29	2020	150,000	28,973,000	626,931,000
영천시	2016-06-20	2020	180,000	30,161,000	867,189,000

상주시	2008-07-28	2020	150,000	12,872,000	1,222,905,000
문경시	2008-12-10	2025	102,000	18,669,000	880,829,000
경산시	2009-06-19	2020	400,000	30,440,000	351,130,000
군위군	2015-07-30	2020	50,000	2,454,000	604,969,000
청도군	2006-10-30	2020	60,000	3,074,000	687,748,000
고령군	2013-09-10	2020	50,000	10,409,000	367,168,000
성주군	2008-12-26	2020	70,000	9,602,000	600,765,000
칠곡군	2015-10-27	2020	165,000	8,649,000	420,466,000
울릉군	2013-05-31	2025	13,000	1,331,000	69,459,000

* 자료: 국토교통부 '2016 도시계획현황 통계'

11) 도시·군 기본계획 주요지표 〈표 5-37〉를 참조하면, 경상남도는 통영시가 가장 빠른 2008년에 수립하였으며, 창원시가 계획인구는 가장 높고, 창원시가 시가화 예정용지가 넓고 통영시가 보전용지가 가장 넓음을 알 수 있다.

:: 〈표 5-37〉 도시·군 기본계획 경상남도 주요지표 ::

(단위 : ㎡, 인)

경상남도	계획개요			토지이용계획	
	수립일	목표년도	계획인구	시가화예정용지	보전용지
창원시	2014-07-09	2025	1,500,000	89,852,000	559,273,000
진주시	2011-08-25	2025	500,000	19,134,000	664,426,000
통영시	2008-01-23	2025	180,000	8,580,000	838,700,000
사천시	2016-05-11	2030	250,000	19,875,000	402,982,000
김해시	2013-12-24	2020	600,000	44,141,000	365,726,000
밀양시	2016-12-08	2025	210,000	28,103,000	752,183,000

거제시	2015–05–11	2020	300,000	20,510,000	354,987,000
양산시	2016–10–18	2030	500,000	21,469,000	413,616,000
창녕군	2015–07–02	2030	102,000	6,788,000	516,135,000
남해군	2012–01–27	2025	74,000	15,231,000	336,103,000

* 자료: 국토교통부 '2016 도시계획현황 통계'

12) 도시 · 군 기본계획 주요지표 〈표 5–38〉를 참조하면, 제주도는 서귀포시가 가장 빠른 2000년에 수립하였으며, 제주시가 계획인구는 가장 높고, 서귀포시가 시가화예정용지가 넓고 제주시가 보전용지가 넓음을 알 수 있다.

:: 〈표 5–38〉 도시 · 군 기본계획 제주도 주요지표 ::

(단위 : ㎡, 인)

제주도	계획개요			토지이용계획	
	수립일	목표년도	계획인구	시가화예정용지	보전용지
제주시	2001–07–02	2021	410,000	9,520,000	108,530,000
서귀포시	2000–12–19	2016	120,000	133,185,000	0

제6장

장기미집행 도시계획시설 투자 방법

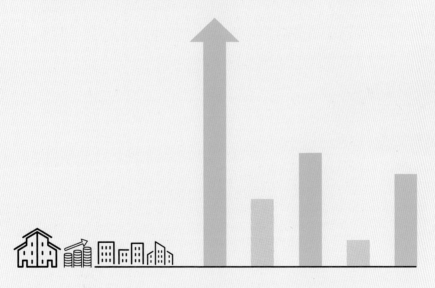

1999년 10월 21일 헌법재판소는 도시계획 구역 안에서의 형질변경이나 건축 등의 행위를 제한하는 도시계획법 제4조에 대하여 토지소유자의 재산권을 과도하게 침해한다는 이유로 헌법불합치 결정을 하였다.

즉, 도시계획의 결정·고시로 인한 토지재산권의 제약에 대하여 손실보상규정을 두지 아니한 도시계획법 제4조는 헌법의 재산권보장, 정당보상원칙 등에 위배된다는 민원인의 청구에 대해 이를 인정하는 헌법불합치 판정을 결정하였으며 다양한 보상 가능성을 통하여 재산권에 대한 가혹한 침해를 보상할 것을 결정하였다(97헌바26).

도시·군계획시설의 사회적 위상과 역할에 대해 이해하고 장기 미집행 도시·군계획시설의 결정 및 운영 실태를 분석하여 앞으로의 재정비 방향과 기준 사항에 대하여 관심을 가진다면 안정적인 투자의 방향성을 잡을 수 있을 것이다.

1. 장기미집행 도시계획 투자물건 찾는 방법

　도시계획시설 물건을 찾다 보면 보상계획이 수립되었거나 보상이 집행된 물건도 있다. 도시계획사업은 축소, 변경, 예산 등 여러 가지 사유로 예정보다 빨리 진행될 사업도 있지만 시간이 장기적으로 소요되는 사업도 있기에 도시계획사업에 관한 정보에 진행 등 여러 가지 요소를 복합적으로 확인하고 분석 후 투자를 해야 한다.
　아래 사례 3가지 중 1, 2번 물건은 도시계획시설로 고시공고 된 물건이며, 3번 물건은 도시계획도로 개설 사업이 종료된 물건으로 물건 검색에서 물건 진행과 종료되기까지를 참조하기 바란다.

　1) 장기미집행 도시계획도로 투자물건 찾는 방법(도시계획시설 도로 예정)

2015 타경 38810 (강제)		물번2 [배당종결] ▼	매각기일 : 2016-12-29 10:30~ (목)		경매16계 031-210-1276
소재지	(17039) 경기도 용인시 처인구 고림동 440-11 외1필지				
용도	전	채권자	한국무역보험공사	감정가	211,351,000원
토지면적	409㎡ (123.72평)	채무자	김남진	최저가	(49%) 103,562,000원
건물면적		소유자	김남진	보증금	(10%)10,357,000원
제시외		매각대상	토지만매각	청구금액	423,504,097원
입찰방법	기일입찰	배당종기일	2016-01-15	개시결정	2015-11-03

기일현황		🔍간략보기
회차	매각기일	최저매각금액	결과
신건	2016-04-20	211,351,000원	유찰
2차	2016-05-25	147,946,000원	매각
엄철순/입찰1명/낙찰151,310,000원(72%)			
	2016-06-01	매각결정기일	불허가
신건	2016-10-27	211,351,000원	유찰
2차	2016-11-29	147,946,000원	유찰
3차	2016-12-29	103,562,000원	매각
임양희/입찰6명/낙찰137,505,000원(65%) 2등 입찰가 : 132,900,000원			
	2017-01-05	매각결정기일	허가
	2017-02-09	대금지급기한 납부 (2017.01.19)	납부
	2017-02-17	배당기일	완료
배당종결된 사건입니다.			

토지	건물	제시외건물(포함)	제시외건물(제외)	기타(기계기구)	합계
211,351,000원	×	×	×	×	211,351,000원
비고	* 감정평가서상 제시외건물가격이 명시 되어있지않음. 입찰시 확인요함.				

토지현황   🔲 토지이용계획/공시지가   🔲 부동산정보 통합열람

	지번	지목	토지이용계획	비교표준지가	면적	단가(㎡당)	감정가격	비고
1	고림동 440-11	전	자연녹지지역	166,000원	37㎡ (11.19평)	283,000원	10,471,000원	현황"전기타"
2	고림동 440-16	전	자연녹지지역	166,000원	372㎡ (112.53평)	540,000원	200,880,000원	현황"묵전"
기타	고림초등학교 북측 근거리에 위치 / 주위는 전, 답, 단독주택, 아파트 등이 소재한 마을주변 농경지대 / 본건까지 차량출입이 가능, 인근에 노선 버스정류장이 소재, 제반 교통상황은 보통 / 인접도로 대비 평탄한 사다리형 토지 / 서측으로 폭 약 8M 내외의 포장도 로에 접함 / 수질보전특별대책지역							

⑴ 위 물건은 〈그림 6-1〉과 〈그림 6-2〉를 보면 도시계획선 도로가 계획되어 있는 걸 확인할 수 있다. 물건지에 도시계획 예정이 되어 있는 물건은 토지계획이용확인원을 열람하고 지자체 홈페이지에 접속하여 도시계획사업의 최초 고시공고를 확인한 후 도시계획사업 진행 주체와 진행 과정을 확인해야 한다.

:: 〈그림 6-1〉 토지이용계획원상 도시계획 도로 ::

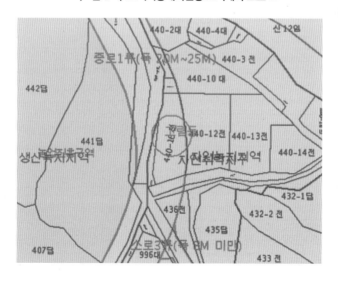

:: 〈그림 6-2〉 도시계획 예정 도로 ::

(2) 위 물건은 〈그림 6-3〉을 참조, 용인시고시 제2003-13호 최초 고시 공고를 확인해야 한다.

:: 〈그림 6-3〉 용인시 전자관보 고시공고 ::

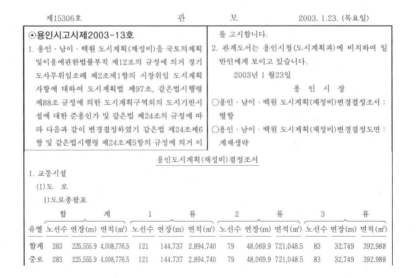

부동산 투자의 블루오션
장기미집행 시설에 투자하라

(3) 위 물건지 관련 〈그림 6-4〉를 보면, 용인시고시 제2003-13호를 참조하여 도시계획 규모, 기능, 노선수 연장, 기점과 종점, 사용형태, 최초결정일을 확인해야 한다.

본 물건지의 경우, 도시계획 도로 고시공고일은 2003년 1월 23일이며, 노선은 중 1-49호 2단계 사업진행지로 2023년까지 도시계획 도로 사업을 진행하거나 미집행시 자동 해지되는 물건이지만, 첫 번째 미집행 해지 신청절차를 접수 진행하던지, 두 번째 도시계획도로 사업이 진행되기를 기다리던지, 세 번째 일몰제 이후 도시계획시설이 해지된 이후 재산권 행사를 할지, 투자자 스스로 준비와 투자 결정을 해야 한다.

:: 〈그림 6-4〉 용인시 전자관보 고시확인 ::

제15306호					관		보			2003. 1.23. (목요일)	
				규 모		연 장					
구분	등급	유별	번호	폭원(m)	기 능	(m)	기	점 종	점 사용형태	최초결정일	비 고
변경	중로	1	40	20	주간선 도로	9,500	중로 1-44	모현면 일산리 도시계획구역계	일반도로		지방도 333호선
기정	중로	1	1	20	보조간선 도로	1,050	대로 1-1	대로 2-1	일반도로	'83. 3.10. (경고66)	모현도시 계획구역
변경	중로	1	42	20	보조간선 도로	298	대 1-4	중로 2-20	일반도로		모현면
기정	중로	3	5	12	집산도로	238	제2호 광장	전대리 구역계	일반도로	'88. 4. 6. (경고91)	포곡도시 계획구역
변경	중로	1	43	20	보조간선 도로	670	제28호 교통광장	제2호 유원지경계	일반도로		포곡면
기정	중로	1	1	20	보조간선 도로	1,060	전대리	전대리 구역계	일반도로	'99. 9.22. (용고180)	포곡도시 계획구역
변경	중로	1	44	20	보조간선 도로	1,730	전대리	제2호 유원지 경계	일반도로		포곡면
기정	소로	1	2	10	보조간선 도로	1,045	제2호 광장	영문리 구역계	일반도로	'88. 4. 6. (경고91)	포곡도시 계획구역
변경	중로	1	45	20	보조간선 도로	6,920	제28호 교통광장	제32호 교통광장	일반도로		어정~ 전대간 도로
신설	중로	1	46	20	보조간선 도로	4,950	중로 1-44	대로 3-13	일반도로		동지역~ 포곡간 도로
신설	중로	1	49	20	보조간선 도로	3,620	중로 1-51	중로 2-22	일반도로		포곡면

2) 장기미집행 근린공원 투자물건 찾는 방법(도시계획 근린공원)

2015 타경 32065 (임의)		매각기일 : 2016-05-10 10:30~ (화)		경매12계 031-210-1272	
소재지	(16710) 경기도 수원시 영통구 영통동 195-10				
용도	임야	채권자	경기남부수산업협동조합	감정가	523,680,000원
토지면적	3273㎡ (990,06평)	채무자	임수환	최저가	(34%) 179,622,000원
건물면적		소유자	서영석	보증금	(10%) 17,963,000원
제시외		매각대상	토지매각	청구금액	266,824,317원
입찰방법	기일입찰	배당종기일	2015-11-19	개시결정	2015-09-03

기일현황 ▼간략보기

회차	매각기일	최저매각금액	결과
신건	2016-01-20	523,680,000원	유찰
2차	2016-02-26	366,576,000원	유찰
3차	2016-04-01	256,603,000원	유찰
4차	2016-05-10	179,622,000원	매각
이영준외1명/입찰4명/낙찰305,734,000원(58%) 2등 입찰가 : 210,500,000원			
	2016-05-17	매각결정기일	허가
	2016-06-28	대금지급기한 납부 (2016.06.28)	납부
	2016-08-03	배당기일	완료
배당종결된 사건입니다.			

감정평가현황 ▶ (주)에이원감정 , 가격시점 : 2015-09-17 [감정평가서]

토지	건물	제시외건물(포함)	제시외건물(제외)	기타(기계기구)	합계
523,680,000원	x	x	x	x	523,680,000원

토지현황 [토지이용계획/공시지가] [부동산정보 통합열람]

	지번	지목	토지이용계획	비교표준지가	면적	단가(㎡당)	감정가격	비고
1	영통동 195-10	임야	자연녹지지역	62,000원	3,273㎡ (990,06평)	160,000원	523,680,000원	
기타	수원하이테크고등학교 북측 인근에 위치 / 주위는 순수야산지대 / 본건까지 차량출입이 불가, 대중교통의 이용여건은 보통 / 완경사의 부정형 토지 / 지적도및 현황 맹지							

임차인현황   매각물건명세서상 조사된 임차내역이 없습니다   [매각물건명세서] [예상배당표]

토지 등기 사항 ▶ 토지열람일 : 2015-09-17   [등기사항증명서]

구분	성립일자	권리종류	권리자	권리금액	상태	비고
갑11	2006-04-10	소유권(지분)	서영석		이전	임의경매로 인한 매각
을14	2008-04-07	(근)저당	경기남부수산업협동조합	350,000,000원	소멸기준	
을15	2008-04-07	지상권	경기남부수산업협동조합		소멸	
갑13	2012-01-05	소유권(지분)	서영석	(거래가액) 250,000,000원	이전	매매
갑14	2015-09-03	임의경매	경기남부수산업협동조합	청구: 266,824,317원	소멸	2015타경32065(배당종결)

(1) 위 물건은 〈그림 6-5〉을 보면 도시계획시설 중 근린공원으로 지정되어 있다. 토지계획이용확인원을 열람하고 지자체 홈페이지에 접속하여 도시계획사업의

최초 고시공고를 확인한 후 도시계획사업 근린공원 사업 진행 과정과 진행 여부를
확인하고 투자를 결정해야 한다.

:: 〈그림 6-5〉 토지이용계획원상 근린공원 ::

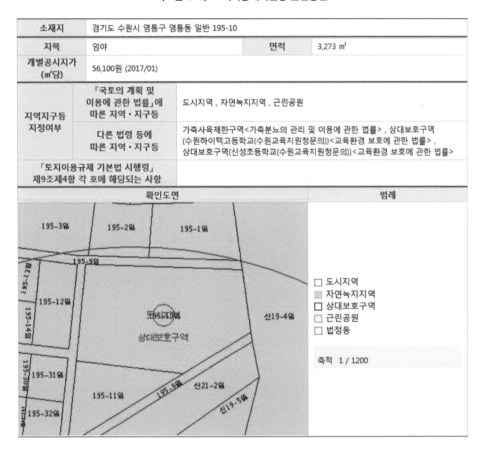

소재지	경기도 수원시 영통구 영통동 일반 195-10			
지목	임야		면적	3,273 ㎡
개별공시지가 (㎡당)	56,100원 (2017/01)			
지역지구등 지정여부	「국토의 계획 및 이용에 관한 법률」에 따른 지역·지구등	도시지역 , 자연녹지지역 , 근린공원		
	다른 법령 등에 따른 지역·지구등	가축사육제한구역<가축분뇨의 관리 및 이용에 관한 법률> , 상대보호구역 (수원하이텍고등학교(수원교육지원청문의))<교육환경 보호에 관한 법률> , 상대보호구역(신성초등학교(수원교육지원청문의))<교육환경 보호에 관한 법률>		
「토지이용규제 기본법 시행령」 제9조제4항 각 호에 해당되는 사항				

(2) 수원시 홈페이지 공고/고시/입법예고에서 고시공고를 확인(지자체 홈페이지에
접속하여 도시계획사업의 최초 고시공고)한 후, 도시계획사업 근린공원 사업 진행 과정
과 진행 여부를 확인한다. 〈그림 6-6〉을 참조.

::〈그림 6-6〉수원시 공고/고시/입법예고 고시 ::

🌏 공고/고시/입법예고

고시공고구분	고시		게재제호	
고시공고번호	수원시 고시 제2015-20호		등록일	2015-01-20
제목	2020년 수원도시관리계획 재정비 결정 고시		담당부서	도시계획과

수원시 공고 제2014-1519호(2014. 9. 26)로 공고한 목표 2020년 수원도시관리계획 재정비(안)에 대하여 「국토의 계획 및 이용에 관한 법률」 제30조에 따라 붙임과 같이 도시관리계획 결정(변경)하고 같은 법 제30조제6항 및 같은 법 시행령 제25조제5항에 따라 이를 고시하며, 「토지이용규제기본법」 제8조제2항 규정에 의하여 지형도면을 고시합니다.

붙임 : 고시문 1부. 끝.

첨부파일 : 2차재정비 고시문.hwp

(3)〈그림 6-7〉을 참조, 수원시 고시 제2015-20호 2020년 수원도시관리계획 재정비(안)에 대한 고시공고를 확인, '나. 공간시설 1) 공원 신설 111 청명산공원 신설 근린공원'임을 알 수 있다. 2015년 1월에 고시된 도시계획시설 근린공원이기에 정부의 국비사업과 지자체의 공원지정 상황, 예산 편성 등 확인에 따른 분석이 필요하다.

::〈그림 6-7〉수원시 고시 근린공원 확인 ::

수원시 고시 제2015 - 20호

고   시

1. 수원시 공고 제2014-1519호(2014. 9. 26)로 공고한 목표 2020년 수원도시관리계획 재정비(안)에 대하여 「국토의 계획 및 이용에 관한 법률」 제30조에 따라 다음과 같이 도시관리계획 결정(변경)하고 같은 법 제30조제6항 및 같은 법 시행령 제25조제5항에 따라 이를 고시하며, 「토지이용규제기본법」 제8조제2항 규정에 의하여 지형도면을 고시합니다.

가. 수원도시관리계획(재정비) 결정(변경)조서 : 아래내용

나. 수원도시관리계획(재정비) 결정(변경)도면 : 게재생략

2. 수원도시관리계획(재정비) 결정(변경) 관계 도서는 수원시청 도시계획과에 비치하여
일반에게 보이고 있습니다.

   ※ 기타 자세한 사항은 수원시청 도시계획과 도시계획팀(☎031-228-2372)으로 문의
   하여 주시기 바랍니다.

2015. 1. 20

수 원 시 장

나. 공간시설
1) 공원

구분	도면번호표시	공원명	시설의 세분	위치	면적(㎡)			최초결정일	비고
					기정	변경	변경후		
변경	4	만석공원	근린공원	장안구 송죽동,정자동	329,271.0	감)266.7	329,004.3	건고67-478 1967.7.3	
변경	10	인계제3공원	근린공원	팔달구 인계동 176-1임일원	244,661.0	감)5,708.4	238,952.6	건고67-478 1967.7.3	
신설	111	청명산공원	근린공원	영통구 영통동 산19-1번지 일원	-	증)79,861.1	79,861.1		신설
폐지	25	공 원	어린이공원	인계동1021공 (권선토지구획)	1,510.3	감)1,510.3	-	건고81-311 1981.8.19(권선1)	폐지
변경	161	공 원	어린이공원	팔달구화서동 220-14답 일원	1,500.0	증)1,677.9	3,177.9	수고03-127 2003.11.06	제206호 어린이공원 합병 및 구격오차 정정

3) 도시계획예정 도로 물건(도로 개설 완료된 물건)

2010 타경 8004 (임의)		매각기일 : 2011-07-18 10:00~ (월)		경매4계 031-650-317	
소재지	(17980) 경기도 평택시 팽성읍 두정리 156-8				
용도	대지	채권자	평택중앙새마을금고	감정가	90,610,000원
토지면적	221㎡ (66.85평)	채무자	우동군	최저가	(41%) 37,114,000원
건물면적		소유자	우동군	보증금	(10%) 3,712,000원
제시외		매각대상	토지만매각	청구금액	37,617,229원
입찰방법	기일입찰	배당종기일	2010-09-27	개시결정	2010-07-08

기일현황 ▼간략보기

회차	매각기일	최저매각금액	결과
신건	2010-12-20	90,610,000원	유찰
2차	2011-01-24	72,488,000원	유찰
3차	2011-02-28	57,990,000원	유찰
4차	2011-04-04	46,392,000원	유찰
	2011-05-09	37,114,000원	변경
4차	2011-07-18	37,114,000원	매각
김종율/입찰18명/낙찰47,880,000원(53%)			
	2011-07-25	매각결정기일	허가
	2011-08-31	대금지급기한 납부 (2011.08.11)	납부
배당종결된 사건입니다.			

감정평가현황 ▶ 평일감정 , 가격시점 : 2010-07-12   🔍 감정평가서

토지	건물	제시외건물(포함)	제시외건물(제외)	기타(기계기구)	합계
90,610,000원	×	×	×	×	90,610,000원
비고	지상에 매각에서 제외되는 철파이프조 갈바함석지붕 차고 약 20㎡(추정가 10만원), 철컨테이너 창고 약 18㎡(잔존가 20만원), 약 30년생 은행나무 1주(추정가 약 30만원)가 식재되어 있음.				

토지현황 🔍 토지이용계획/공시지가 🔍 부동산정보 통합열람

	지번	지목	토지이용계획	비교표준지가	면적	단가(㎡당)	감정가격	비고
1	두정리 156-8	대지	계획관리지역	185,000원	221㎡ (66.85평)	410,000원	90,610,000원	
기타	두정2리마을 중앙에 위치 / 부근은 일반 단독주택을 중심 보건소, 성당등의 도시주변 농촌마을을 형성 / 마을남측 입구에 버스정류장이 있음, 대중교통사정 무난, 차량접근용이 / 부정형의 평탄한 대지 / 남측 및 서측으로 콘크리트 포장의 소로에 접함 / 토지거래계약에관한허가구역, 비행안전제5구역							

제시외건물현황

	지번	층별	구조	용도	건물면적	감정가격	매각여부
1	두정리 156-8	(ㄱ)	철파이프조	차고			매각제외
2	두정리 156-8	(ㄴ)	철컨테이너	창고			매각제외
3	두정리 156-8	(ㄷ)	은행나무약30년생	수목			매각제외

(1) 위 물건지는 〈그림 6-8〉을 보면 도시계획선 도로가 계획되어 있는 걸 확인할 수 있다. 물건지에 도시계획 예정이 되어 있는 물건은 토지계획이용확인원을 열람하고 지자체 홈페이지에 접속하여 도시계획사업의 최초 고시공고를 확인한 후 도

시계획사업 진행 주체와 진행 과정을 확인해야 한다.

:: 〈그림 6-8〉 도시계획 도로 예정계획 확인 ::

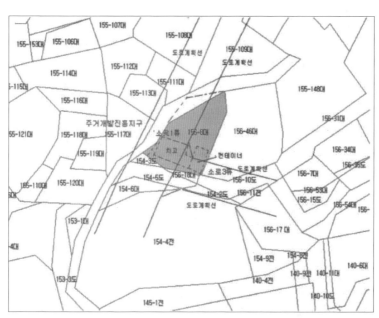

(2) 본 물건 인근 도시계획도로 고시공고 1998년 3월 평택시 공고 제1998-64호
를 확인한다. 〈그림 6-9〉를 참조.

:: 〈그림 6-9〉 경기도 고시공고 확인 ::

(3) 본 물건은 구도심의 열악한 도로를 확장하기 위해 수립한 도시계획시설 중 도시계획 도로의 필요성을 〈그림 6-10〉에서 알 수 있다.

:: 〈그림 6-10〉 현황물건 도시계획 도로 사업 진행 전·후 ::

도로 사업 진행 전

도로 사업 진행 후

(4) 도시계획도로 확장공사 후 도로로 지정되어 구도로보다 확장된 도로 상황과 도로수용 후, 도로편입 잔여지 필지는 필지분할이 되어 새로운 지번이 부여되었음을 〈그림 6-11〉에서 알 수 있다.

:: 〈그림 6-11〉 토지이용계획원 도로 지정 ::

소재지	경기도 평택시 팽성읍 두정리 일반 156-8			
지목	대		면적	59 ㎡
개별공시지가 (㎡당)	307,900원 (2017/07)			
지역지구등 지정여부	「국토의 계획 및 이용에 관한 법률」에 따른 지역·지구등	제1종일반주거지역 , 지구단위계획구역(두정)		
	다른 법령 등에 따른 지역·지구등	가축사육제한구역(전부제한구역)<가축분뇨의 관리 및 이용에 관한 법률> , 비행안전제5구역(전술)<군사기지 및 군사시설 보호법>		
「토지이용규제 기본법 시행령」 제9조제4항 각 호에 해당되는 사항				

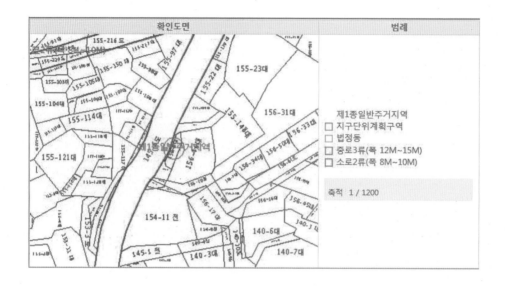

(5) 도시계획도로 개설 완료 후 인근 도로이동 사유가 2015년 11월에 209-10번으로 합병되었고 소유자도 평택시로 소유권 이전되어 있음을 〈그림 6-12〉에서 알 수 있다.

:: 〈그림 6-12〉 부동산종합증명서 토지 표시 연혁 ::

고유번호	4122025038-1-0145-0006		부동산종합증명서(토지)			장번호	4 · 2	건축물유무	건축물대장 존재안함
소재지	경기도 평택시 팽성읍 두정리 145-6								

토지 표시 연혁								
지목	면적(㎡)	이동일자	이동사유	지목	면적(㎡)	이동일자	이동사유	
도로	3,522	2015.11.12	145-14, 145-15, 145-16, 145-17, 145-18,				155-187, 155-237, 155-238, 155-238, 156-78,	
			145-19, 146-1, 146-4, 146-6, 146-7,				156-80, 156-61, 156-82, 156-83, 209-3,	
			147-11, 153-12, 153-13, 154-3, 154-10,				209-5, 209-6, 209-7, 209-8, 209-9,	
			154-12, 154-14, 155-21, 155-152, 155-171,				209-10 번과 합병	
			155-172, 155-173, 155-175, 155-176, 155-177,	도로	13	1995.05.10	평택군에서 행정관할구역변경	
			155-178, 155-180, 155-181, 155-182, 155-183,	도로	13	1965.02.25	지목변경	

토지 소유자 연혁						
변동일자 변동원인	성명 또는 명칭 등록번호	주소	변동일자 변동원인	성명 또는 명칭 등록번호	주소	
2015.10.06 소유권이전	평택시 S120		2015.07.07 소유권이전	이은필 외16인 360709-1******	서울특별시 서초구 효령로19길 42(방배동)	
1962.05.08 소유권이전	이인하 170916-1******	팽성읍 두정리 155				

2. 전국 개발정보 지존 정보 활용 방법

http://www.gzonei.com 접속하면 〈그림 6-13〉처럼 전국개발정보에 관한 정보
와 보상계획 공고 등 전국 개발에 관련 정보를 쉽게 확인할 수 있으며, 회원 구분
에 따라 정보 제공 서비스가 지원된다.

:: 〈그림 6-13〉 전국 개발정보 지존 사이트 ::

1) 사업지구명

현 제공하는 사업지구는 23개 사업지이다.

① 공원조성사업	② 민간공원 특례사업	③ 공공주택지구
④ 뉴스테이 공급촉진지구	⑤ 도시개발사업	⑥ 택지개발예정지구
⑦ 산업단지	⑧ 경제자유구역	⑨ 물류유통단지
⑩ 관광단지(유원지)	⑪ 국민임대주택단지	⑫ 역세권개발사업
⑬ 철도건설사업	⑭ 국방, 군사시설사업	⑮ 법조타운 신축 및 이전사업
⑯ 도로개설사업	⑰ 친수구역조성사업	⑱ 발전소건설사업
⑲ 댐건설사업	⑳ 특수물건	㉑ 행복주택지구
㉒ 기타		

2) 해당 지역 개발정보 검색

관심지역 사업지구를 클릭하면 보상 편입지 경·공매 물건 보기 메뉴를 클릭하면 사업지에 관한 사업 개요와 추진 내역에 대한 정보를 〈그림 6-14〉처럼 쉽게 확인할 수 있다.

:: 〈그림 6-14〉 지존 사이트 개발지구 정보 ::

(1) 관심지역 사업지구 보상 편입 경·공매 물건 보기 메뉴를 클릭하면 사업지내에 있는 경매 물건 정보를 〈그림 6-15〉처럼 바로 확인할 수 있다.

::〈그림 6-15〉 지존 사이트 보상편입 경매 물건 정보 ::

보상편입 경매물건 | 보상편입 공매물건 | 보상편입 경매예정물건

사건번호	용도	소재지	편입면적	감정가/최저가	입찰일	상태	개발사업명	특급노하우
보상중 성남지원8계 2014-20051	임야	지도보기 경기 하남시 감이동 산50-21	전면적	413,250,000/ 289,275,000 (70.00%)	2015.05.18	취하	하남감일 공공주택지구(보금자리주택지구)	*수용재결 여부 확인, 또 확인 요망.
보상예정 성남지원2계 2014-20907	임야	지도보기 경기 성남시 감일동 산29	전면적	371,800,000/ 371,800,000 (100.00%)	2015.02.02	매각	하남감일 공공주택지구(보금자리주택지구)	
보상예정 성남지원7계 2014-20044	임야	지도보기 경기 하남시 감이동 산50-22	전면적	446,195,000/ 446,195,000 (100.00%)	2015.01.05	매각	하남감일 공공주택지구(보금자리주택지구)	
보상예정 성남지원6계 2013-22883	임야	지도보기 경기 하남시 감이동 산28-22외 1필지	일부편입	1,057,557,000/ 541,470,000 (51.20%)	2014.10.06	매각	하남감일 공공주택지구(보금자리주택지구)	
보상예정 성남지원7계 2014-1548	전	지도보기 경기 하남시 감일동 314 외 1필지	전면적	1,487,700,000/ 1,190,160,000 (80.00%)	2014.09.29	매각	하남감일 공공주택지구(보금자리주택지구)	
보상예정 성남지원7계 2013-3295	전	지도보기 경기 하남시 감이동 206-3외 1필지	일부편입	125,269,310/ 100,215,000 (80.00%)	2013.10.28	매각	하남감일 공공주택지구(보금자리주택지구)	

(2) 관심 지역 사업지구 보상 편입 경·공매 물건 보기 메뉴를 클릭하면 사업지내에 있는 공매 물건 정보를 〈그림 6-16〉처럼 바로 확인할 수 있다.

::〈그림 6-16〉 지존 사이트 보상편입 공매 물건 정보 ::

보상편입 경매물건 | **보상편입 공매물건** | 보상편입 경매예정물건

사건번호	용도	소재지	편입면적	감정가/최저가	입찰일	상태	개발사업명	특급노하우
보상예정 2014-03943-001	다세대	지도보기 경기 구리시 수택동 670-49,한림빌리지 제202호	전면적	85,000,000/ 5,580,000 (6.56%)	2014.08.11~ 2014.08.13	취소	구리 인창 수택 재정비촉진지구	
보상예정 2013-13851-002	도로	지도보기 경기 구리시 수택동 584-2	전면적	125,080,000/ 75,048,000 (60.00%)	2014.04.28~ 2014.04.30	진행	구리 인창 수택 재정비촉진지구	
보상예정 2013-17768-001	주택	지도보기 경기 구리시 수택동 474-85	전면적	306,551,600/ 306,552,000 (100.00%)	2014.03.31~ 2014.04.02	보류	구리 인창 수택 재정비촉진지구	
보상예정 2013-14726-001	도로	지도보기 경기 구리시 수택동 472-31	전면적	17,820,000/ 4,455,000 (25.00%)	2014.03.24~ 2014.03.26	매각	구리 인창 수택 재정비촉진지구	

(3) 관심 지역 장기미집행 도시계획시설(안성 중로2-14호선) 사업 위치와 사업 주요 내용, 추진 내역, 토지 및 지장물조서, 향후 추진 내역까지 편리하게 〈그림 6-17〉처럼 정보를 제공하고 있다.

:: 〈그림 6-17〉 지존 사이트 보상편입 경매 물건 정보 ::

장기미집행 도시계획시설(안성 중로2-14호선) (경기 안성시) 　　　PRINT ▣ 목록

| 관심정보 등록 | 관련기사 | | | | 경매검색 바로가기 | 공매검색 바로가기 |

사업개요

위치	지도보기 도기동 114-16번지~구례리48-2번지
면적	0m²(0평)
시행	안성시
적용법률	국토의 계획 및 이용에 관한 법률
사업방식	수용 및 사용
사업인정고시일	실시계획인가 고시일

사업주요내용

- 연장:2,154km, 폭:10~15m(집산도로)
- 시점:도기동 114-16번지, 종점:구례리48-2번지
- 사업기간:2018년6월~2019년12월

추진내역

1990.11.12	도시계획시설 결정 고시(경기도 고시 제393호)	파일보기 ▶
2015.11.19	도시계획시설(변경) 결정 고시(폭원 15m→10~15m, 기,종점 변경)	파일보기 ▶
2016.01.29	보상계획 공고(토지 33필지, 지장물 14건)	파일보기 ▶
2017.09.19	실시계획 인가 및 사업인정 전 열람공고	파일보기 ▶
2018.05.08	보상계획 공고(2구간: 도기동 395-5번지 외 9필지)	파일보기 ▶

📖 토지 및 지장물 조서(16년1월) 　　　　📖 토지 및 지장물 조서(18년5월)

향후 추진계획

2018.05.11 기준 작성(이후 변경가능)

| 2018.06.00 | 2구간 협의보상 개시(예정) | |
| 2019.12.00 | 준공(예정) | |

(4) 지존이 직접 수행한 토지보상 성공투자 사례

NO	사업지구 / 사업시행자	투자물건 내역	경(공)매 감정가(원) / 낙찰가(원)	협의 보상금(원)	낙찰가 대비 세전 투자 수익률	투자 기간
1	영보일반산업단지 / GS에너지(주)	충남 보령시 영보면 영보리 〈임야〉 12,000m2	1,200,000,000 / 966,778,000	1,194,400,000	23.544%	3개월
2	남양뉴타운 도시개발사업 / LH공사	경기 화성시 남양동 〈대지〉 364m2/ 〈건물〉 154.9m2	149,792,580 / 154,887,000	261,811,130	69.034%	3년
3	동탄2 택지개발 예정지구 / LH공사	경기 화성시 동탄면 오산리 〈공장용지〉 6,457m2 / 〈건물〉 5,637m2	8,339,671,950 / 7,865,778,000	9,470,000,000	20.395%	1개월
4	안성 원곡물류단지 / 경기도시공사	경기 안성시 원곡면 칠곡리 〈답〉 199m2(지분)	23,888,000 / 24,689,000	34,652,533	40.356%	20일
5	영종하늘도시 택지 개발사업 / LH공사 및 인천도 시공사 공동시행	인천 중구 운남동 〈답〉 2,083m2	354,110,000 354,110,000 / 387,800,000	547,134,666	41.087%	6개월
6	송산그린시티 개발사업 / 한국수자원공사	경기 화성시 송산면 삼존리 〈염전〉 및 〈제방〉 2,314m2	240,820,000 / 193,778,000	275,675,190	42.263%	1년
7	교리근린공원 / 기장군청	부산 기장군 기장읍 교리 〈임야〉 592m2	37,296,000 / 34,567,000	69,856,000	102.089%	18개월
8	성남–장호원간 자동차 전용도로 개설사업 / 서울 지방 국토관리청	경기 성남시 여수동 〈답〉 616m2	427,392,000 / 389,778,000	493,806,600	26.689%	3개월
9	대포산업단지	경기 김포시 양촌읍 대포리 〈유지〉 519m2	108,471,000	134,940,000	15.54% (5명 공투 / 양도세 0원)	2개월

3. 보상 사례 판례

1) 공익사업을 위한 토지 등의 취득 및 보상에 관한 법률 시행규칙 제26조 제1항 제2호에 의하여 '사실상의 사도'의 부지로 보고 인근 토지 평가액의 3분의 1 이내로 보상액을 평가

▶ 대법원 2014.11.27. 선고 2013두20219 판결
  [토지수용재결처분취소][미간행]

【판시사항】
공익사업을 위한 토지 등의 취득 및 보상에 관한 법률 시행규칙 제26조 제1항 제2호에 의하여 '사실상의 사도'의 부지로 보고 인근 토지 평가액의 3분의 1 이내로 보상액을 평가하기 위한 요건 / 같은 조 제2항 제2호가 규정한 '토지소유자가 그 의사에 의하여 타인의 통행을 제한할 수 없는 도로'의 의미 및 그에 해당하는지 판단하는 기준

【참조조문】
공익사업을 위한 토지 등의 취득 및 보상에 관한 법률 시행규칙 제26조 제1항 제2호, 제2항 제2호

【참조판례】
대법원 2013. 6. 13. 선고 2011두7007 판결(공2013하, 1217)

【전 문】
【원고(선정당사자), 상고인】원고(선정당사자)
【피고, 피상고인】중앙토지수용위원회 외 1인
【원심판결】서울고법 2013. 8. 23. 선고 2011누41559 판결
【주 문】
상고를 모두 기각한다. 상고비용은 원고(선정당사자)가 부담한다.

【이 유】
상고이유(상고이유서 제출 기간 경과 후에 제출된 준비서면의 기재는 상고이유를 보충하는 범위 내에서)를 판단한다.

1. 피고 중앙토지수용위원회에 대한 상고이유에 관하여
이 부분 상고이유 주장은, 이 사건 토지가 하천구역에 편입되어 있지 않고, 금학천환경개선사업 부지로 편입되지 않았으며, 원고(선정당사자, 이하 '원고'라고만 한다)에게 협의 또는 수용절차에 관한 통보를 하지 않았고, 금학천환경개선사업계획의 변경 고시 없이 당초 고시된 16㎡가 아닌 117㎡의 감정평가가 의뢰되었으며, 지번이 잘못 기재되는 등의 하자가 있어서 이 사건 토지의 수용재결은 위법하므로, 이를 그대로 받아들인 이 사건 이의재결은 위법한데도, 이 사건 소 중 피고 중앙토지수용위원회에 대한 부분을 각하한 원심판결에 위법이 있다는 취지이다.
그러나 취소소송은 처분 등을 대상으로 하되, 다만 재결의 취소를 구하는 소송은 재결 자체에 고유한 위법이 있음을 이유로 하는 경우에 한하고(행정소송법 제19조), 여기에서 말하는 '재결 자체에 고유한 위법'이란 원처분에는 없고 재결에만 있는 재결청의 권한 또는 구성의 위법, 재결의 절차나 형식의 위법, 내용의 위법 등을 뜻한다(대법원 1997. 9. 12. 선고 96누14661 판결 참조). 원고가 주장하는 하자들은 원처분의 하자로서 이 사건 이의재결의 취소사유가 될 수 없음이 분명하므로, 이 부분 상고이유 주장은 나아가 살필 필요 없이 받아들일 수 없다.

2. 피고 용인시에 대한 상고이유에 관하여
어느 토지를 「공익사업을 위한 토지 등의 취득 및 보상에 관한 법률」(이하 '공익사업법'이라 한다) 시행규칙 제26조 제1항 제2호에 의하여 '사실상의 사도'의 부지로 보고 인근 토지 평가액의 3분의 1 이내로 보상액을 평가하려면, 도로법에 의한 일반 도로 등에 연결되어 일반의 통행에 제공되는 등으로 사도법에 의한 사도에 준하는 실질을 갖추고 있어야 하고, 나아가 위 시행규칙 제26조 제2항 제1호 내지 제4호 중 어느 하나에 해당하여야 한다. 그리고 위 시행규칙 제26조 제2항 제2호가 규정한 '토지소유자가 그 의사에 의하여 타인의 통행을 제한할 수 없는 도로'는 사유지가 종전부터 자연발생적으로 또는 도로예정지로 편입되어 있는 등으로 일반 공중의 교통에 공용되고 있고 그 이용 상황이 고착되어 있어, 도로부지로 이용되지 아니하였을 경우에 예상되는 표준적인 이용 상태로 원상회복하는 것이 법률상 허용되지 아니하거나 사실상 현저히 곤란한 정도에 이른 경우를 의미한다. 이때 어느 토지가 불특정 다수인의 통행에 장기간 제공되어 왔고 이를 소유자가 용인하여 왔다는 사정이 있다는 것만으로 언제나 도로로서의 이용 상황이 고착되었다고 볼 것은 아니고, 이는 당해 토지가 도로로 이용되게 된 경위, 일반의 통행에 제공된 기간, 도로로 이용되고 있는 토지의 면적 등과 더불어 그 도로가 주위 토지로 통하는 유일한 통로인지 여부 등 주변 상황과 해당 토지의 도로로서의 역할과 기능 등을 종합하여 원래의 지목 등에 따른 표준적인 이용 상태로 회복하는 것이 용이한지 여부 등을 가려서 판단해야 한다(대법원 2013. 6. 13. 선고 2011두7007 판결 참조).

원심은 그 채택 증거들을 종합하여, 이 사건 토지가 용인시 처인구(지번 생략) 도로와 연결되어 있고, 늦어도 1972년경부터는 불특정 다수가 이용하는 도로로 이용되었던 것으로 보이는 사실, 피고 용인시가 1998. 10.경 이 사건 토지를 포장한 사실 등을 인정한 다음, 이를 기초로 이 사건 토지가 도로로서의 이용 상황이 고착되어 표준적 이용 상태로 원상회복하는 것이 쉽지 않으므로 공익사업법 시행규칙 제26조에서 정한 사실상의 사도에 해당한다고 판단하였다.

앞에서 본 법리에 따라 기록을 살펴보면, 원심의 위 인정과 판단은 정당하다. 거기에 논리와 경험의 법칙을 위반하여 자유심증주의의 한계를 벗어나거나, 공익사업법 시행규칙 제25조, 제26조가 정한 미불용지 또는 사실상 사도의 개념에 관한 법리를 오해한 위법이 없다.

3. 결론
그러므로 상고를 모두 기각하고 상고비용은 패소자가 부담하도록 하여, 관여 대법관의 일치된 의견으로 주문과 같이 판결한다.

[(별 지) 선정자 명단: 생략]
– 대법관 이상훈(재판장) 신영철 김창석 조희대(주심)

2) 지장물인 건물의 일부가 수용된 경우 잔여건물부분의 교환가치하락으로 인한 감가보상을 잔여지의 감가보상을 규정한 공익사업을 위한 토지 등의 취득 및 보상에 관한 법률 시행규칙 제26조 제2항을 유추적용

【판시사항】
지장물인 건물의 일부가 수용된 경우 잔여건물부분의 교환가치하락으로 인한 감가보상
을 잔여지의 감가보상을 규정한 공공용지의취득및손실보상에관한특례법시행규칙 제26
조 제2항을 유추 적용하여 인정할 수 있는지 여부(적극)

【판결요지】
「토지수용법」 제49조, 제50조, 제57조의2, 「공공용지의 취득 및 손실보상에 관한특례
법」 제4조 제2항 제3호, 제4항, 같은 법 시행령 제2조의10 제4항, 같은 법 시행규칙 제
2조 제2·3호, 제10조, 제23조의7의 각 규정을 종합하면, 수용대상토지 지상에 건물이
건립되어 있는 경우 그 건물에 대한 보상은 취득가액을 초과하지 아니하는 한도 내에서
건물의 구조·이용 상태·면적·내구연한·유용성·이전 가능성 및 난이도 등의 여러
요인을 종합적으로 고려하여 원가법으로 산정한 이전비용으로 보상하고, 건물의 일부가
공공사업지구에 편입되어 그 건물의 잔여부분을 종래의 목적대로 사용할 수 없거나 사
용이 현저히 곤란한 경우에는 그 잔여부분에 대하여는 위와 같이 평가하여 보상하되, 그
건물의 잔여부분을 보수하여 사용할 수 있는 경우에는 보수비로 평가하여 보상하도록
하고 있을 뿐, 보수를 하여도 제거 또는 보전될 수 없는 잔여건물의 가치하락이 있을 경
우 이에 대하여 어떻게 보상하여야 할 것인지에 관하여는 명문의 규정을 두고 있지 아니
하나, 한 동의 건물은 각 부분이 서로 기능을 달리하면서 유기적으로 관련을 맺고 전체적
으로 그 효용을 발휘하는 것이므로, 건물의 일부가 수용되면 토지의 일부가 수용되는 경
우와 마찬가지로 또는 그 이상으로 건물의 효용을 일부 잃게 되는 것이 일반적이고, 수용
에 따른 손실보상액 산정의 경우 헌법 제23조 제3항에 따른 정당한 보상이란 원칙적으
로 피수용재산의 객관적인 재산가치를 완전하게 보상하여야 한다는 완전보상을 뜻하는
것인데, 건물의 일부만이 수용되고 그 건물의 잔여부분을 보수하여 사용할 수 있는 경우
그 건물 전체의 가격에서 편입비율만큼의 비율로 손실보상액을 산정하여 보상하는 한편
보수비를 손실보상액으로 평가하여 보상하는 데 그친다면 보수에 의하여 보전될 수 없
는 잔여건물의 가치하락분에 대하여는 보상을 하지 않는 셈이어서 불완전한 보상이 되
는 점 등에 비추어 볼 때, 잔여건물에 대하여 보수만으로 보전될 수 없는 가치하락이 있
는 경우에는, 동일한 토지소유자의 소유에 속하는 일단의 토지 일부가 공공사업용지로

편입됨으로써 잔여지의 가격이 하락한 경우에는 공공사업용지로 편입되는 토지의 가격으로 환산한 잔여지의 가격에서 가격이 하락된 잔여지의 평가액을 차감한 잔액을 손실액으로 평가하도록 되어 있는 공공용지의취득및손실보상에관한특례법시행규칙 제26조 제2항을 유추적용하여 잔여건물의 가치하락분에 대한 감가보상을 인정함이 상당하다.

【참조조문】
「토지수용법」 제49조, 제50조, 제57조의2, 「공공용지의 취득 및 손실보상에 관한 특례법」 제4조 제2항 제3호, 제4항, 같은 법 시행령 제2조의10 제4항, 같은 법 시행규칙 제2조 제2호, 제3호, 제10조, 제23조의7, 제26조 제2항, 헌법 제23조 제3항

【참조판례】
대법원 1993. 7. 13. 선고 93누2131 판결(공1993하, 2306)
헌법재판소 1995. 4. 20. 선고 93헌바20 결정(헌공10, 310)

【전 문】
【원고,피상고인】 안만근
【피고,상고인】 중앙토지수용위원회 외 1인 (소송대리인 변호사 김종화)
【원심판결】 서울고법 2000. 3. 8. 선고 99누 12719 판결

【주문】
상고를 모두 기각한다. 상고비용은 피고들의 부담으로 한다.

【이유】
상고이유를 본다.
「토지수용법」 제49조, 제50조, 제57조의2, 「공공용지의 취득 및 손실보상에 관한특례법」(이하 '공특법'이라 한다) 제4조 제2항 제3호, 제4항, 공특법시행령 제2조의10 제4항, 공특법시행규칙 제2조 제2 · 3호, 제10조, 제23조의7의 각 규정을 종합하면, 수용대상토지 지상에 건물이 건립되어 있는 경우 그 건물에 대한 보상은 취득가액을 초과하지 아니하는 한도 내에서 건물의 구조 · 이용 상태 · 면적 · 내구연한 · 유용성 · 이전 가능성 및 난이도 등의 여러 요인을 종합적으로 고려하여 원가법으로 산정한 이전비용으로 보상하고, 건물의 일부가 공공사업지구에 편입되어 그 건물의 잔여부분을 종래의 목적대로 사용할수 없거나 사용이 현저히 곤란한 경우에는 그 잔여부분에 대하여는 위와 같이 평가하여 보상하되, 그 건물의 잔여부분을 보수하여 사용할 수 있는 경우에는 보수비로 평가하여

보상하도록 하고 있을 뿐, 보수를 하여도 제거 또는 보전될 수 없는 잔여건물의 가치하락이 있을 경우 이에 대하여 어떻게 보상하여야 할 것인지에 관하여는 명문의 규정을 두고 있지 아니하다. 그러나 한 동의 건물은 각 부분이 서로 기능을 달리하면서 유기적으로 관련을 맺고 전체적으로 그 효용을 발휘하는 것이므로, 건물의 일부가 수용되면 토지의 일부가 수용되는 경우와 마찬가지로 또는 그 이상으로 건물의 효용을 일부 잃게 되는 것이 일반적이고, 수용에 따른 손실보상액 산정의 경우 헌법 제23조 제3항에 따른 정당한 보상이란 원칙적으로 피수용재산의 객관적인 재산가치를 완전하게 보상하여야 한다는 완전보상을 뜻하는 것인데(대법원 1993. 7. 13. 선고 93누2131 판결, 헌법재판소 1995. 4. 20. 선고 93헌바20 결정 등 참조), 건물의 일부만이 수용되고 그 건물의 잔여부분을 보수하여 사용할 수 있는 경우 그 건물 전체의 가격에서 편입비율만큼의 비율로 손실보상액을 산정하여 보상하는 한편 보수비를 손실보상액으로 평가하여 보상하는 데 그친다면 보수에 의하여 보전될 수 없는 잔여건물의 가치하락분에 대하여는 보상을 하지 않는 셈이어서 불완전한 보상이 되는 점 등에 비추어 볼 때, 잔여건물에 대하여 보수만으로 보전될 수 없는 가치하락이 있는 경우에는, 동일한 토지소유자의 소유에 속하는 일단의 토지 일부가 공공사업용지로 편입됨으로써 잔여지의 가격이 하락한 경우에는 공공사업용지로 편입되는 토지의 가격으로 환산한 잔여지의 가격에서 가격이 하락된 잔여지의 평가액을 차감한 잔액을 손실액으로 평가하도록 되어 있는 공특법시행규칙 제26조 제2항을 유추 적용하여 잔여건물의 가치하락분에 대한 감가보상을 인정함이 상당하다.

그리고 잔여건물의 보수비보상은 보수에 의하여 제거될 수 있는 감가요인에 대한 손실보상이어서 보수를 하여도 제거 내지 보전될 수 없는 잔여건물의 가치하락분에 대한 보상인 감가보상과는 그 성질을 달리하는 것이므로, 잔여건물의 보수비보상을 받았다고 하여 이와 별도로 잔여건물의 가치하락으로 인한 손실보상청구를 할 수 없는 것은 아니다.

원심이 같은 취지에서 잔여건물의 보수비보상과는 별도로 잔여건물의 가치하락으로 인한 손실보상을 구하는 원고의 청구를 인용한 조치는 정당하고, 거기에 토지수용법이나 공특법에 관한 법리를 오해한 위법이 있다고 할 수 없다.

이 점을 탓하는 상고이유는 받아들이지 아니한다.

그러므로 상고를 모두 기각하고, 상고비용은 패소자들의 부담으로 하기로 하여 관여 법관의 일치된 의견으로 주문과 같이 판결한다.

– 대법관 이규홍(재판장) 송진훈(주심) 윤재식 손지열

3) 수용 대상 토지가 도시계획구역 내에 있는 경우의 표준지 선정 방법

▶ 대법원 2004. 5. 14. 선고 2003다38207 판결
　[손해배상(기)][공2004.6.15.(204),988]

【판시사항】

[1] 수용 대상 토지가 도시계획구역 내에 있는 경우의 표준지 선정 방법
[2] 수용 대상 토지의 보상액 산정에 있어서 인근 유사 토지의 정상거래가격을 참작할 수
　　있는 경우와 정상거래가격의 의미 및 인근 유사 토지의 정상거래사례가 있고 그것이
　　보상액 평가에 영향을 미친다는 점에 대한 증명책임의 소재

【판결요지】

[1] 수용 대상 토지가 도시계획구역 내에 있는 경우에는 그 용도지역이 토지의 가격형성에
　　미치는 영향을 고려하여 볼 때, 당해 토지와 같은 용도지역의 표준지가 있으면 다른 특
　　별한 사정이 없는 한 용도지역이 같은 토지를 당해 토지에 적용할 표준지로 선정함이
　　상당하고, 표준지와 당해 토지의 이용 상황이나 주변 환경 등에 상이한 점이 있다 하더
　　라도 이러한 점은 지역요인이나 개별요인의 분석 등 품등비교에서 참작하면 된다.
[2] 수용 대상 토지의 정당한 보상액을 산정함에 있어서 인근 유사 토지의 거래사례나 보
　　상선례를 반드시 참작하여야 하는 것은 아니며, 다만 인근 유사 토지의 정상거래사례
　　가 있고 그 거래가격이 정상적인 것으로서 적정한 보상액 평가에 영향을 미칠 수 있
　　는 것임이 입증된 경우에는 이를 참작할 수 있다고 할 것이고, 한편 인근 유사 토지의
　　정상거래가격이라고 하기 위해서는 대상 토지의 인근에 있는 지목·등급·지적·형
　　태·이용 상황·법령상의 제한 등 자연적·사회적 조건이 수용 대상 토지와 동일하
　　거나 유사한 토지에 관하여 통상의 거래에서 성립된 가격으로서 개발이익이 포함되
　　지 아니하고 투기적인 거래에서 형성된 것이 아닌 가격이어야 하고, 그와 같은 인근
　　유사 토지의 정상거래사례 또는 보상선례가 있고 그 가격이 정상적인 것으로서 적정
　　한 보상액 평가에 영향을 미친다고 하는 점은 이를 주장하는 자에게 입증책임이 있다.

【참조조문】

[1] 구 토지수용법(2002. 2. 4. 법률 제6656호로 폐지) 제45조 제1항(현행 공익사업을
　　위한 토지 등의 취득 및 보상에 관한 법률 제61조 참조) 제46조(현행 같은 법 제70조

참조) 구 지가공시 및 토지 등의 평가에 관한 법률(2000. 1. 28. 법률 제6237호로 개정되기 전의 것) 제9조, 제10조, 구 감정평가에 관한규칙(2002. 12. 31. 건설교통부령 제345호로 개정되기 전의 것) 제2조, 제17조[2] 구 토지수용법(2002. 2. 4. 법률 제6656호로 폐지) 제45조 제1항(현행 공익사업을위한토지등의취득및보상에관률 제61조 참조) 제46조(현행 공익사업을위한토지등의취득및보상에관한법률 제70조 참조) 구 지가공시및토지등의평가에관한법률(2000. 1. 28. 법률 제6237호로 개정되기 전의 것) 제9조, 제10조, 구 감정평가에관한규칙(2002. 12. 31. 건설교통부령 제345호로 개정되기 전의 것) 제2조, 제17조

【참조판례】
[1] 대법원 1992. 9. 14. 선고 91누8722 판결(공1992, 2905)
    대법원 1994. 6. 24. 선고 93누21972 판결(공1994하, 2115)
    대법원 1997. 4. 8. 선고 96누11396 판결(공1997상, 1457)
[2] 대법원 1993. 2. 9. 선고 92누6921 판결(공1993상, 991)
    대법원 1993. 5. 14. 선고 92누7795 판결(공1993하, 1733)
    대법원 1993. 6. 22. 선고 92누19521 판결(공1993하, 2151)
    대법원 1994. 1. 25. 선고 93누11524 판결(공1994상, 838)

【전 문】
【원고,상고인】배학철 외 4인 (소송대리인 변호사 배만운 외 1인)
【피고,피상고인】주식회사 중앙감정평가법인 외 2인 (소송대리인 법무법인 삼덕 담당변호사 김백영 외 1인)
【원심판결】부산고법 2003. 6. 11. 선고 2002나10769 판결
【주문】
상고를 모두 기각한다. 상고비용은 원고들이 부담한다.

【이유】
1. 수용 대상 토지가 도시계획구역 내에 있는 경우에는 그 용도지역이 토지의 가격 형성에 미치는 영향을 고려하여 볼 때, 당해 토지와 같은 용도지역의 표준지가 있으면 다른 특별한 사정이 없는 한 용도지역이 같은 토지를 당해 토지에 적용할 표준지로 선정함이 상당하고, 표준지와 당해 토지의 이용 상황이나 주변 환경 등에 상이한 점이 있다 하더라도 이러한 점은 지역요인이나 개별요인의 분석 등 품등비교에서 참작하면 되는 것이다(대법원 1997. 4. 8. 선고 96누11396 판결 등 참조).

원심은, 그 채용 증거에 의하여 판시와 같은 사실을 인정한 다음, 수용토지에 대한 손실보상액은 표준지를 선정하고 그 표준지의 공시지가에 공시기준일부터 수용재결 시까지의 지가변동률, 지역요인, 개별요인, 기타 사항을 참작하여 적정가격을 산정하도록 되어 있는바, 피고 주식회사 한국감정원, 주식회사 동아감정평가법인이 원심판결 별지 목록 제7번 토지의 비교표준지로 선정한 부산 북구 금곡동 1497 대 215㎡와 같은 목록 제8, 9번 토지의 비교표준지로 선정한 같은 동 848-1 답 1,024㎡(피고 주식회사 중앙감정평가법인도 같은 목록 제9번 토지의 비교표준지로 같은 동 848-1 답 1,024㎡를 선정하였다.)는 각 대상 토지와 도시계획상 용도지역이 동일하므로, 위 각 표준지들이 대상 토지와의 유사성이 떨어지거나 행정구역 및 지목이 상이하다 하더라도, 위 각 표준지를 비교표준지로 선정한 것은 적법하다고 판단하였다.

앞서 본 법리와 기록에 비추어 살펴보면, 위와 같은 원심의 사실인정과 판단은 옳은 것으로 수긍이 가고, 거기에 채증법칙 위배 또는 심리미진으로 사실을 오인하거나 비교표준지의 선정에 관한 법리를 오해한 위법이 있다고 할 수 없다.

상고이유로 원용한 대법원 1999. 5. 25. 선고 98다56416 판결은 사안을 달리하여 이 사건에 원용하기에 적절하지 않다.

2. 원심은 나아가, 타인의 의뢰에 의하여 일정한 보수를 받고 토지 등의 경제적 가치를 판정하여 그 결과를 가액으로 표시하는 감정평가를 업으로 행하는 감정평가업자가 토지를 감정평가하는 경우에는 실지조사에 의하여 대상 물건을 확인하고, 당해 토지와 용도, 지목, 주변 환경 등이 동일 또는 유사한 인근지역에 소재하는 하나 또는 둘 이상의 표준지의 공시지가를 기준으로 공시기준일부터 가격시점까지의 지가변동률, 도매물가상승률 및 지가변동에 영향을 미치는 관계 법령에 의한 토지의 사용·처분 등의 제한 또는 그 해제, 토지의 형질변경이나 지목의 변경 등의 기타 사항을 종합적으로 참작하고 평가 대상 토지와 표준지의 지역요인 및 개별요인에 대한 분석 등 필요한 조정을 하는 방법으로 신의와 성실로써 공정하게 감정평가를 하여야 할 주의의무가 있다 할 것이나, 감정평가의 성질상 평가 대상 토지 및 비교표준지의 실제 현황, 용도, 주변 환경 등을 확인하고 평가하는 작업, 즉 지역요인, 개별요인 등 품등비교에 있어서 그 구체적인 세부 내용 내지 표현은 감정평가업자의 주관적인 가치, 인식 등에 따라 다소 다를 수 있고, 그 내용을 나타내는 우열수치 또한 차이가 있을 수 있음은 부득이하다 할 것이므로, 그 구체적인 세부 내용 내지 비교 우열수치의 산출에 있어 다소 차이가 있다 하더라도 그것이 감정평가업자의 명백한 고의 또는 과실에 따른 오류로 판단되지 않는 이상 위법하다고는 볼 수 없다고 전제한 다음, 그 판시 증거에 의하면, 피고들이 같은 목록 제9번 토지에 관하여 감정평가를 하면서 그 인접 주위 일대를 구포양산을 연결하는 35번 국도와 낙동강 사이에 소

재하는 택지 후보지 지역으로서 동측 간선도로 건너편은 아파트단지, 기존주택지, 금곡 택지개발지구 등으로 형성되어 있으며 지하철 공사와 더불어 성숙 중인 지역이라고 판단한 사실은 인정할 수 있으나, 그것이 위 토지의 현황에 반하는 감정이고 위 토지의 실제 현황은 원고들 주장 내용과 같다는 점을 인정할 증거가 없으며, 또 그 판시 증거에 의하면, 피고들이 같은 목록 제3 내지 6, 8, 9번 토지의 비교표준지로 선정한 부산 북구 금곡동 848-1 답 1024㎡는 공부상 지목에도 불구하고, 1992년도 공시지가 결정 때부터 실제 지목 유원지, 도로교통 광대한면(광대한면은 광대로한면의 약자로 폭 25m 이상의 도로 한면이 접하고 있음을 뜻한다.)으로 공고가 되어 온 사실, 위 표준지는 당초 수영장으로 사용되었던 금곡스포츠랜드의 부지인데, 구 지적법시행령(1999. 2. 26. 대통령령 16124호로 개정되기 전의 것) 제6조 제20호는 수영장 등의 토지와 이에 접속된 부속시설물의 부지는 그 지목을 유원지라고 규정하고 있는 사실은 인정할 수 있으나, 그것이 위 토지의 현황에 반하는 평가이고 위 토지의 현황이 원고들의 위 주장 내용과 같다는 점에 관하여 이를 인정할 아무런 증거가 없다는 이유로, 피고들이 고의 또는 과실로 현황에 반하는 감정을 하여 원고들에게 적정한 손실보상가격과 실제 보상액의 차액 상당 손해를 가하였다는 원고들의 주장을 배척하였다.

관계 법령과 기록에 비추어 살펴보면, 위와 같은 원심의 사실인정과 판단도 옳은 것으로 수긍이 가고, 거기에 채증법칙 위배 또는 심리미진으로 사실을 오인하거나 감정평가업자의 주의의무에 관한 법리를 오해한 위법이 있다고 할 수 없다.

3. 수용 대상 토지의 정당한 보상액을 산정함에 있어서 인근 유사 토지의 거래사례나 보상선례를 반드시 참작하여야 하는 것은 아니며, 다만 인근 유사 토지의 정상거래사례가 있고 그 거래가격이 정상적인 것으로서 적정한 보상액 평가에 영향을 미칠 수 있는 것임이 입증된 경우에는 이를 참작할 수 있다고 할 것이고, 한편 인근 유사 토지의 정상거래가격이라고 하기 위해서는 대상 토지의 인근에 있는 지목 · 등급 · 지적 · 형태 · 이용 상황 · 법령상의 제한 등 자연적 · 사회적 조건이 수용 대상 토지와 동일하거나 유사한 토지에 관하여 통상의 거래에서 성립된 가격으로서 개발이익이 포함되지 아니하고 투기적인 거래에서 형성된 것이 아닌 가격이어야 하고, 그와 같은 인근 유사 토지의 정상거래사례 또는 보상선례가 있고 그 가격이 정상적인 것으로서 적정한 보상액 평가에 영향을 미친다고 하는 점은 이를 주장하는 자에게 입증책임이 있다(대법원 1994. 1. 25. 선고 93누11524 판결 참조).

원심은, 그 판시 증거에 의하면, 같은 목록 제1 내지 6번 토지의 인근에 위치한 부산 북구 금곡동 1246-6 대 453㎡ 중 354㎡는 1996. 1.경 부산광역시에게 ㎡당 864,000원(3억 5,856,000원÷354㎡)의 가격으로, 같은 동 1246-15 전 62㎡는 1995. 9.경 부산광역시 북구에 ㎡당 1,192,500원의 가격으로 각 협의 매수되었고, 같은 동 1235-3 답 278 ㎡는 ㎡당 905,000원에 수용되었으며, 같은 동 1331-3 등 3필지 합계 26평은 1995. 4. 11.경 평당 500만 원(1억 3,000만 원÷26평)에 매매되었고, 1998. 2. 28.경 같은 동 1651-2 대 77㎡를 부산광역시가 ㎡당 110만 원에 매도한 사실은 인정할 수 있으나, 원고들이 제출하는 모든 증거에 의하여도 위 각 토지가 이 사건 토지들과 자연적·사회적 조건이 동일·유사한 토지라거나, 위 거래사례 또는 보상선례가 정상적인 것으로서 이를 참작하는 경우 같은 목록 제1 내지 6번 토지의 보상액 산정에 영향을 미친다는 점을 인정하기 부족하고, 달리 이를 인정할 증거가 없을 뿐만 아니라, 오히려 위 인근 토지들은 모두 이 사건 개발사업인 택지개발사업지구 바로 옆에 위치한 토지로서 그 거래일시가 택지개발사업계획 승인이 있은 후인 사실을 인정할 수 있어, 그 거래가격에 이 사건 개발사업으로 인한 개발이익이 적지 않게 포함되었음을 엿볼 수 있으므로, 위 거래사례 또는 보상선례를 이 사건 토지에 대한 손실보상액 평가에 참작하지 않은 것이 위법하다고 할 수 없다고 판단하였다.

앞서 본 법리와 기록에 비추어 살펴보면, 위와 같은 원심의 사실인정과 판단 역시 옳은 것으로 수긍이 가고, 거기에 채증법칙을 위배하여 사실을 오인하거나, 인근 유사 토지의 거래사례 또는 보상선례 참작에 관한 법리를 오해한 위법이 있다고 할 수 없다.

4. 그러므로 상고를 모두 기각하고, 상고비용은 패소자들이 부담하도록 하여 관여 법관의 일치된 의견으로 주문과 같이 판결한다.

– 대법관 윤재식(재판장) 변재승 강신욱 고현철(주심)

* (출처 : 대법원 2004.05.14. 선고 2003다38207 판결[손해배상(기)] 〉 종합법률정보 판례)

4) 공원조성사업의 시행을 직접 목적으로 일반주거지역에서 자연녹지지역으로 변경된 토지에 대한 수용보상액을 산정하는 경우

▶ 대법원 2007. 7. 12. 선고 2006두11507 판결
[손실보상금증액청구][공2007.8.15.(280),1279]

[1] 공원조성사업의 시행을 직접 목적으로 일반주거지역에서 자연녹지지역으로 변경된
    토지에 대한 수용보상액을 산정하는 경우, 그 대상 토지의 용도지역을 일반주거지역
    으로 하여 평가하여야 한다고 한 사례

[2] 수용보상액 산정을 위해 토지를 평가함에 있어 토지의 현재 상태가 산림으로서 사실
    상 개발이 어렵다는 사정이 개별요인의 비교 시에 이미 반영된 경우, 입목본수도가
    높아 관계 법령상 토지의 개발이 제한된다는 점을 기타요인에서 다시 반영하는 것은
    이미 반영한 사유를 중복하여 반영하는 것으로서 위법하다고 한 사례

[3] 한국감정평가업협회가 제정한 '토지보상평가지침'의 법적 성질 및 감정평가가 이에
    반하여 이루어졌다는 사정만으로 위법하게 되는지 여부(소극)

[4] 도시계획구역 내에 있는 수용대상토지에 대한 표준지 선정 방법

[5] 토지가격비준표가 토지수용에 따른 보상액 산정의 기준이 되는지 여부(소극)

[6] 비교표준지와 수용대상토지에 대한 지역요인 및 개별요인 등 품등비교를 함에 있어
    서 현실적인 이용 상황에 따른 비교수치 외에 공부상 지목에 따른 비교수치를 중복
    적용할 수 있는지 여부(소극)

[7] 토지수용보상액 산정에 있어 인근유사토지의 정상거래가격이나 보상선례를 참작할
    수 있는지 여부(한정 적극)

【판결요지】

[1] 공원조성사업의 시행을 직접 목적으로 일반주거지역에서 자연녹지지역으로 변경된
    토지에 대한 수용보상액을 산정하는 경우, 그 대상 토지의 용도지역을 일반주거지역
    으로 하여 평가하여야 한다고 한 사례.

[2] 수용보상액 산정을 위해 토지를 평가함에 있어 토지의 현재 상태가 산림으로서 사실
    상 개발이 어렵다는 사정이 개별요인의 비교 시에 이미 반영된 경우, 입목본수도가
    높아 관계 법령상 토지의 개발이 제한된다는 점을 기타요인에서 다시 반영하는 것은
    이미 반영한 사유를 중복하여 반영하는 것으로서 위법하다고 한 사례.

[3] 한국감정평가업협회가 제정한 토지보상평가지침에서 입목본수도 등에 따른 관계 법
    령상의 사용제한 등을 개별요인이 아닌 기타요인에서 평가하도록 정하고 있으나, 위
    토지보상평가지침은 단지 한국감정평가업협회가 내부적으로 기준을 정한 것에 불과
    하여 일반 국민이나 법원을 기속하는 것이 아니므로 위 지침에 반하여 위와 같은 법
    령상의 제한사항을 기타요인이 아닌 개별요인의 비교 시에 반영하였다는 사정만으
    로 감정평가가 위법하게 되는 것은 아니다.

[4] 수용대상토지가 도시계획구역 내에 있는 경우에는 그 용도지역이 토지의 가격형성

에 미치는 영향을 고려하여 볼 때, 당해 토지와 같은 용도지역의 표준지가 있으면 다른 특별한 사정이 없는 한 용도지역이 같은 토지를 당해 토지에 적용할 표준지로 선정함이 상당하고, 가령 그 표준지와 당해 토지의 이용 상황이나 주변 환경 등에 다소 상이한 점이 있다 하더라도 이러한 점은 지역요인이나 개별요인의 분석 등 품등비교에서 참작하면 된다.

[5] 건설교통부장관이 작성하여 관계 행정기관에 제공하는 '지가형성요인에 관한 표준적인 비교표(토지가격비준표)'는 개별토지가격을 산정하기 위한 자료로 제공되는 것으로, 토지수용에 따른 보상액 산정의 기준이 되는 것은 아니고 단지 참작자료에 불과할 뿐이다.

[6] 토지의 수용·사용에 따른 보상액을 평가함에 있어서는 관계 법령에서 들고 있는 모든 산정요인을 구체적·종합적으로 참작하여 그 각 요인들을 모두 반영하되 지적공부상의 지목에 불구하고 가격시점에 있어서의 현실적인 이용 상황에 따라 평가되어야 하므로, 비교표준지와 수용대상토지의 지역요인 및 개별요인 등 품등비교를 함에 있어서도 현실적인 이용 상황에 따른 비교수치 외에 다시 공부상의 지목에 따른 비교수치를 중복 적용하는 것은 허용되지 아니한다.

[7] 토지수용보상액 산정에 관한 관계 법령의 규정을 종합하여 보면, 수용대상토지에 대한 보상액을 산정하는 경우 거래사례나 보상선례 등을 반드시 조사하여 참작하여야 하는 것은 아니지만, 인근유사토지가 거래되거나 보상이 된 사례가 있고 그 가격이 정상적인 것으로서 적정한 보상액 평가에 영향을 미칠 수 있는 것임이 입증된 경우에는 인근유사토지의 정상거래가격을 참작할 수 있고, 보상선례가 인근유사토지에 관한 것으로서 당해 수용대상토지의 적정가격을 평가하는 데 있어 중요한 자료가 되는 경우에는 이를 참작하는 것이 상당하다.

【참조조문】

[1] 공익사업을 위한 토지 등의 취득 및 보상에 관한 법률 제70조, 공익사업을 위한 토지 등의 취득 및 보상에 관한 법률 시행규칙 제23조 [2] 구 도시계획법(2002. 2. 4. 법률 제6655호 국토의 계획 및 이용에 관한 법률 부칙 제2조로 폐지) 제49조(현행 국토의 계획 및 이용에 관한 법률 제58조 참조), 구 도시계획법 시행령(2002. 12. 26 대통령령 제17816호로 폐지) 제50조 [별표 1] 1. (다)(현행 국토의 계획 및 이용에 관한 법률 시행령 제56조 [별표 1] 참조), 국토의 계획 및 이용에 관한 법률 시행령 부칙(2002. 12. 26.) 제15조 제4항 [3] 부동산가격공시 및 감정평가에 관한 법률 제31조, 감정평가에 관한 규칙 제17조 [4] 공익사업을 위한 토지 등의 취득 및 보상에 관한 법률 제70조, 공익사업을 위한 토지 등의 취득 및 보상에 관한 법률 시행규칙 제22조,

부동산가격공시 및 감정평가에 관한 법률 제21조 [5] 부동산가격공시 및 감정평가에 관한 법률 제9조 [6] 공익사업을 위한 토지 등의 취득 및 보상에 관한 법률 제70조, 부동산가격공시 및 감정평가에 관한 법률 제9조, 제21조 [7] 부동산가격공시 및 감정평가에 관한 법률 제21조, 감정평가에 관한 규칙 제17조

【참조판례】

[3] 대법원 2001. 3. 27. 선고 99두7968 판결(공2001상, 1021)
   대법원 2002. 6. 14. 선고 2000두3450 판결(공2002하, 1676)
[4] 대법원 1997. 4. 8. 선고 96누11396 판결(공1997상, 1457)
   대법원 1999. 1. 15. 선고 98두8896 판결(공1999상, 302)
   대법원 2000. 12. 8. 선고 99두9957 판결(공2001상, 288)
[5] 대법원 1995. 7. 25. 선고 93누4786 판결(공1995하, 2994)
   대법원 1999. 1. 29. 선고 98두4641 판결(공1999상, 394)
[6] 대법원 2001. 3. 27. 선고 99두7968 판결(공2001상, 1021)
[7] 대법원 2002. 9. 4. 선고 2002두2833 판결
   대법원 2003. 12. 26. 선고 2002두2208 판결

【전 문】

【원고, 피상고인】원고 1외 5인 (소송대리인 법무법인 광장 담당변호사 곽현수외 2인)

【피고, 상고인】서울특별시 양천구 (소송대리인 변호사 고승덕)

【원심판결】서울고법 2006. 5. 24. 선고 2005누14990 판결

【주 문】

상고를 기각한다. 상고비용은 피고의 부담으로 한다.

【이 유】

상고이유를 판단한다.

1. 이 사건 공법상 제한이 공공사업의 시행을 직접 목적으로 가하여진 것인지 여부

공익사업을 위한 토지 등의 취득 및 보상에 관한 법률 제70조, 같은 법 시행규칙 제23조 제1항, 제2항을 종합하면, 수용토지에 대한 손실보상액의 산정에 있어 그 대상 토지가 공법상의 제한을 받고 있는 경우에는 원칙적으로 제한받는 상태대로 평가하여야 하지만 그 제한이 당해 공공사업의 시행을 직접 목적으로 하여 가하여진 경우에는 당해 공공사업의 영향을 배제하여 정당한 보상을 실현하기 위하여 예외적으로 그 제한이 없는 상태

를 전제로 하여 평가하여야 하고, 당해 공공사업의 시행을 직접 목적으로 하여 용도지역 또는 용도지구 등이 변경된 토지에 대하여는 변경되기 전의 용도지역 또는 용도지구 등을 기준으로 평가하여야 한다.

위 규정과 원심이 확정한 사실에 비추어 보면, 원심이 이 사건 토지의 용도지역이 자연녹지지역으로 변경된 것은 이 사건 공원조성사업의 시행을 직접 목적으로 이루어진 것이어서 이 사건 토지는 그러한 공법상 제한을 받는 상태대로 평가되어서는 안 된다는 전제하에 이 사건 토지에 대한 수용보상액은 그 용도지역을 일반주거지역으로 하여 평가하여야 한다고 본 것은 정당하고, 거기에 상고이유와 같은 손실보상의 산정 또는 공법상 제한을 받는 토지의 평가에 관한 법리오해 등의 위법 등이 있다고 할 수 없다.

2. 이 사건 토지가 개발이 제한된 토지라는 점이 감정평가에서 반영되지 않았는지 여부

도시계획법(2000. 1. 28. 법률 제6243호로 전문 개정되어 2002. 2. 4. 법률 제6655호로 폐지되기 전의 것) 제49조 제1항, 제5항, 같은 법 시행령(2000. 7. 1. 대통령령 제16891호로 전문 개정되어 2002. 12. 26. 대통령령 제16891호로 폐지되기 전의 것) 제50조 [별표 1] 1.의 (다)목, 서울특별시 도시계획조례(2000. 7. 15. 조례 제3760호로 제정되어 2003. 7. 25. 조례 제4131호로 전문 개정되기 전의 것) 제25조 [별표 1] 1.의 (다)목 (1) 및 국토의 계획 및 이용에 관한 법률 시행령 부칙 제15조 제4항에 의하면, 평가의 대상인 토지의 입목본수도가 51% 이상인 사정은 관계 법령에 의한 토지의 사용제한 사유로서 감정평가시 반영하여야 할 사항이 될 수 있겠으나, 원심이 채택한 감정평가에 의하면, 감정평가인은 개별요인 중 획지조건의 비교에서 이 사건 토지가 형상, 고저, 이용상황 등에서 비교표준지보다 현저히 열세하다고 평가함으로써 이 사건 토지가 현재 상태인 산림으로서 사실상 개발이 어렵다는 사정을 고려한 것으로 보이는바, 입목본수도란 기본적으로는 평가대상인 토지의 형상이나 이용 상황과 관련된 것이므로 이 사건 토지가 현재 상태인 산림으로서 사실상 개발이 어렵다는 사정이 개별요인의 비교 시에 이미 반영된 이상 피고의 주장과 같이 입목본수도가 51% 이상이므로 관계 법령상 토지의 개발이 제한된다는 점을 기타요인에서 다시 반영하는 것은 이미 개별요인의 비교에 있어 반영된 개발제한 사유를 중복하여 반영하는 것이 되므로 허용될 수 없다. 그리고 한국감정평가업협회가 제정한 토지보상평가지침에서는 위와 같은 관계 법령상의 사용제한 등을 개별요인이 아닌 기타요인에서 평가하도록 정하고 있으나, 위 토지보상평가지침은 단지 한국감정평가업협회가 내부적으로 기준을 정한 것에 불과하여 일반 국민이나 법원을 기속하는 것이 아니므로 위 지침에 반하여 위와 같은 법령상의 제한사항을 기타요인이 아닌 개별요인의 비교 시에 반영하였다는 사정만으로 감정평가가 위법하게 되는 것은 아니라 할 것이다.

원심의 이유 설시에 적절하지 않은 점이 있지만 이 사건 손실보상액의 산정에 있어서 관계 법령에 의한 이 사건 토지의 개발제한 사항을 반영하지 않은 잘못이 있다는 피고의 주장을 배척한 결론은 결과적으로 정당하고, 거기에 상고이유와 같은 손실보상액의 산정에 관한 법리오해나 채증법칙 위배의 위법 등이 있다고 할 수 없다.

3. 비교표준지 선정의 위법 여부

수용대상토지가 도시계획구역 내에 있는 경우에는 그 용도지역이 토지의 가격형성에 미치는 영향을 고려하여 볼 때, 당해 토지와 같은 용도지역의 표준지가 있으면 다른 특별한 사정이 없는 한 용도지역이 같은 토지를 당해 토지에 적용할 표준지로 선정함이 상당하고, 가령 그 표준지와 당해 토지의 이용 상황이나 주변 환경 등에 다소 상이한 점이 있다 하더라도 이러한 점은 지역요인이나 개별요인의 분석 등 품등비교에서 참작하면 된다 (대법원 2001. 12. 8. 선고 99두9957 판결 등 참조).

위 법리와 기록에 비추어 보면, 원심이 이 사건 토지의 용도지역이 변경된 경위를 고려하여 볼 때 이 사건 토지에 대한 수용보상액은 그 용도지역을 일반주거지역으로 하여 평가하여야 한다고 전제한 후 비교표준지로 일반주거지역 내의 토지인 서울 양천구 목동 315-10 토지를 선정하는 것이 적절하다고 판단한 것은 정당하고, 거기에 상고이유와 같은 비교표준지의 선정에 관한 법리오해의 위법 등이 있다고 할 수 없다.

4. 개별요인 비교의 위법 여부

건설교통부장관이 작성하여 관계 행정기관에 제공하는 '지가형성요인에 관한 표준적인 비교표(토지가격비준표)'는 개별토지가격을 산정하기 위한 자료로 제공되는 것으로, 토지수용에 따른 보상액 산정의 기준이 되는 것은 아니고 단지 참작자료에 불과할 뿐이고 (대법원 1999. 1. 29. 선고 98두4641 판결 참조), 토지의 수용·사용에 따른 보상액을 평가함에 있어서는 관계 법령에서 들고 있는 모든 산정요인을 구체적·종합적으로 참작하여 그 각 요인들을 모두 반영하되 지적공부상의 지목에 불구하고 가격시점에 있어서의 현실적인 이용 상황에 따라 평가되어야 하므로 비교표준지와 수용대상토지의 지역요인 및 개별요인 등 품등비교를 함에 있어서도 현실적인 이용 상황에 따른 비교수치 외에 다시 공부상의 지목에 따른 비교수치를 중복 적용하는 것은 허용되지 아니한다고 할 것이다(대법원 2001. 3. 27. 선고 99두7968 판결 참조). 위 법리에 비추어 보면, 원심이 채택한 감정평가가 개별요인의 비교에 있어 토지가격비준표상의 격차율과 다르고, 이용 상황에 따른 비교수치 외에 공부상의 지목에 따른 비교수치를 적용하지 않았다고 하더라도 그러한 감정평가가 위법하다고 할 수 없고, 거기에 상고이유와 같은 개별요인의 산정에 관한 법리오해의 위법이 없다.

5. 보상선례 참작의 위법 여부

토지수용보상액 산정에 관한 관계 법령의 규정을 종합하여 보면, 수용대상토지에 대한 보상액을 산정하는 경우 거래사례나 보상선례 등을 반드시 조사하여 참작하여야 하는 것은 아니지만, 인근유사토지가 거래된 사례나 보상이 된 사례가 있고 그 가격이 정상적인 것으로서 적정한 보상액평가에 영향을 미칠 수 있는 것임이 입증된 경우에는 인근유사토지의 정상거래가격을 참작할 수 있고, 보상선례가 인근유사토지에 관한 것으로서 당해 수용대상토지의 적정가격을 평가하는 데 있어 중요한 자료가 되는 경우에는 이를 참작하는 것이 상당하다(대법원 2001. 3. 27. 선고 99두7968 판결 참조).

위 법리와 기록에 비추어 보면, 원심이 이 사건 토지의 보상가격을 산정함에 있어 서울 동작구 사당동 소재 임야와 서울 광진구 광장동 소재 임야의 보상선례를 참작한 것은 정당하고, 거기에 상고이유와 같은 보정치 산정에 관한 법리오해의 위법 등이 있다고 할 수 없다.

6. 결 론

그러므로 상고를 기각하고, 상고비용은 패소자가 부담하기로 하여, 관여 대법관의 일치된 의견으로 주문과 같이 판결한다.

– 대법관 김황식(재판장) 김영란 이홍훈 안대희(주심)

* 출처 : 대법원 2007.07.12. 선고 2006두11507 판결[손실보상금증액청구] 〉 종합법률정보 판례

4. 도시계획시설 투자

수용보상에서는 감정평가의 '표준지[1] 선정'의 적적성을 확인하고 보상평가에 대한 보상금액을 추정 산출해야 하며, 해제되면 다른 공법상 문제가 없이 건축이 가

---

1 대상표지를 평가할 때, 평가의 기준으로 삼는 필지를 표준지라 한다. 이용 상태 등이 표준적인 토지. 공시지가 표준지, 과세표준지 등이 있다.

능한 토지에 투자를 한다.

┃ 도시계획시설과 물건의 연관 관계를 이용한 확실히 돈이 되는 투자 유형

(1) 도시계획시설 보상투자

① 지자체 보상받는 보상투자

② 도시계획시설 개설에 따른 보상투자

③ 보상공고 된 물건, 향후 보상 예정 물건

(2) 보상+잔여지 개발 or 매도

① 일부 시설에 포함되고 잔여지는 개발 가능한 물건

② 도로 개설시 잔여지 가치 상승

③ 보상이익과 함께 잔여지 개발 또는 매도에 따른 추가 이익

(3) 도시계획시설 연접지 투자개발

① 도로, 공원 등 개설 조성 추진되는 시설의 연접부지

② 도로 개설, 공원 조성시 연접지 가치 상승

③ 접근계약이나 현재는 저평가되어 있으나 곧 급격한 가치가 상승되는 물건

(4) 장기미집행시설 투자

① 폐지되는 도시계획에 대한 투자

② 단기적으로 도시계획시설 폐지 추진

③ 2020년 장기미집행 폐지되는 물건, 개발제약으로 극도로 저평가된 토지

* 장기미집행도시계획시설의 보상투자는 보상과 잔여지 개발, 도시계획시설 연접지
  투자 등 다각도로 투자가 가능

5. 민간공원 특례사업 투자

┃ '민간공원조성 특례사업'이란?

도시계획시설 중 근린공원(기타공원용지) 으로 지정되어 있는 땅 중 수용되어 개발되지 못하고 개인의 사유지로 남아 있는 땅을 대상으로 한다. 면적 5만㎡ 이상 미조성 근린공원에 대하여 「도시공원 및 녹지 등에 관한 법률」 제21조 및 동법 제21조의2에 의거 민간사업자가 70% 이상을 공원 조성하여 기부채납하고 나머지 30% 미만에 비공원시설을 설치할 수 있도록 하는 제도이다.

사업지의 면적은 5만m² 이상이어야 하며 전체 면적의 80% 이상을 소유하고 있으면 사업을 진행할 수 있는 여건을 갖추게 되며 전체 면적의 70%를 공원부지로 조성하여 지자체에 기부하는 조건으로 기타 건축물 건립을 승인하여 주는데 대부분 준주거지로 용도 변경되어 아파트사업들이 이루어졌다.

대표적인 사업지로는 의정부 직동공원 / 추동공원의 아파트 사업이 있으며, 본 사업들이 대대적인 성공을 거둠으로써 건설회사들이 공원부지사업에 초점을 맞추는 등 최근 대전에서 다수의 사업이 시작되었다.

최근 기부채납면적 60% / 개발면적 40% 로 완화하는 방안이 국회에 상정된 바 있으며 근거 법안은 「도시공원 및 녹지 등의 관한 법률」 제21조, 제21조 2를 참고하면 된다.

┃ 민간공원 특례사업의 필요성

① 미집행 공원(를)을 조성하기 위해서는 토지매입비 일시에 막대한 재원 확보가 현실적으로 어려운 실정이다.

② 일몰제에 따른 대규모 실효에 따른 혼란을 방지하기 위해 재정적으로 집행이 어려운 도시공원에 대하여 민간공원 특례사업을 추진하여 공원기능 회복 및 녹지로서의 기능을 유지함으로써 주민들의 삶의 질 향상에 기여하는 데 있다.

┃ 민간공원 추진 시 토지보상

「감정평가 및 감정평가사에 관한 법률」에 따른 감정 평가업자 중 지자체가 선정·계약한 감정평가업자 2인 이상(토지주의 감정평가업자 추천 시 3인)이 평가한 금액을 산술 평균하여 보상비를 산정한다.

┃ 민간공원 조성

민간공원 개발 사업은 각 지방자치단체가 진행 계획을 수립하고 있지만 사업지에 관한 정보는 아래 그림을 참조하여 세부적 사업 진행과 단계별 집행은 각 지방자치단체에 문의하여 참조하기 바란다.

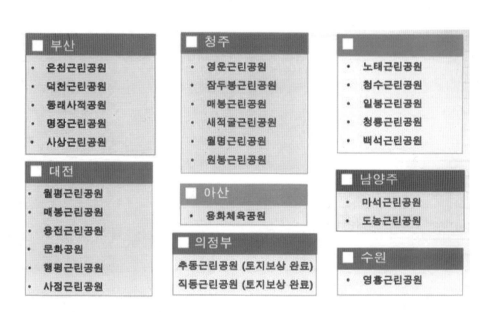

■ 광주광역시
- 송암근린공원(1차)
- 수랑근린공원 (1차)
- 신용(운암)근린공원 (2차)
- 마륵근린공원 (1차)
- 송정근린공원 (2차)
- 봉산근린공원 (1차)
- 운암산근린공원(2차)
- 일곡근린공원 (2차)
- 중외근린공원(2차)
- 중앙근린공원(2차)

■ 용인
- 제70호 근린공원
- 영덕1근린공원
- 제75호 체육공원

■ 포항
- 학산근린공원
- 환호근린공원
- 덕수근린공원
- 양학근린공원

■ 당진
- 계림근린공원

■ 서산
- 온석근린공원

■ 창원
- 사화근린공원

■ 원주
- 단계근린공원
- 중앙근린공원
- 단구근린공원

| 민간공원 특례사업의 시행 절차

민간공원 특례사업의 절차는 아래와 같이 진행된다.

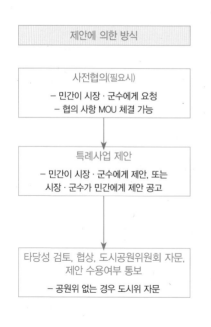

제안에 의한 방식

사전협의(필요시)
- 민간이 시장 · 군수에게 요청
- 협의 사항 MOU 체결 가능

↓

특례사업 제안
- 민간이 시장 · 군수에게 제안, 또는
시장 · 군수가 민간에게 제안 공고

↓

타당성 검토, 협상, 도시공원위원회 자문,
제안 수용여부 통보
- 공원위 없는 경우 도시위 자문

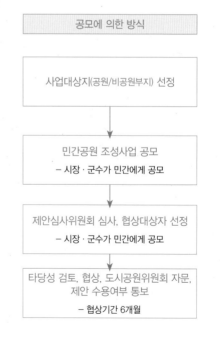

공모에 의한 방식

사업대상지(공원/비공원부지) 선정

↓

민간공원 조성사업 공모
- 시장 · 군수가 민간에게 공모

↓

제안심사위원회 심사, 협상대상자 선정
- 시장 · 군수가 민간에게 공모

↓

타당성 검토, 협상, 도시공원위원회 자문,
제안 수용여부 통보
- 협상기간 6개월

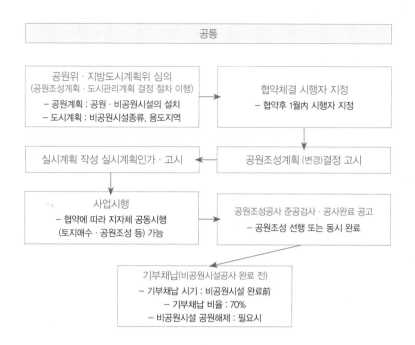

6. 토지수용 절차 및 방법

토지수용에 관하여는 「국토의 계획 및 이용에 관한 법률」(제95조), 「농어촌정비법」(제91조), 「도로법」(제49조2), 「광업법」(제87, 제88조)과 같이 개개의 법률에 규정이 있는 경우를 제외하고는 일반적으로 「공익사업을 위한 토지 등의 취득 및 보상에 관한 법률」이 정한 바를 따른다.

「공익사업을 위한 토지 등의 취득 및 보상에 관한 법률」은 「토지수용법」과 「공공용지의 취득 및 손실보상에 관한 특례법」을 통합하여 2002년 제정된 법률이다. 종전까지는 토지수용에 관한 사항은 토지수용법을 근거로 하였다.

▌ 토지수용의 정의

국가에서 필요에 의해 토지를 가져갈 경우, 토지 소유자에게 그에 대한 보상금을 지급한다.

(1) 토지보상금

토지보상은 국가나 지방자치단체 및 공공기관 또는 민간사업자 등이 하는 것이므로 법에서 정한 절차를 따르게 된다. 따라서 보상금을 어떻게 받게 되는지 얼마나 권리행사를 대처하느냐에 따라 같은 토지에 대해서도 보상금을 더 많이 받거나 적게 받을 수 있다.

(2) 토지수용 절차(협의 성립)

① 공익사업계획 결정
② 토지, 물건 조서 작성
③ 보상 계획 공고, 열람
④ 보상협의회 개최
⑤ 손실보상협의 요청
⑥ 협의 성립
⑦ 소유권이전 및 보상금 지급

▌ 토지수용 절차 및 방법

토지수용이란 공공사업을 위해 필요한 토지 등을 소유자 등으로부터 강제 징수하는 것을 말한다. 사유재산은 공공을 위해 정당한 보상 아래 수용, 사용할 수 있다는 헌법에 근거해, 토지수용법이 공공사업 수행과 사유재산 보장의 조화를 위해 그 요건 및 절차, 효과, 손실보상을 규정하고 있다.

수용 절차로는 보통절차와 약식절차가 있다. 보통절차는 국토해양부 장관에 의한 사업인정, 고시가 있은 후의 토지, 물건조서의 작성, 관계인과의 협의 이것이 성립되지 않을 경우의 토지수용위원회에 의한 재결 등 4단계로 이루어진다. 토지 수용위원회의 재결에 불복하는 자는 이의신청, 행정소송을 제기할 수 있다. 보상 은 재결 당시의 시가를 기준으로 하는 완전보상을 원칙으로 하나, 지가 고시가 행 해지면 고시가격 기준으로 한 상당 보상의 원칙에 준한다. 피수용자에게는 보상청 구권 외에 물건이전료 청구권, 수용청구권, 환매권 등이 인정된다.

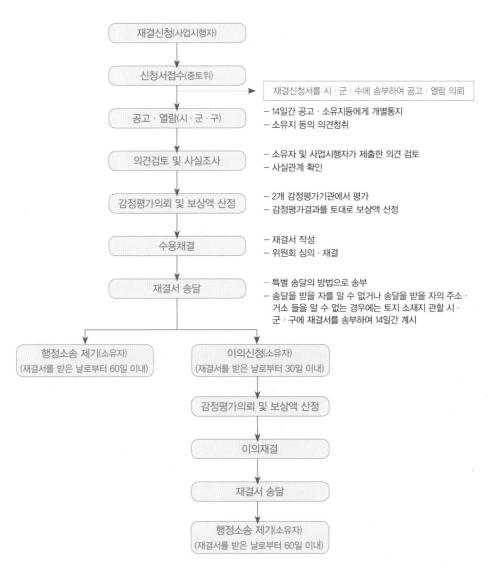

(1) 객관적 기준 평가

토지수용 평가는 기준시점에서의 일반적인 이용 방법에 따른 객관적 상황을 기준으로 감정평가하며, 토지소유자가 갖는 주관적 가치나 특별한 용도에 사용할 것을 전제로 한 것은 고려하지 아니한다.

(2) 현실적인 이용 상황 기준 평가

토지수용 평가는 기준시점에서의 현실적인 이용 상황을 기준으로 한다. 다만, 관련 법령 및 이 기준에서 달리 규정하는 경우는 그러하지 아니한다.

(3) 개별평가

토지수용 평가를 할 때에는 대상 토지 및 소유권 외의 권리마다 개별로 하는 것을 원칙으로 한다. 다만, 개별로 보상액을 산정할 수 없는 등 특별한 사정이 있는 경우에는 소유권외의 권리를 대상토지에 포함하여 감정평가 할 수 있다.

(4) 나지상정 평가

토지수용 평가는 나지상태를 상정하여 감정평가 한다. 다만, 건축물 등이 토지와 함께 거래되는 사례나 관행이 있어 그 건축물 등과 토지를 일괄하여 감정평가 하는 경우에는 그러하지 아니한다.

(5) 해당 공익사업으로 인한 가격변동 배제 평가

토지수용 평가는 다음 각호의 사항으로 인한 가치의 증감분을 배제한 가액으로 감정평가 한다.

① 해당 공익사업의 계획 또는 시행이 공고 또는 고시된 것에 따른 가치의 증감분.

② 해당 공익사업의 시행에 따른 절차로서 행한 토지이용계획의 설정, 변경, 해제 등에 따른 가치의 증감분.

③ 그 밖에 해당 공익사업의 착수에서 준공까지 그 시행에 따른 가치의 증감분.

(6) 공시지가 기준 평가

토지수용 평가는 표준지 공시지가를 기준으로 하되, 그 공시기준일부터 기준시점까지의 관련 법령에 따른 해당 토지의 이용계획, 해당 공익사업으로 인한 지가의 영향을 받지 아니하는 지역의 토지보상법 시행령으로 정하는 지가변동률, 생산자물가상승률, 그밖에 해당 토지의 위치, 형상, 환경, 이용 상황 등을 고려한 적정가격으로 감정평가 한다.

* 토지수용 쟁점

국가나 공공기관에서 다목적댐을 건설하고 도로, 철도 등 산업단지 조성하며 주택건설과 교육시설을 설치하는 등 공익사업을 시행하고 있다. 국가는 토지가 필요하기 때문에 취득하기 위하여 소유자와 먼저 매수 협의를 하고 이때에 원만한 협의가 이루어지게 되면 상호 간에 계약을 체결하여 필요한 토지 등을 매수하게 된다.

▌토지보상에 따른 이의 절차

토지보상은 공공사업을 위해 필요한 토지 등을 소유자 등으로부터 징수하는 것을 말한다. 사유재산은 공공을 위해 정당한 보상 아래 수용, 사용할 수 있다는 헌법에 근거해, 토지보상법이 공공사업 수행과 사유재산 보장의 조화를 위해 그 요건, 절차, 효과, 손실보상을 규정하고 있다.

① 적정한 보상금이 결정되지 못하면 행정소송 절차에 의하여 재결의 취소 또는 변경을 요구할 수 있다. 재결서 정본을 송달받은 날로부터 1개월 이내에 중앙토지수용위원회에 이의를 제기하여야 한다.
② 토지보상 절차로는 보통절차와 약식절차가 있다. 보통절차는 국토해양부 장

관에 의한 사업인정, 고시가 있은 후의 토지, 물건조서의 작성, 관계인과의 협의, 이것이 성립되지 않을 경우의 토지수용위원회에 의한 재결 등 4단계로 이루어진다. 토지보상위원회의 재결에 불복하는 자는 이의신청, 행정소송을 제기할 수 있다. 보상은 재결 당시의 시가를 기준으로 하는 완전보상을 원칙으로 하나, 지가 고시가 행해지면 고시가격 기준으로 한 상당 보상의 원칙에 준한다. 피수용자에게는 보상청구권 외에 물건이전료 청구권, 수용청구권, 환매권 등이 인정된다.

제7장

장기미집행 도시계획 실전 사례

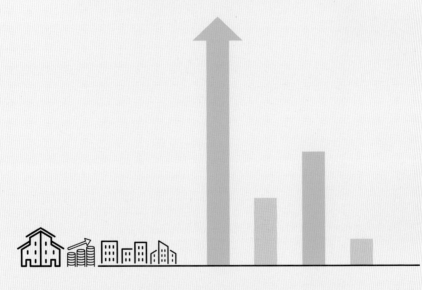

장기미집행 도시계획 실전 사례를 통해 업무 전반에 관한 절차와 과정을 알아보고 각 사례를 통해 제도의 실효성을 이해하고 장·단점과 진행 기간을 참조하여 투자에 활용하기를 바란다.

실전 4가지 사례를 이해한다면 성공적인 투자, 장기적인 투자, 투자 손실 등 의 방법론과 투자의 방향성에 큰 도움이 될 것으로 판단하며, 도시계획 제도의 체계와 이해를 기반으로 각 지자체 개발계획과 인구편입 예상 등을 참조하여 수립진행 과정과 예산을 이해한다면, 장기미집행 도시계획 실전 물건에 자신 있게 투자를 할 것으로 생각된다.

1. 장기미집행 도시계획 매수청구 보상 사례

장기미집행 도시계획시설 매수청구 보상 사례별 기간과 절차를 〈표 7-1〉에서 정의하였다. 단, 각 단계별 자세한 사항은 〈부록 7-1〉에서부터 〈부록 7-18〉까지 참고하기 바란다.

:: 〈표 7-1〉 장기미집행 도시계획시설 보상 사례별 기간과 절차 ::

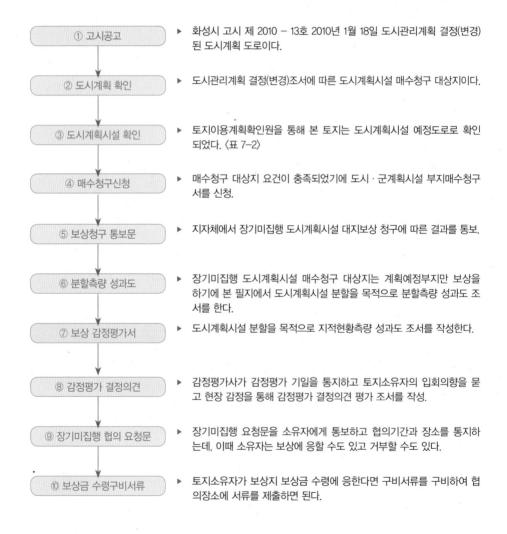

① 고시공고	▶ 화성시 고시 제 2010 - 13호 2010년 1월 18일 도시관리계획 결정(변경)된 도시계획 도로이다.
② 도시계획 확인	▶ 도시관리계획 결정(변경)조서에 따른 도시계획시설 매수청구 대상지이다.
③ 도시계획시설 확인	▶ 토지이용계획확인원을 통해 본 토지는 도시계획시설 예정도로로 확인되었다. 〈표 7-2〉
④ 매수청구신청	▶ 매수청구 대상지 요건이 충족되었기에 도시 · 군계획시설 부지매수청구서를 신청.
⑤ 보상청구 통보문	▶ 지자체에서 장기미집행 도시계획시설 대지보상 청구에 따른 결과를 통보.
⑥ 분할측량 성과도	▶ 장기미집행 도시계획시설 매수청구 대상지는 계획예정부지만 보상을 하기에 본 필지에서 도시계획시설 분할을 목적으로 분할측량 성과도 조서를 한다.
⑦ 보상 감정평가서	▶ 도시계획시설 분할을 목적으로 지적현황측량 성과도 조서를 작성한다.
⑧ 감정평가 결정의견	▶ 감정평가사가 감정평가 기일을 통지하고 토지소유자의 입회의향을 묻고 현장 감정을 통해 감정평가 결정의견 평가 조서를 작성.
⑨ 장기미집행 협의 요청문	▶ 장기미집행 요청문을 소유자에게 통보하고 협의기간과 장소를 통지하는데, 이때 소유자는 보상에 응할 수도 있고 거부할 수도 있다.
⑩ 보상금 수령구비서류	▶ 토지소유자가 보상지 보상금 수령에 응한다면 구비서류를 구비하여 협의장소에 서류를 제출하면 된다.

⑪ 보상금 청구서	▶	토지소유자에게 보상금청구서를 통지하여 보상금을 확인할 수 있다.
⑫ 협의취득 등기 촉탁 승락서	▶	매수신청서 접수 후 협의취득 등기촉탁 승락서에 날인하고 소유권이전 등기를 위탁.
⑬ 공공용지의 취득 협의서	▶	도시계획시설 매수청구 신청은 공공용지의 취득협의가 성립되었기에 서명 날인.
⑭ 소유권이전등기신청	▶	본 토지는 3인의 지분권 소유로 소유자 전부가 서명날인 하여야 하나 불참석 소유자의 위임 서류를 구비하여 위임날인.
⑮ 토지소유권 이전등기촉탁서	▶	분할된 토지 소유권이전 등기촉탁에 필요한 서류에 서명 날인.
⑯ 손실보상협의계산서	▶	손실보상에 따른 협의가 되었음을 서명 날인한다.
⑰ 손실보상협의 계약서 및 매수확인서	▶	손실보상협의에 따른 계약서와 토지수용(협의매수)확인서를 송부받았다.
⑱ 토지수용(협의매수) 확인서	▶	공익사업을 위한 토지 등의 취득 및 보상에 관한 법률에 의거, 토지수용 (협의매수) 및 보상금 수령확인서를 교부받고 보상종료가 된다.

위 보상사례는 보상신청에서부터 수령 종료까지 10개월이 경과되었다. 복잡한 절차인 듯하지만 도시·군계획시설 부지매수청구서에 필요한 서류를 첨부하여 제출하고 감정평가기일 통보와 입회유무 등을 통지해 준다. 그리고 이의제기 없이 보상금액에 보상금을 수령하려면 수령에 필요한 서류를 구비하고 지자체에 내방하여 서명과 날인을 하면 보상금이 지급된다.

그 결과로 원시 2필지가 도시계획시설 보상으로 필지분할 후 4필지로 분할되고 소유권이 화성시로 이전되며 종료된다. 장기미집행 도시계획시설 예정지로 인한 사유재산권 행사에 대한 제한과 손실에 대한 보상까지 받기 어렵고, 도시계획시설

예정 편입지만 보상을 받을 수 있는 사례로서 매수청구를 신청한다 하여도 부당하게 손실을 초래한 사유재산권 제약에 따른 민원 제기와 불만족이 클 수밖에 없다.

〈그림 7-1〉에서 토지 지번 98, 99-2는 지목이 대지이며 소로2류(폭 8m~10m)의 도시계획시설 도로계획을 알 수 있다.

:: 〈그림 7-1〉 토지이용계획 확인원 도시계획 예정도로 확인 ::

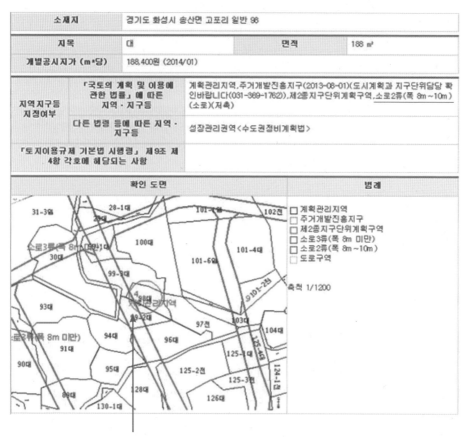

위 그림에서 소로2류 표기라인의 경우에는
도시계획시설 예정도로이다.

::〈부록 7-1〉도시 · 군계획시설 부지매수청구서 ::

도시 · 군계획시설 부지매수청구서

※ 뒤쪽에 신청안내를 참고하시 바라며 색상이 어두운 란은 신청인이 적지 않습니다.　　　　(앞쪽)

접수번호	접수일		처리기간 6개월	

토지소유자	①성명(법인인 경우 그 명칭 및 대표자 성명) 		②생년월일(법인인 경우 법인등록번호) 	
	③주소　　경기도 성남시 분당구 　　　　　　　　　(전화번호: 　　　)			

토지에 관한 사항	④위치	⑤면적(㎡)	⑥지번
	송산면 고포리 송산면 고포리	188 215	98 99-2

도시 · 군계획시설 에 관한 사항	구분	⑦시설명	⑧편입면적(㎡)	⑨결정시기	⑩실시계획인가일
	현황				
	확인내용 (※)				

토지에 있는 건축 물 등에 관한 사항	⑪종류 (용도)	⑫구조		⑬연면적 (㎡)	⑭층수	⑮사용 연수

매수청구에 관계되 는 권리	⑯권리종류	지상권 · 전세권 또는 임차권의 경우				
		⑰ 설정기간	⑱ 잔존기간	⑲담보 (한도)	⑳지대 (연액:원)	㉑특기사항

비고	매수청구대상은 지목이 대(垈)인 토지와 해당 토지에 있는 건축물 및 정착물로 한정하며, 이주대책비, 영업손실에 대한 보상 및 잔여지 보상 등은 청구대상이 아닙니다.

　「국토의 계획 및 이용에 관한 법률」 제47조제1항, 같은 법 시행령 제41조제1항 및 같은 법 시행규칙 제7조에 따라 위와 같이 토지의 매수를 청구합니다.

2015 년　6 월　5 일

매수청구인　김 병 석　　　　(서명)
(토지소유자와의 관계:

특별시장 · 광역시장 · 특별자치시장 · 특별자치도지사 · 시장 · 군수 귀하

담당공무원 확인사항	대상토지 및 건물에 대한 등기사항증명서	수수료 없음

210㎜×297㎜[백상지 80g/㎡(재활용품)]

정부 3.0-정보의 개방과 공유로 일자리는 늘고 생활은 편리해집니다.

 화 성 시

수신 김병석 귀하 (우463-720 경기도 성남시 분당구 정자일로 ▨▨▨ ▨▨▨▨ ▨▨▨▨
▨▨▨▨ ▨▨▨▨▨▨▨▨▨▨)

(경유)

제목 장기미집행 도시계획시설 대지보상 청구에 따른 결과통보(김병석)

　　1. 귀하의 가정에 항상 건강과 행복이 가득하시길 기원합니다.

　　2. 송산면 고포리 98번지, 99-2번지 토지는 소로2-4호선에 편입된 토지로,
『국토의 계획 및 이용에 관한 법률』 제47조에 의거해 장기미집행 도시계획시설(도로)
대지보상이 가능한 토지임을 알려드리며,

　　3. 도시계획도로에 편입된 부분에 대하여 순번 도래시 분할 및 현황측량을 실시할
예정이며, 측량실시 후 지장물이 포함될 경우에는 지장물 이전 및 거주자 퇴거조치가
완료되어야 합니다. 또한 지상권·근저당권 해지, 국세·지방세 완납 확인 후에 보상금
지급이 가능하오니 이점 참고하시기 바랍니다.

　　4. 아울러 보상금은 향후 예산확보 후 지급될 예정이며, 지급대상 순위에 따라 보상된다는 점
이해하여 주시면 감사하겠습니다.　끝.

화 성 시

주무관　이지우　　도로2팀장　권은상　　도로과장　오흥선　　전결 2015. 7. 30.

협조자

시행 도로과-13743　　　(2015. 7. 30.)　　　접수

우 445-702 경기도 화성시 남양읍 시청로 159 (화성시청)　　　/ http://www.hscity.go.kr

전화번호 031-369-6386　팩스번호 031-369-1672　/ chloe900116@korea.kr　　/ 비공개(5)

쉽고 편리한 우리집 새주소, 언제 어디서나 도로명주소입니다

244

:: 〈부록 7-3〉 분할측량 성과도 ::

분할측량 성과도

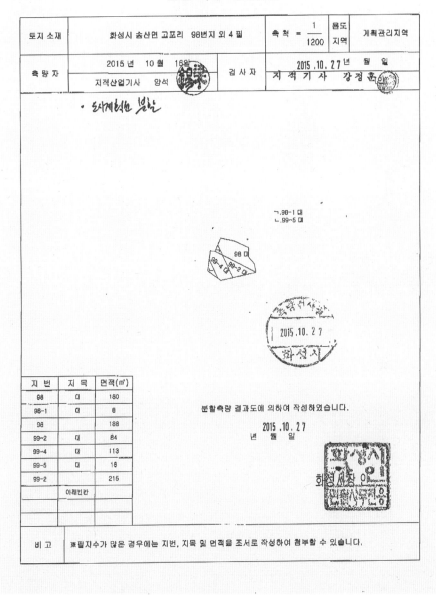

토지 소재	화성시 송산면 교포리 98번지 외 4필		척 척 = $\frac{1}{1200}$	용도지역	계획관리지역
측 량 자	2015 년 10 월 16일 지적산업기사 양석	검 사 자	2015 .10. 27 년 월 일 지 적 기 사 강정훈		

· 화계현면 봉안

ㄱ.98-1 대
ㄴ.99-5 대

98 대
99-4 대 99-2 대

2015.10.27
화성시

지 번	지 목	면적(㎡)
98	대	180
98-1	대	8
98		188
99-2	대	84
99-4	대	113
99-5	대	18
99-2		215
	아래빈칸	

분할측량 결과도에 의하여 작성하였습니다.

2015 .10. 27
년 월 일

화성시
화성시장

비 고	※필지수가 많은 경우에는 지번, 지목 및 면적을 조서로 작성하여 첨부할 수 있습니다.

:: 〈부록 7-4〉 지적현황측량 성과도 ::

지적현황측량 성과도

토지 소재	화성시 송산면 고포리 98번지 외 5 필		축 척	$\dfrac{1}{1200}$
측 량 자	2015 년 10 월 16일	측량성과도	2015 년 10 월 16일	
	지적산업기사 양석 (인)	작 성 자	지적기사 임황얼 (인)	

현 황 표 시

범 례	명 칭
··········	담장 및 도로선
아래빈칸	

면 적 표 시

지번 부호	면적(㎡)	
98 ㄱ	180	제외지
ㄴ	8	대
98	188	
98-2 ㄱ	84	제외지
ㄴ	85	대
ㄷ	28	도
ㄹ	18	제외지
98-2	215	
아래빈칸		

(특수)지적현황측량 결과도에 의하여 작성하였습니다.

2015 년 10 월 16일

한국국토정보공사 화성지사 (인)

비 고	이 측량성과도는 측량에 사용할 수 없습니다.

감 정 평 가 서
Appraisal Report

번 호	제일 215112701호
건 명	장기미집행 대지보상 (2016년도 상반기)

(주)제일감정평가법인
THE FIRST APPRAISAL & CONSULTING CO.

서울특별시 서초구 방배로 28(방배동 덕산빌딩3층)
TEL : (02)3019-1200 FAX : (02)3019-1234

감정평가액의 산출근거 및 결정의견

IV. 토지가격 산출근거

1. 개요

본건 토지는 인근지역내 및 동일수급권내 유사지역내에 소재하고 본건과 가장 유사한 이용가치를 지닌 공시지가 표준지를 기준으로 지가의 정상적인 변동율(지가변동율), 지역요인, 개별요인(가로, 접근, 획지, 환경, 행정적 조건등)을 비교하고, 기타 인근 유사지역내 유사토지의 가격수준, 유사 보상선례등을 고려한 그 밖의 요인등을 종합 참작하여 적정가격으로 평가하였음.

토지가격 (원/㎡)	≒	비교표준지 공시지가 (원/㎡)	×	시점 수정	×	지역요인 비 교	×	개별요인 비 교	×	그 밖의 요인 보 정

2. 비교표준지의 선정

가. 비교표준지 선정

비교표준지의 선정은 평가대상토지와 용도지역이 같고 인근지역에 위치하며, 실제 지목 및 이용상황, 공법상 제한, 주위환경 등이 같거나 유사한 표준지를 선정함.

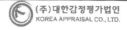

(주)대한감정평가법인
KOREA APPRAISAL CO., LTD.

토 지 가 격 산 출 근 거

PAGE : 1

연	소재지	지번	지목	표준지		시점수정	지역요인	개별요인							기타요인	산출단가	적용단가
				기호	공시지가			가로	접근	환경	획지	행정	기타	누계			
	송산면 고포리	98-1	대	가	200,000	1.02030	1.00	0.98	1.00	0.99	1.00	1.02	1.00	0.990	1.45	292,928	293,00(
	송산면 고포리	99-4	대	가	200,000	1.02030	1.00	1.00	1.00	0.99	1.00	1.02	1.00	1.010	1.45	298,846	299,00(
1	송산면 고포리	99-4	대	가	200,000	1.02030	1.00	1.00	1.00	0.99	1.00	1.02	0.33	0.333	1.45	98,530	99,0(

토 지 평 가 조 서

PAGE : 1

일련 번호	소재지	지번	지목	면적 (㎡)	평가가액		비 고
					단가	금액	
1	화성시 송산면 고포리	98-1	대	8	293,000	2,344,000	김병석외3
2	화성시 송산면 고포리	99-4	대	85	299,000	25,415,000	김병석외3
2-1	화성시 송산면 고포리	99-4	대	28	99,000	2,772,000	김병석외3 현황 '도로'

:: 〈부록 7-9〉 장기미집행 대지보상 협의 요청문 ::

정부 3.0-정보의 개방과 공유로 일자리는 늘고 생활은 편리해집니다.

화 성 시

수신 토지소유자 및 이해관계인

(경유)

제목 장기미집행 대지보상 협의 요청(2016년도 상반기-2회)

1. 귀하의 가정에 평안과 행복을 기원합니다.

2. 장기미집행 도시계획시설 매수 청구 건에 대하여 「국토의 계획 및 이용에 관한 법률」 제47조에 의거하여 매수결정을 통보하오니 협의에 응하여 주시기 바라며, 전체 토지 등에 대한 보상금 예산이 충분히 확보되지 않아 협의 순서에 따라 보상금이 지급됨을 알려드립니다.

3. 채권이 설정 등 권리관계가 명확하지 않은 경우에는 근저당 및 압류해지, 상속등기 등의 절차를 사전에 이행하여 주시기 바라며, 건물의 경우 거주자 이주가 확인 된 후, 건물외의 지장물의 경우 지장물의 이전이 확인 된 후 보상금이 지급됨을 알려드립니다.

4. 아울러 「지방세법」 제38조 및 「국세징수법」 제5조의 납세증명서 규정에 의거 체납을 확인하고 있는 바, 보상금 수령 시 국·지방세를 완납하여야 보상금을 수령할 수 있음을 알려드리오니 이점 유념하여 주시기 바랍니다.

협 의 기 간	2016.01.20. ~ 2016.02.19.
협 의 장 소	화성시청 도로과 도로2팀 (본관1층)
협 의 방 법	공익사업을위한토지등의취득및보상에관한법률
보상시기, 방법 및 절차	계약체결 및 등기이전 후 무통장입금
계약체결시 구비서류	붙임참조

※ 보상협의는 소유권 이전에 대한 계약 체결을 의미합니다.

붙임 구비서류안내문 및 토지조서 1부. 끝.

화 성 시 장

주무관	이지우	도로2팀장	권은상	도로과장	전결 2016. 1. 18. 오흥선

협조자

시행 도로과-1257   접수

우 18274   경기도 화성시 남양읍 시청로 159 (화성시청)   / http://www.hscity.go.kr

전화번호 031-369-6386   팩스번호 031-369-1672   / chloe900116@korea.kr   / 비공개(6)

쉽고 편리한 우리집 새주소, 언제 어디서나 도로명주소입니다

250

부동산 투자의 블루오션
장기미집행시설에 투자하라

::〈부록 7-10〉 보상금 수령 구비서류 ::

보상금 수령에 따른 구비서류

□ 토 지

공 통 서 류	1. 인감증명 1통-부동산 매도용
	  (매수자 : 화성시, 주소 : 화성시 시청로 159, 사업자등록번호 : 124-83-01744)
	2. 주민등록초본 (주소이력포함)
	3. 통장사본(소유자명의), 인감도장, 소유자 신분증(주민등록증, 운전면허증)
	4. 토지(임야)대장 각1통 (분할 전·후 번지, 토지이동연혁 포함)
	★ 소유자가 사망시는 상속등기 후, 미등기토지는 보전등기를 필한 후 접수
	★ 대리인 계약시 : 공통서류2~4번, 위임장, 소유자 인감증명2통(매도용1, 일반용1),
	  대리인 신분증

근저당 및 지 상권 설정이 있 을 경 우 (분할등기가 안되었을때)	1. 승낙서(시청 양식비치) 2. 근저당권 및 지상권자가 법인일 경우 : 법인등기부등본 1통, 법인인감증명 1통 3. 근저당권 및 지상권자가 개인일 경우 : 주민등록초본(주소이력포함)1통, 인감증명1통 4. 공통서류(1번~4번) ★ 기타 가압류 및 가등기가 설정되었을 경우 말소등기를 필한 후 접수 ★ 분할등기가 되었을 때는 근저당 및 지상권 말소 후 접수
종중소유토지일 경 우	1. 정관, 종중등록대장 1통 2. 임시회의록 - 회의참석자 명단란에 인감도장 날인하고 회의록 각장에 간인 할 것. - 회의참석자 전원 인감증명1통 (일반용:사용용도란에"공공용지취득협의용"기재)첨부 3. 대표자 구비서류 : 공통서류 (1번~4번 ※통장사본은 종중명의 일 것)
종교단체소유 토 지 일 경 우	★ 재단인 경우 1. 법인등기부등본 1통, 법인인감증명 2통 2. 재산처분허가서(등록관청)※건물은 제외 3. 법인통장사본, 법인인감도장 4. 공통서류 4번	★재단이 아닌 경우 1. 정관, 단체등록증명 1통 2. 임시회의록(※종중토지의 2번과동일서류) 3. 대표자 : 소속증명, 직인증명, 직인, 공통 서류1~4번(※통장사본은 단체명의 일 것)

다수의 소유자
(공유자)토지일
경   우
	1. 다수의 소유자가 각각 보상금을 수령할 경우 : 공통서류 제출
	2. 다수의 소유자가 1인에게 보상금을 위임하여 수령할 경우 : 소유자 각각 인감증명2통
	  (매도용1, 일반용1), 공통서류 (2번~4번※3번 통장사본은 수임자명의의 통장만), 위임
	  장(시청양식비치)

소유자가 미성 년 자 일 경 우	1. 미성년자 - 주민등록초본(주소이력포함) 2. 친권자- 주민등록등본, 가족관계증명서, ·인감증명2통(매도용1, 일반용1), 통장사본, 인감도장, 신분증 3. 공통서류(4번)

♣ 공공용지취득협의 대상 토지도 양도세 부과대상임(주소지 관할 세무서에 신고)
★ 예정신고 · 납부기간 : 양도일(소유권 이전 등기접수일)이 속하는 달의 말일부터 2개월 이내(기간내에
  무신고시 가산세가 부과됨) 양도소득세 관련하여 협의완료 후에는 주소지관할 세무서에 필히 문의 요
★ 세무서 신고시 우리시에서 토지수용매수확인서를 발급 받아 기타 신고서류(등기부등본, 토지대장)와
  함께 제출하시기 바랍니다(기타 자세한 사항은 주소지 관할 세무서에 문의)
※ 지방세법 제109조 토지수용등으로 인한 대체취득에 대한 비과세 규정에 의거 1년이내에 대체 할 부동
  산등을 취득한 때 종전의 부동산등의 가액의 합계액 만큼은 취득세를 부과하지 아니합니다.
  (해당 지자체 세정(무)과 문의)

보 상 금 청 구 서

____일금일천이십이만사천일백육십원정(₩ 10,224,160____)

위와 같이 청구합니다.

서 기 : 2016년 02월 19일

주 소 : 경기도 성남시 분당구 정자일로 ▒▒▒▒▒▒▒▒

성 명 :　김병석　　(인)

화성시장 귀하

| | 토지 및 물건소재지 | | 지번 | | 지목 | 지적 | 단위 | 단가 | 보상금액 | 비고 |
서	읍면동	통리	분할전	분할후						
화성시	송산면	고포리	98	98-1	대	8*1/3	㎡	293,000	781,333	
화성시	송산면	고포리	99-2	99-4	대	85*1/3	㎡	300,500	8,514,167	
화성시	송산면	고포리	99-2	99-4	대	28*1/3	㎡	99,500	928,667	
계									10,224,160	

협의취득등기촉탁승락서

부동산의 표시

1.	화성시 송산면 고포리	98-1	대	8*1/3	㎡
	송산면 고포리	99-4	대	113*1/3	㎡

위 부동산은 공공용지로서 화성시에서 취득하기로 소유자와 화성시 간에 협의가 성립되었으므로 소유권 이전등기를 수원지방법원 화성등기소에 촉탁할 것을 이에 승낙함.

서 기 2016년 02월 19일

소유자   김병석   (인)

주 소 경기도 성남시 분당구 정자일로 ▒▒▒▒▒ ▒▒▒ ▒▒▒-▒▒▒, ▒▒▒▒▒▒▒

화성시장 귀하

공공용지의취득협의서

<table>
<tr><td rowspan="8">부
동
산
의
표
시</td><td>1. 화성시 송산면 고포리</td><td>98-1</td><td>대</td><td>8*1/3</td><td>㎡</td></tr>
<tr><td>송산면 고포리</td><td>99-4</td><td>대</td><td>113*1/3</td><td>㎡</td></tr>
</table>

취득협의성립일	서기2016년 02월 19일	공공용지의 협의 취득
대 금 :	일천이십이만사천일백육십 원정	(₩ 10,224,160)

위 부동산은 공공용지로서 화성시 가 취득하기로 소유자와 화성시 간에
위와 같이 협의가 성립되었으므로 이 협의서를 작성함

소유자 주소 : 경기도 성남시 분당구 정자일로 ▨▨▨▨ ▨▨▨▨ ▨▨▨, ▨▨▨▨▨

성 명 김병석   (인)

취득자 :   화성시
위 촉탁 지정공무원 :

화 성 시 장

:: 〈부록 7-14〉 소유권이전 등기 신청 위임장 ::

위 임 장

부동산의 표시

    1. 화성시 송산면   고포리   98-1   대   8*1/3   ㎡
            송산면   고포리   99-4   대   113*1/3   ㎡

등기원인과 그 년월일	2016년 02월 19일
등 기 의 목 적	
대 위 원 인	2016년 02월 19일 공공용지 협의취득에 의한 소유권이전 등기를 수할 채권보전

등기의무자   김병석

경기도 성남시 분당구 정자일로 ▮▮▮▮ ▮▮▮▮

등기권리자   화성시

위 촉탁 지정 공무원

화 성 시 장

위 사람을 대리인으로 정하고
위 부동산 등기 신청 및 취하
에 관한 모든 행위를 위임한
다.

2016년 02월 19일

:: 〈부록 7-15〉 토지 소유권이전 등기촉탁서 ::

토지 소유권이전 등기촉탁서

접 수	년 월 일 제 호	처 리 인	접수	조사	기입	교합	등기필통지	각종통지

부 동 산 의 표 시

1. 화성시 송산면   고포리   98-1   대   8*1/3 ㎡
   　　　송산면   고포리   99-4   대   113*1/3 ㎡

등기원인과 그 년월일	2016년 02월 19일 공공용지의 협의 취득
등 기 의 목 적	소유권이전
등 기 의 무 자	김병석 경기도 성남시 분당구 정자일로 ▇▇▇ ▇▇▇▇▇▇, ▇▇▇▇
등 록 세	비과세(지방세법 126조 제1항에 의함)

등기촉탁자   화 성 시

위 촉탁 지정 공무원

화 성 시 장

2016년 02월 19일

수원지방법원 화성등기소 귀중

첨 부 서 면	
1. 등기촉탁승락서	통
2. 공공용지협의서	통
3. 토지대장	통
4. 인감증명서	통
5. 주민등록초본	통

손 실 보 상 협 의 계 약 서

○ 재산의 표시

물 건	토지소재지		지번	지목	현황	면적(㎡)	단가(원)	매매대금(원)	비고
	읍면동	통리							
토지	송산면	고포리	98-1	대	대	8*1/3	293,000	781,333	
	송산면	고포리	99-4	대	대	85*1/3	300,500	8,514,167	
	송산면	고포리	99-4	대	도로	28*1/3	99,500	928,667	
합 계	일금일천이십이만사천일백육십원정							10,224,160	

　　　상기 부동산을 매수함에 있어서 매수자 화성시를 "갑"이라 정하고 매도자를 "을"이라
하여 아래조항을 약정키로 한다.

제1조(대금청구) "을"은 상기 부동산에 대하여 제3자에게 권리가 있는 것을 말소하고 소유권이전에
　　필요한 제반서류를 구비하여 "갑"에게 제출하고 소정양식에 의한 토지보상금을 청구하여야 한다.

제2조(대금지불) "을"은 "갑"에게 토지소유권 이전등기에 필요한 구비서류를 제출하고
　　"갑"은 토지소유권이전등기절차를 이행한 후 지체없이 상단기재 보상금액을 지불한다.

제3조(행위제한) "을"은 계약체결 후 소유권이전등기시까지 상기 부동산에 대하여 제3자에게
　　소유권이전등기, 물권의 설정, 형질의 변경, 경작 또는 지장물건의 설치를 하지 못한다.

제4조(계약의 해제) "갑"은 계약체결 후 다음 각호의 1에 해당하는 경우에는 이 계약을 해제할
　　수 있으며, "을"은 "갑"의 해제조치에 대하여 아무런 이의를 제기하지 못한다.
　　　　1.공사계획의 변경 또는 기타의 사유로 인하여 위 부동산의 전부 또는 일부가 공사에
　　　　　필요없게 되었을 때
　　　　2."을"의 책임있는 사유로 계약이행이 불가능하게 된 때
　　　　3."갑"이 소유권이전등기시 상기 부동산의 완전한 소유권이전에 방해가 되는 권리,하자,
　　　　　부담이 있음을 발견하였을때
　　　　4. 기타 상기 부동산의 계약목적을 달성할 수 없다고 인정할 때

제5조(반환의무) 제4조에 의하여 "갑"이 계약을 해제한때에는 "갑"과 "을"은 민법 제548조의
　　규정에 의한 원상회복의무를 부담한다.

제6조(손해배상) "을"이 계약상 의무를 성실히 이행하지 않음으로 인하여 "갑"에게 손해가 발생하
　　였을때에는 "을"은 그에 상당한 손해를 배상하여야 한다.

제7조(관할법원) 본 건으로 인하여 발생하는 소송의 관할 법원은 "갑"의 소재지 관할법원으로
　　한다.

　　　본 계약이 체결되었음을 증명하기 위하여 "갑"과 "을"은 계약서 2통을 작성,
　　각각 1통씩 보관한다.

　　　　　　　　　2016년 03월 10일
　　　(갑) 〔매수자〕
　　　　주 소 : 화성시 남양읍 시청로 159
　　　　성 명 : 화 성 시 장　　　（인）

　　　(을) 〔매도자〕
　　　　주 소 : 경기도 성남시 분당구 정자일로
　　　　성 명 : 김병석

:: 〈부록 7-17〉 손실보상협의 계약서 및 매수확인서 ::

정부 3.0-정보의 개방과 공유로 일자리는 늘고 생활은 편리해집니다.

화 성 시

수신 김병석 귀하 (우13614 경기도 성남시 분당구 ▒▒▒▒ ▒ ▒▒, ▒▒▒ ▒▒▒ ▒▒
▒▒, ▒ ▒▒▒)

(경유)

제목 「대지보상」에 따른 손실보상협의계약서 및 매수확인서 송부(김병석)

　　　1. 귀하의 가정에 행복이 가득하시길 기원합니다.

　　　2. 「장기미집행 도시계획시설(도로) 대지보상」 대상자로서, 귀하께서 소유한 송산면 고포리
98-1, 99-4번지에 대하여 「공익사업을 위한 토지 등의 취득 및 보상에 관한 법률」 제16조 및 제
17조 규정에 의거, **2016.03.31.**자로 보상금이 지급되었음을 알려드립니다.

　　　3. 손실보상협의계약서 및 협의매수확인서를 송부하오니 주소지 관할세무서에 국세
(양도소득세) 및 지방세(지방소득세)의 자진신고 납부에 활용하시기 바랍니다.
　　　가. 예정신고·납부기간 : 양도일(소유권 이전 등기접수일)이 속하는 달의 말일부터 2개월 이내
(기간내에 우신고시 가산세 부과)
　　　나. 양도소득세 관련 사항은 주소지관할 세무서에 필히 문의 바랍니다.

붙임 1. 손실보상협의계약서 1부(별송).
　　　2. 토지수용(협의매수)확인서 1부(별송). 끝.

　　　　　　　　　　　　화 　 성 　 시

주무관　　　　　　　　도로2팀장　　　　　　　도로과장　　　전결 2016. 4. 14.
　　　조훈미　　　　　　　　권은상　　　　　　　　　　　이정희
협조자

시행 도로과-9200　　　　(2016. 4. 14.)　　　　접수

우 18274　　경기도 화성시 남양읍 시청로 159, 도로과　　　　　／ http://www.hscity.go.kr

전화번호 031-369-6386　　　팩스번호 369-1672　　　／ gnsal5109@korea.kr　　　／ 비공개(6)

시작은 친절로 마무리는 감동으로 화성시콜센터 1577-4200

발 급 번 호
제   호

토지수용(협의매수)확인서

공익사업을 위한 토지 등의 취득 및 보상에 관한 법률에 의거 토지수용(협의매수) 및 및 보상금 지급 사실에 대하여 다음과 같이 확인합니다.

1. 토지수용 근거

사업명(공사명)	근 거 법	사 업 인 가			비 고
		일 자	인가기관	고시번호	
장기미집행 도시계획도로 대지보상	국토의계획및이용에관한법률 제47조	2015.06.05.	화성시		매수청구일기준 (동법시행령 제47조제2항)

2. 토지수용(협의매수) 물건 및 보상금 지급 내역[용도:국세(양도세), 지방세(등록세)감면용]

수용물건					보상금액	지급일자	토지보상금 수령자	
토지(물건)소재지	지번	지목	현황	면적(㎡)			주 소	성명
송산면 고포리	98-1	대	대	8*1/3	781,333	2016.03.31.	경기도 성남시 분당구 정자일로 ▓▓▓▓ ▓▓▓▓	김병석
송산면 고포리	99-4	대	대	85*1/3	8,514,167			
송산면 고포리	99-4	대	대	28*1/3	928,667			
합계	일금일천이십이만사천일백육십원정				10,224,160			

2016년   4월   12일

화 성 시 장

우 445-702 경기도 화성시 남양읍 시청로 159
전화 031)369-6386   /전송 031)369-1672   /

도로과 도로2팀(조훈미)
gnsal5109@korea.kr

2. 장기미집행 도시계획 매수청구와 부당이득 청구 소송 사례

〈표 7-2〉는 장기미집행 도시계획시설 매수청구와 부당하게 도로로 사용되는 손실에 대한 부당이득 청구 사례별 기간과 절차를 정의하였다. 각 단계별 자세한 사항은 〈부록 7-19〉에서부터 〈부록 7-24〉까지 참고하기 바란다.

:: 〈표 7-2〉 장기미집행 도시계획 매수청구와 부당이득 청구 사례 ::

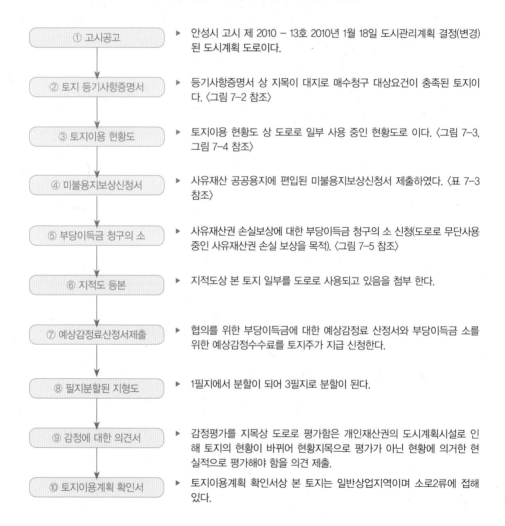

① 고시공고	▶ 안성시 고시 제 2010 - 13호 2010년 1월 18일 도시관리계획 결정(변경)된 도시계획 도로이다.
② 토지 등기사항증명서	▶ 등기사항증명서 상 지목이 대지로 매수청구 대상요건이 충족된 토지이다. 〈그림 7-2 참조〉
③ 토지이용 현황도	▶ 토지이용 현황도 상 도로로 일부 사용 중인 현황도로 이다. 〈그림 7-3, 그림 7-4 참조〉
④ 미불용지보상신청서	▶ 사유재산 공공용지에 편입된 미불용지보상신청서 제출하였다. 〈표 7-3 참조〉
⑤ 부당이득금 청구의 소	▶ 사유재산권 손실보상에 대한 부당이득금 청구의 소 신청(도로로 무단사용 중인 사유재산권 손실 보상을 목적). 〈그림 7-5 참조〉
⑥ 지적도 등본	▶ 지적도상 본 토지 일부를 도로로 사용되고 있음을 첨부 한다.
⑦ 예상감정료산정서제출	▶ 협의를 위한 부당이득금에 대한 예상감정료 산정서와 부당이득금 소를 위한 예상감정수수료를 토지주가 지급 신청한다.
⑧ 필지분할된 지형도	▶ 1필지에서 분할이 되어 3필지로 분할이 된다.
⑨ 감정에 대한 의견서	▶ 감정평가를 지목상 도로로 평가함은 개인재산권의 도시계획시설로 인해 토지의 현황이 바뀌어 현황지목으로 평가가 아닌 현황에 의거한 현실적으로 평가해야 함을 의견 제출.
⑩ 토지이용계획 확인서	▶ 토지이용계획 확인서상 본 토지는 일반상업지역이며 소로2류에 접해 있다.

위 사례는 도시계획 도로예정지로 미불용지 보상신청을 하면서 인접 토지지역이 일반상업지역으로서 토지의 평가를 함에 있어 현황 도로가 아닌 인근 표준적 이용에 맞는 용도지역으로 평가되어야 한다. 그리고 도시계획시설 도로계획으로 인한 재산권행사 제약에 따른 부당이득반환청구 소송을 목적으로 매수청구서를 제출하여 6개월 내에 보상대상지임의 통지를 하면 2년 이내에 보상을 지급해야 한다.

하지만 지자체의 예산이 없다는 이유로 신청 순서대로 기약 없이 계속 기다리라는 담당자의 답변에 부득이하게 변호사를 통한 매수청구 소송과 부당이득금반환청구소송까지 진행을 하였고, 여전히 2년이 경과되도록 소요된 시간과 선 지급된 비용의 부담감과 집행에 따른 모든 불이익을 토지소유주가 전부 감수해야 하는 안타까운 현실이다.

:: 〈그림 7-2〉 토지 등기부 등본 ::

등기부 등본 (말소사항 포함) - 토지

[토지] 경기도 안성시 공도읍 승두리 61-7

고유번호 1346-1996-426946

【 표 제 부 】		(토지의 표시)			
표시번호	접 수	소 재 지 번	지 목	면 적	등기원인 및 기타사항
~~1~~ (전 1)	~~1995년5월12일~~	~~경기도 안성군 공도면 승두리 61-7~~	대	~~512㎡~~	
					부동산등기법 제177조의 6 제1항의 규정에 의하여 2002년 05월 29일 전산이기
2		경기도 안성시 공도읍 승두리 61-7	대	512㎡	1998년4월1일 행정구역명칭변경으로 인하여 2003년5월19일 등기

:: 〈그림 7-3〉 토지이용 현황도 ::

:: 〈그림 7-4〉 토지이용 현황도 ::

::〈표 7-3〉미불용지보상신청서 ::

미불용지보상신청서

						처리기간
						일

토지소유자	성 명	유지숙			전화번호 :	███████████
	주 소	경기도 성남시 분당구 발이봉로 ███████████			주민등록번호	███████████

신청지	토 지 소 재 지			지 목	면 적 (㎡)
	시,군,구,읍	동	지 변		
	공도읍	승두리	61-7	대지	
	총면적				

토지현황	도 로	⬭아스팔트포장⬮ 콘크리트포장, 보도블럭포설, 기타(해당란에 ○표시)
	하 천	직할하천, 지방하천, 준용하천, 소하천, 기타(해당란에 ○표시)

보상신청 사 유	일부면적 도로 편입으로 개인재산권 침해 및 손실에 따른 신청

공공용지에 편입된 위 토지 보상금을 적정하게 지급하여 주실 것을 신청합니다.

2014 년 11 월 20 일

신청인 유지숙 (서명 [인])

안성시장 귀하

구비서류		수수료
		없 음

청 구 원 인

1. 당사자

원고는 2012. 6. 5. 경기도 안성시 공도읍 승두리 61-8 대지 195㎡(이하 '이 사건 토지' 라 합니다) 중 지분 711분의 199에 대한 소유권이전등기를 경료하여 현재까지 소유하고 있는 사람이고, 피고는 이 사건 토지를 매수하거나 토지수용 등의 적법한 절차를 거치지 않고 무단으로 아스콘포장을 하여 소로2류(폭 8M~10M) 도로로써 점유·관리해오다가, 최근(2015. 2. 4.) 이 사건 토지 중 지분 711분의 438에 대한 소유권을 취득한 자입니다**(갑 제1호증의 1 등기사항전부증명서, 갑 제1호증의 2 토지대장, 갑 제1호증의 3 지적도).**

2. 피고의 이익취득과 원고의 손해발생

피고는 위와 같이 원고의 사용·수익을 배제한 채 이 사건 토지에 도로를 설치하고 이를 일반 공중의 사용에 제공하고 있는바, 이러한 경우 피고는 원고의 위 지분에 상응하는 임료상당의 이득을 부당하게 취해온 것이고, 이로써 원고에게는 동액 상당의 손해가 발생하였습니다.

한편, 피고는 최근(2015. 2. 4.) 이 사건 토지 중 지분 711분의 438에 대한 소유권을 취득하였으나, 원고와 공유하고 있는 이 사건 토지를 원고의 사

용·수익을 배제한 채 일방적으로 도로를 설치하고 이를 배타적으로 사용
·수익하고 있으므로 피고는 원고의 지분에 상응하는 임료상당의 이득을
부당하게 취하고 있고, 이로써 원고에게 동액 상당의 손해가 발생함에는
변함이 없습니다.

3. 피고의 부당이득금 지급의무 및 부당이득금 산정에 대하여

피고는 위와 같이 이 사건 토지상에 원고의 사용·수익을 배제한 채 도로
를 설치하고 이를 일반 공중의 사용에 제공하는 방식으로 점유·관리하고
있으므로 원고에게 차임 상당의 부당이득금을 지급할 의무가 있습니다.

비록 피고는 2015. 2. 4. 이 사건 토지 중 지분 711분의 438에 대한 소유
권을 취득하였으나, 피고(과반수 지분의 공유자)는 공유물을 사용하지 못
하고 있는 공유지분권자인 원고에게 그 지분에 상응하는 임료 상당의 부
당이득을 반환할 의무가 있습니다.

> 과반수 지분의 공유자는 그 공유물의 관리방법으로서 그 공유토지의 특정된 한 부분을 배
> 타적으로 사용·수익할 수 있으나. 그로 말미암아 지분은 있으되 그 특정 부분의 사용·수익
> 을 전혀 하지 못하여 손해를 입고 있는 소수지분권자에 대하여 그 지분에 상응하는 임료
> 상당의 부당이득을 하고 있다 할 것이므로 이를 반환할 의무가 있다(대법원 2002.05.14.
> 선고 2002다9738 판결)

이에 원고는 위 부당이득금 5,068,120원 및 이에 대한 이 사건 소장 송달

익일부터 완제일까지 소송촉진 등에 관한 특례법 소정의 연 15%의 비율에 의한 지연손해금을 지급받기 위하여 이 사건 소를 제기하기에 이른 것입니다.

다만, 위 임료 상당의 부당이득금 5,068,120원은 이 사건 토지의 면적에 개별공시지가를 곱한 후 기대이율 5%를 감안하여 약 4년의 기간[1]에 대하여 산정한 것인바(464,300원 × 195㎡ × 199/711 지분 × 5% × 4년=5,068,120원), 추후 측량 및 임료감정을 신청하여 그 정확한 금액을 산정·청구하고자 합니다.

4. 결 어

따라서 원고의 청구취지 기재와 같은 이 사건 청구를 모두 인용하여 주시기 바랍니다.

---

1) 원고가 이 사건 토지에 대한 소유권을 취득한 2012. 6. 5.부터 현재까지의 기간

소　장

원　　고　　유지숙
　　　　　　성남시 분당구 발이봉로 ▩▩▩▩▩▩
　　　　　　송달주소: 서울 서초구 서초대로41길 20 1층, 법무법인 혜안(서초동, 화민빌딩)
　　　　　　원고 소송대리인
　　　　　　　법무법인 혜안
　　　　　　　서울 서초구 서초동 1708-1 화인빌딩 1층
　　　　　　　담당변호사: 명광재, 신동호
　　　　　　　(전화: 02-535-5612　휴대전화: 010-7149-▩▩▩▩
　　　　　　　　이메일: brjang0620@gmail.com)

피　　고　　안성시
　　　　　　시장 황은성

부당이득금 청구의 소

청　구　취　지

1. 피고는 원고에게 금 5,068,120원 및 이에 대하여 이 사건 소장 송달 익일부터 완제일까지 연 15%의 비율에 의한 금원을 지급하라.
2. 소송비용은 피고의 부담으로 한다.
3. 제1항은 가집행할 수 있다.
라는 판결을 구합니다.

입 증 방 법

1.   갑 제1호증의 1   등기사항전부증명서
2.   갑 제1호증의 2   토지대장
3.   갑 제1호증의 3   지적도

첨 부 서 류

1.   참고판례(대법원2002다9738 판결)
2.   소송위임장,담당변호사지정서

2016.03.29

원고 소송대리인
법무법인 혜안
담당변호사 명광재
신동호

성남지원 귀중

:: 〈부록 7-20〉 지적도 등본 ::

지적도 등본

발급번호	G2015012340539106001	처리시각	15시 29분 14초	작성자	민원24
토지소재	경기도 안성시 공도읍 승두리	지 번	61-8번지	축 척	등록:1/1200 출력:1/1200

지적도등본에 의하여 작성한 등본입니다.
이 도면등본으로는 지적측량에 사용할 수 없습니다.
2016년 03월 21일
경기도 안성시

갑 제1-3호증

예상감정료산정서제출

수원지방법원 성남지원 민사21단독(소액) 귀하

사건 : 2016가소 206331 부당이득금

원고 : 유지숙

피고 : 안성시

위 사건에 관하여 감정인은 별지 기재 부동산에 대한 감정을 함에 있어서 감정료의 예상액과 그 산출근거를 기재한 예상감정료 산정서를 붙임과 같이 제출합니다.

붙임 : 예상감정평가수수료 1부. 끝.

2016 년 08월 05일

감정인 : 고 윤 정

예상감정평가수수료

수원지방법원 성남지원 민사21단독(소액) 귀하

『2016. 08. 04』일자로 의뢰하신 『2016가소 206331 부당이득금』건에 대한 예상감정평가수수료를 『감정평가업자의 보수에 관한 기준』에 의거 산출하였습니다.

과목		금액	비고
평가수수료		400,000	
실비	여비	224,800	기타실비 : 공부발급비 및 자료수집비 등
	토지조사비	-	
	물건조사비	-	
	공부발급비	-	
	기타 실비	200,000	
	특별용역비	-	
	소계	424,800	
합계		824,000	천원미만절사
부가가치세		82,400	
총계		906,400	
기납부착수금		-	
정산청구액		906,400	

하늘감정평가사사무소

소장 고 윤 정

(Tel : 031) 383-0522   Fax : 031) 384-0522)

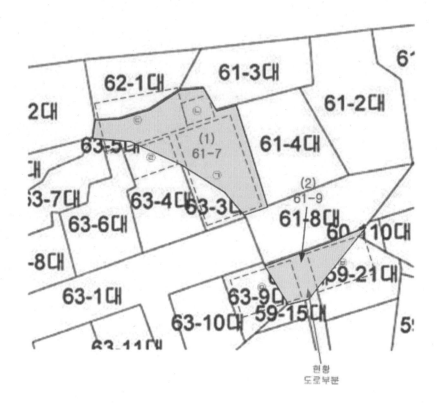

사   건   2016가소 206331 부당이득금
원   고   유지숙
피   고   안성시

감정에 대한 의견서

수원지방법원 성남지원 민사21단독(소액) 귀중

감정에 대한 의견서

사　　건　　2016가소 206331 부당이득금

원　　고　　유지숙

피　　고　　안성시

위 사건에 관하여, 원고 소송대리인은 다음과 같이 감정에 대한 의견을 제출합니다.

- 다　음 -

1. 기초가격 산정을 위한 이 사건 토지의 이용 상황

가. 이 사건 토지의 연혁

이 사건 토지는 인근의 승두리 61-1, 같은 리 61-2, 같은 리 61-3, 같은 리 61-4, 같은 리 61-7, 같은 리 61-9 등 일단의 토지와 더불어 1944년부터 소외 망 김수성 소유의 대지였으며(**갑 제2호증의 1 내지 7 각 등기사항전부증명서**), 피고가 제시한 1954년 항공사진에서도 보이듯이 "승두길"에 접해있는 토지입니다.

1 -

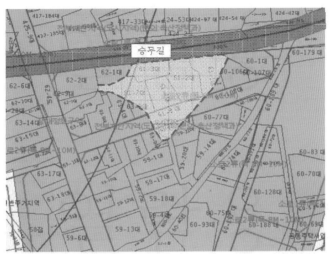

망 김수성 소유의 일단의 토지(승두리 61-1, -2, -3, -4, -7, -8, -9)

이 사건 토지는 1954년~1967년 사이 도로에 편입되었고, 개설된 도로의 형태
나 위치로 볼 때 국가 또는 지방자치단체에 의한 무단 도로개설로서 망 김
수성이 택지를 개발·분양하고자 하였다 하더라도 굳이 이 사건 도로를 개설
할 이유가 없었던 도로인 것입니다.

이 사건 토지의 이전 소유자인 소외 망 김수성은 도로가 개설됨에 따라 이
후 순차적으로 필지를 분할할 때 그에 맞추어 분할하였을 뿐으로, 원고는
2012. 6. 5. 이 중 승두리 61-7의 711분의 119 지분에 대한 소유권을 취득하

- 2 -

였으며, 이 사건 토지인 도로 부분이 승두리 61-8로 분할되면서 같은 리 61-7토지는 61-7, -8, -9로 나누어지게 된 것입니다.

나. 이 사건 토지의 이용 상황 판단

(1) 이 사건 토지는 '상업용'으로 평가되어야 합니다.

이 사건 토지는 1954년~1967년 경 도로로 편입될 당시 뿐 만아니라 망 김수성이 매입할 1944년 당시에도 이 사건 토지 일대는 공도읍의 중심지역으로서 "대"이었으며, 현재까지 공도읍의 중심지역으로서 일반상업지역을 이루고 있습니다(**첨부 토지이용계획확인서 참조**).

위의 사실에 비추어보면, **이 사건 토지가 도로 부지에 편입되지 않고 종전대로 남아 있었더라도, 인근 토지 모두가 중심상업지대로서 상가건물이 입지하게 되는 등 현실적 이용상황이 인근 토지와 같이 변경되었을 것임이 객관적으로 명백**하다고 할 것입니다.

국가 또는 지방자치단체가 도로로 점유·사용하고 있는 토지에 대한 임료 상당의 부당이득액 산정에 대하여 우리 대법원은 "국가 또는 지방자치단체가 종전에는 일반 공중의 교통에 사실상 공용되지 않던 토지를 비로소 도로로 점유하게 된 경우에는 토지가 도로로 편입된 사정은 고려하지 않고 그 편입될 당시의 현실적 이용상황에 따라 감정평가하되 다만, **도로에 편입된 이후 당해 토지의 위치나 주위 토지의 개발 및 이용상황 등에 비추어 도로**

- 3 -

가 개설되지 아니하였더라도 당해 토지의 현실적 이용상황이 주위 토지와 같이 변경되었을 것임이 객관적으로 명백하게 된 때에는, 그 이후부터는 그 변경된 이용상황을 상정하여 토지의 가격을 평가한 다음 이를 기초로 임료 상당의 부당이득액을 산정하여야 한다.(2002. 4. 12. 선고 2001다60866 판결)"고 판시하고 있는바, 이 사건 토지에 대한 부당이득액 산정시에도 변경된 이용 상황인 상업용 "대"로서 가격을 평가하는 것이 옳다고 할 것입니다.

(2) 소결

위와 같이 이 사건 토지 인근은 일반상업지역으로서 근린생활시설(상업용)이 표준적 이용 상황을 이루고 있는바, 이 사건 토지의 기초가격 산정을 위한 이용 상황 역시 인근의 표준적 이용 상황인 상업용으로 평가되어져야 할 것입니다.

2. 결론

이 사건 토지는 피고도 답변서에서 인정하고 있는 것처럼 공익사업(도로개설)의 부지로서 보상금이 지급되지 아니한 미지급용지에 해당하며, 도로에 편입되지 않았을 경우 인근의 표준적 이용인 상업용으로 이용되었을 것으로 판단되므로, 이와 같은 점을 고려하여 이 사건 토지의 올바른 임료 상당액을 산정하여 주시기 바랍니다.

첨 부 서 류

1. 토지이용계획확인서   1부

2016. 9.

원고의 소송대리인

법무법인 해 안

담당변호사 곽정훈

수원지방법원 성남지원 민사21단독(소액) 귀중

- 5 -

:: ⟨부록 7-24⟩ 첨부서류 토지이용계획확인서 ::

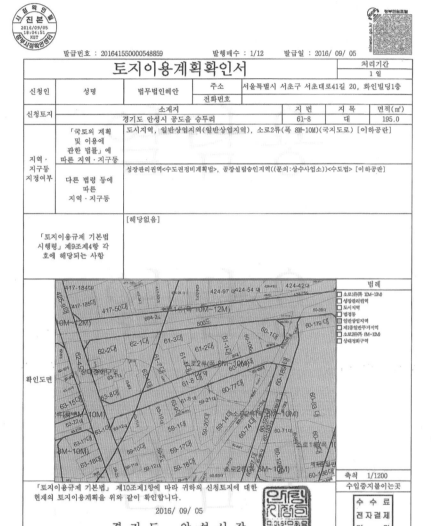

정부민원포털
minwon.go.kr

발급번호 : 201641550000548859　　　발행매수 : 1/12　　　발급일 : 2016/ 09/ 05

토지이용계획확인서

				처리기간
				1 일

신청인	성명	법무법인혜안	주소	서울특별시 서초구 서초대로41길 20, 화인빌딩1층
			전화번호	

신청토지	소재지		지번	지목	면적(㎡)
	경기도 안성시 공도읍 승두리		61-8	대	195.0

지역·지구등 지정여부	「국토의 계획 및 이용에 관한 법률」에 따른 지역·지구등	도시지역, 일반상업지역(일반상업지역), 소로2류(폭 8M-10M)(국지도로) [이하공란]
	다른 법령 등에 따른 지역·지구등	성장관리권역<수도권정비계획법>, 공장설립승인지역((문의:상수사업소)<수도법> [이하공란]

「토지이용규제 기본법 시행령」 제9조제4항 각 호에 해당되는 사항	[해당없음]

확인도면

범례
- □ 소로1류(폭 10M-12M)
- □ 성장관리권역
- □ 도시지역
- □ 법정동
- □ 일반상업지역
- □ 제1종일반주거지역
- □ 소로2류(폭 8M-10M)
- □ 상대정화구역

축척　1/1200

수입증지붙이는곳

수 수 료	전자결제
민　원	

「토지이용규제 기본법」 제10조제1항에 따라 귀하의 신청토지에 대한
현재의 토지이용계획을 위와 같이 확인합니다.

2016/ 09/ 05

경 기 도　안 성 시 장

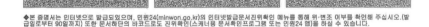

◆본 증명서는 인터넷으로 발급되었으며, 민원24(minwon.go.kr)의 인터넷발급문서진위확인 메뉴를 통해 위·변조 여부를 확인해 주십시오.(발
급일로부터 90일까지) 또한 문서하단의 바코드로도 진위확인(스캐너용 문서확인프로그램 또는 민원24 앱)을 하실 수 있습니다.

3. 장기미집행 도시계획 도로시설 손실 사례

〈표 7-4〉에서 장기미집행 도시계획 도로시설 미집행에 따른 손실 사례를 통해 도시계획시설 제도의 문제점을 확인할 수 있다. 단, 각 단계별 자세한 사항은 〈부록 7-25〉를 참고하기 바란다.

:: 〈표 7-4〉 장기미집행 도시계획 도로시설 미집행 손실 사례 ::

① 고시공고	▶ 경기도보 제3219호 2005년 3월 28일 지방도 오금-중면 371 노선도 이다.
② 토지 등기사항증명서	▶ 본 토지의 지목이 잡종지로 매수청구 대상지목이 아니다.
③ 도로사용 현황도	▶ 〈그림 7-6〉은 본 토지 일부가 도로부분으로 사용 중임을 알 수 있다.
④ 현황사진	▶ 〈그림 7-7〉은 현황상 371번 아스팔트 지방도로로 이용되고 있다.
⑤ 경기도 민원 회신문	▶ 본 토지 371호선 편입 여부 확인요청에 미개설된 구간으로 37번 지방도로 이용이 되고 있어 관리구간이 아님을 통보받음.〈부록 7-25〉

본 토지는 2005년 도시계획시설 예정도로로 수립을 하였고 37번 지방도로이용이 되고 있어 관리 담당부서에 확인을 요하니, 본 토지는 미 개설된 구간으로 현재는 지방도의 관리구간이 아니고 지목상 대지가 아니기 때문에 매수청구 대상지 해당이 되지 못하므로 2021~2025년 향후 지정노선에 대한 검토 예정임을 통지받았다.

현 본 필지는 사유재산이 지방도로 이용되고 있는 현황이지만 무단으로 포장도로로 재산권 행사에 대한 제한과 침탈에 대한 어떤 보상이나 지원을 받지 못하는 불합리한 현실이며, 이 노선 인근의 수많은 토지소유주는 부당함을 감수하거나 지자체를 상대로 부당이득반환 청구소송을 통해 일부 보상금을 수령받는 것이 유일한 방법이며 장기미집행 도시계획시설 해지를 할 수 있는 정황이 아니다. 10년 이상 장기미집행 도시계획시설에 대한 해제의 권고가 현실적으로 진행되지 못하고 있으며, 미집행된 도시계획시설을 5년마다 재정비계획 수립을 해야 하지만 제도적인 현실성이 집행되지 못하고 있는 사례이다.

:: 〈그림 7-6〉 도로사용 현황도 ::

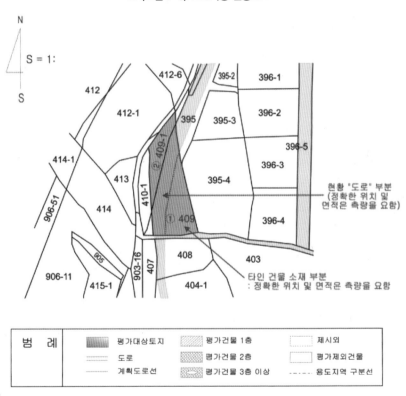

:: 〈그림 7-7〉 현황도로 이용 사진: :

현황 아스팔트 포장 지방도로로
이용 중이다.

::〈부록 7-25〉경기도 민원 회신문 ::

일자리 넘치는 안전하고 따뜻한 경기도

경　기　도　　　　　NEXT경기

Global Inspiration
세계속의 경기도

수신　김병석 귀하 (우13614 경기도 성남시 분당구 ███████, ██████ ████
　　　██████, ███████████)

(경유)

제목　민원 회신(김병석, 지방도 371호선 편입여부 등)

　　　1. 평소 경기도 도로행정에 대한 귀하의 관심에 깊은 감사를 드립니다.
　　　　국민신문고(접수번호 302148, 2016.9.29.)호와 관련입니다.

　　　2. 귀하께서 제출하신 민원내용을 검토한바 연천군 백학면 석장리 409번지 일원
지방도 371호선 편입여부 등을 문의하신 사항으로 아래와 같이 회신합니다.

　　　　가. 지방도의 인정범위는 「도로법」제19조(도로 노선의 지정), 제6조(도로
건설·관리계획의 수립), 제25조(도로구역의 결정), 및 「토지이용규제기본법」제8조(지형
도면 고시)에 의한 법적 절차이행으로 효력이 발생됩니다.

　　　　나. 상기 위치의 도로는 지방도 노선인정(제2005-175호, 2005.3.28.) 이후
미개설된 구간으로 현재는 지방도의 관리구간이 아님을 알려드립니다.

　　　　다. 향후 지정노선에 대한 사업계획 및 도로구역결정(변경) 여부는 "도로건설·
관리계획(2021~2025) 수립" 시 검토예정임을 알려드리오니 이점 널리 양해하여 주시
기 바랍니다.

　　　끝.

경　기　도　지사인

━━━━━━━━━━━━━━━━━━━━━━━━━━━━━━━━━━━━━━━

주무관　정재준　　　지방도계획팀　　　도로정책과장　　전결 2016. 10. 4.
　　　　　　　　　　장　박현석　　　　　　　　안재명

협조자

시행　도로정책과-11818　　　(2016. 10. 4.)　　　접수

우 11780　　경기도 의정부시 청사로 1, (신곡동, 경기도청 북부청사)　/ http://gg.go.kr

전화번호　031-8030-3862　팩스번호　031-8030-3859　/ hunminy@gg.go.kr　　　/ 부분공개(6)

행복한 일자리 경기도가 만들어 갑니다

4. 장기미집행 도시계획 공원시설 손실 사례

〈표 7-5〉는 장기미집행 도시계획시설 공원으로 최초 지정되었다가 도시자연공원구역으로 재 지정된 사유재산권 이중손실 사례이다.

:: 〈표 7-5〉 장기미집행 도시계획 공원시설 부당손실 사례 ::

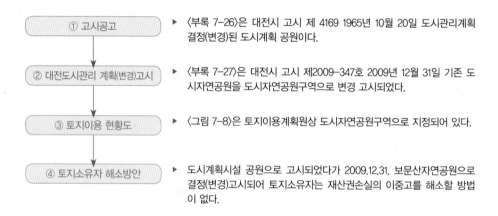

① 고시공고	▶ 〈부록 7-26〉은 대전시 고시 제 4169 1965년 10월 20일 도시관리계획 결정(변경)된 도시계획 공원이다.
② 대전도시관리 계획(변경)고시	▶ 〈부록 7-27〉은 대전시 고시 제2009-347호 2009년 12월 31일 기존 도시자연공원을 도시자연공원구역으로 변경 고시되었다.
③ 토지이용 현황도	▶ 〈그림 7-8〉은 토지이용계획원상 도시자연공원구역으로 지정되어 있다.
④ 토지소유자 해소방안	▶ 도시계획시설 공원으로 고시되었다가 2009.12.31. 보문산자연공원으로 결정(변경)고시되어 토지소유자는 재산권손실의 이중고를 해소할 방법이 없다.

도시자연공원구역이란 도시의 자연환경 및 경관을 보호하고 도시민에게 건전한 여가·휴식공간을 제공하기 위하여 도시지역 안의 식생이 양호한 산지의 개발을 제한하기 위하여 위해 지정되는 구역이다. 도시자연공원구역의 지정 및 변경은 대상도시의 인구·산업·교통 및 토지이용 등 사회경제적 여건과 지형·경관 등 자연환경적 여건 등을 종합적으로 감안해야 하며 「도시공원 및 녹지 등에 관한 법률」 시행령에 규정되어 있다. 도시자연공원으로 전환은 공익사업을 위한 개인 사유지 토지 소유주들의 재산권행사에 대한 행위제한과 재산 가치를 하락시키며 모든 재산권 행사에 대한 피해를 인근 토지소유주에게 전갈하는 심각한 문제이다.

위 토지는 1963년 최초 '도시자연공원'으로 지정되면서 개발이 제한되었고, 소유자도 모르는 사이 2009년 "도시자연공원구역"으로 바뀌었다. 세제도 달라져 과거 도시계획법의 도시계획시설로 적용을 받을 때는 10년 이상 미집행된 시설에 대해 '지방세 50% 감면' 혜택이 있었지만, 도시자연공원구역 토지는 세제 감면요건도 없다.

도시자연공원구역 도입배경은 2005. 10. 1.「도시공원 및 녹지 등에 관한 법률」에 의거 지방자치단체의 도시자연공원 조성에 따른 재정적 부담을 줄이고, 도시자연공원 구역 내 토지소유자의 사유재산권 피해를 최소화하고자 도입되었지만 도시자연공원구역 내 토지소유자 대응 방법은 제한적이다. '공원'이면 도시계획시설이기에 토지소유자가 폐지신청을 하고 이를 거부하면 공원폐지거부처분 취소의 소를 제기할 수가 있고 소송기간에 제한이 없다. 그러나 도시자연공원구역은 도시계획시설이 아니라 용도구역이므로 구역폐지 소송이 불가하다. 구역은 90일내 구역지정 취소의 소, 그 이후에는 구역지정 무효 확인의 소를 제기하거나 위헌소송을 제기하여야 한다.

토지소유자 자신의 토지가 도시자연공원구역으로 새롭게 지정이 되면, 그 지정고시일후 5일이 경과한 날부터 90일 내에 제기하여야 한다. 이 기간이 지나 구역지정에 소를 제기하기 위해서는 '구역지정 무효 확인의 소'를 제기하여야 하나 자신의 토지가 구역지정 요건에 맞지 않다는 점을 주장하고 증명하여야 희박하지만 승소확률을 기대해 볼 수 있고 마지막으로는 도시자연공원구역에 대한 위헌소송을 준비하고 실행하여야 한다.

위헌소송은 법률적 전문지식과 증빙을 할 자료를 토대로 어려운 소송을 해야 하기에 일반인이 혼자서 할 수 있는 방법이 되지 못한다. 아직 구역지정취소의 소송에서 승소사례가 없기 때문에 더욱 개인이 승소를 기대하기는 어렵기에 모든 불이익을 개인 소유자 스스로 감수하고 부담을 할 수밖에 없는 불합리적이고 헌법에 위배되는 개인재산권 보호제도 개선의 개정이 절실히 필요하다.

::〈부록 7-26〉관보 제4169호 고시공고 ::

(2) 第4169號　　　　　官　　報　　　　1965. 10. 14 (木曜日)

◉건설부고시제1,903호
대전도시계획 일부변경 및 용도지역제에 대하여
는 도시계획법 제4조 및 제7조의 규정에 의
하여 다음과 같이 결정고시하고 1965년10월20일
부터 시행한다.

관계도면을 대전시 및 대덕군에 비치하여 토지
소유자 및 관계인의 종람에 공한다.
　　1965년10월14일
　　　　　건설부장관　전 예 용

다　음

大田都市計劃變更調書

1) 都市計劃區域擴張調書

旣　定		變　　　更	
面　積 區　域	面　積	區	域
M²	M²		
34,426,000　1963.1.1以 前大田市行 政區域全部	215,211,000	大田市行政區域全部 大德郡懷德面全部 大德郡炭洞面全部 懷德面一 部 (邑內里, 法洞里, 中里, 宋村里, 連山里, 新炭里, 瓦洞里) 北面一部(石峰里, 木上里, 文坪里, 新炭里, 德岩里, 一鹽里, 坏村里) 九則面一部(院村里, 文旨里, 日民里, 塔里, 龍山里, 定坪里, 鳳山里, 松仁里)	
		別紙 圖面表示와 같음 (省略)	

2) 用途地域(地區包含)調書

區　別	面　積	住居可能 地域에對 한比	都市計劃 區域面積 에對한比	計劃人口 1人當에 對한面積	備　考
	M²	%	%	%	
商 業 地 域	4,735,000	4.8	2.2	78.9	
工 業 地 域	14,620,000	14.8	6.8	243.6	
住 居 地 域	60,630,000	61.7	28.1	1,010.5	
綠 地 地 域	94,958,000	96.5	44.1	1,582.6	生産綠地 18,370,000 包含
風 致 地 域	5,680,000	5.7	2.7	946.6	
公　　園	20,158,000	20.4	3.5	335.9	
其　　他	14,430,000	14.6	6.6	240.5	河川, 鐵道用地, 湖水, 沼
計	215,211,000				
				別圖 圖面表示와 같음 (省略)	

3) 街路網調書

計劃	等級	類別	番號	幅員	延　長	面　積	起　點	終　點	主要經過地	備　考
旣定	大路	2	6	30	1,000	30,000	大田驛前 第1號廣場	忠淸南道	第2號廣場	
變更	〃	〃	1	〃	1,000	30,000				
旣定	〃	〃	1	〃	2,000	60,000	大路2類5號	鼈頭洞 第24號廣場	元洞네거리 第5,4,3號 廣場	番號變更
變更	〃	〃	4	〃	2,000	60,000	〃	〃		
旣定	〃	〃	4	〃	1,750	57,500	鼈頭洞 第24號廣場	水站橋까지	第36,22廣 場	番號變更및大田儒城間 鐵道(幹線)이므로幅員 30m로하고延長增加
變更	〃	〃	6	〃	7,100	213,000	第65號廣場	第40號廣場 萬年橋通過		增加5,350m
旣定	〃	〃	7	〃	2,400	72,000	鼈頭洞 第24號廣場	柳等橋까지	第30,36廣 場	
變更	〃	〃	7	〃	7,100	213,000	三川洞49號 廣場	第36,25,28 38號廣場		柳等橋에서 4,700m延 長增加
旣定	〃	3	11	25	1,200	30,000	三省洞 第15號廣場	弘道洞 市界	湖南線 鐵路橫斷	大路3類第11號線이 幅員30m로 變更되고 6,800m 延長增加함
變更	〃	2	8	30	8,000	240,000	炭洞面 第61號廣場	柳等川및 甲川通過		

1402

880

2

대전광역시 고시 제2009 - 347호

대전도시관리계획(도시자연공원구역, 취락지구, 공원시설) 결정(변경) 고시

1. 대전광역시 보문산도시자연공원 등 7개의 기존 도시자연공원을 도시자연공원 구역, 취락지구 및 도시계획시설(공원)로 구분 결정하고자 하는 도시관리계획 결정(변경) 사항에 대하여,

2. 국토의 계획 및 이용에 관한 법률 제30조 및 제32조의 규정에 의거 다음과 같이 도시관리계획(도시자연공원구역, 취락지구, 도시공원) 결정(변경)하고 고시합니다.

3. 관계도서는 대전광역시청(도시계획과), 동구(도시관리과), 중구청(도시과), 서구(도시관리과), 유성구(도시과), 대덕구(도시녹지팀)에 비치하여 이해 관계인 및 일반인 등에게 보여드립니다.

2009년 12월 31일

대 전 광 역 시 장

가. 도시관리계획 결정(변경)조서

1) 도시자연공원구역 결정조서

도면표시 번호	구역 명	위 치	면적(㎡) 기정	면적(㎡) 변경	면적(㎡) 변경 후	비고
1	보문산 도시 자연공원구역	대전 중구 무수동 산3번지 일원	-	10,548,470	10,548,470	
2	계족산 도시 자연공원구역	대전 대덕구 장동 산57-1번지 일원	-	7,493,479	7,493,479	
3	식장산 도시 자연공원구역	대전 동구 세천동 산34번지 일원	-	5,081,080	5,081,080	
4	신탄진 도시 자연공원구역	대전 대덕구 신일동 산5-1번지 일원	-	865,201	865,201	
5	회덕 도시 자연공원구역	대전 대덕구 읍내동 산7-1번지 일원	-	545,190	545,190	
6	복용 도시 자연공원구역	대전 유성구 복용동 산20번지 일원	-	1,025,800	1,025,800	
7	구봉산 도시 자연공원구역	대전 서구 관저동 산75번지 일원	-	2,259,279	2,259,279	

:: 〈그림 7-8〉 토지이용계획원(보문산 도시자연 공원구역) ::

소재지	대전광역시 중구 구완동 산 10		
지목	임야	면적	31,614 ㎡
개별공시지가 (㎡당)	2,770원 (2016/01)		
지역지구등 지정여부	「국토의 계획 및 이용에 관한 법률」에 따른 지역·지구등	자연녹지지역(2014-05-09),도시자연공원구역(보문산도시자연공원구역)	
	다른 법령 등에 따른 지역·지구등		
「토지이용규제 기본법 시행령」 제9조 제4항 각호에 해당되는 사항			

확인 도면	범례

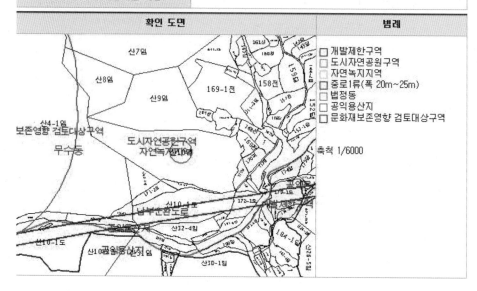

□ 개발제한구역
□ 도시자연공원구역
□ 자연녹지지역
▨ 중로1류(폭 20m~25m)
□ 법정동
□ 공익용산지
□ 문화재보존영향 검토대상구역

축척 1/6000

특별부록

도시·군계획시설 장기미집행 해소 및 관리 가이드라인

도시정책과—10702(2014.12.26.)호

도시정책과—5777(2017.6.13.)호

도시정책과—9630(2017.9.28.)호

도시정책과—2357(2018.3.14.)호

제1장 총 칙

제1절 목적

1. 본 가이드라인은 「국토의 계획 및 이용에 관한 법률」 제25조에 의해 결정된 도시·군계획시설 중 시행령 제19조제9호에 따라 규모 등이 도시·군의 여건 변화로 인하여 현 시점에서 불합리하거나 집행가능성이 없는 시설을 재검토하여 해제하거나 조정함으로써 토지이용의 활성화를 도모하는 데 있다.

제2절 가이드라인의 성격과 의의

1. 본 가이드라인은 「국토의 계획 및 이용에 관한 법률」 제25조에 의해 결정된 도시·군계획시설 중 결정 고시 후 10년 이상 장기미집행된 도시·군계획시설의 해제를 위한 방향과 기준을 제시한 것으로, 도시·군계획시설의 필요성과 집행가능성 등을 재검토하여 도시·군계획시설에 대한 도시·군관리계획을 입안하거나 결정할 때에는 본 가이드라인을 따라야 한다.
2. 가이드라인은 장기미집행시설의 자동 실효에 대비하여 도시기능을 유지시키기 위한 객관적인 기준과 합리적인 절차를 제공하고, 도시·군관리계획 결정 과정에서 나타나는 문제점을 최소화하는 것에 의의가 있다.

제3절 적용대상 및 범위

1. 적용대상은 도시·군계획시설 결정 고시일부터 10년 이내에 그 시설의 설치에 관한 사업이 시행되지 아니한 모든 도시·군계획시설을 대상으로 하고, 필요시 고시일로부터 10년 미만의 시설도 일부 포함할 수 있다.
2. 해제가 검토되는 대상 시설의 범위는 단계별 집행계획 수립시점을 기준으로 가이드라인에 따라 단계별 집행계획을 수립 또는 재수립하는 날 현재 장기미집행 도시·군계획시설에 해당하는 모든 도시·군계획시설이다.

제4절 용어의 정의

1. "장기미집행시설"이란 법 제48조제1항에 따라 도시 · 군계획시설에 대한 도시 · 군관리계획의 결정의 고시일부터 10년 이내에 해당 도시 · 군계획시설의 설치에 관한 도시 · 군계획시설사업이 시행되지 아니한(실시계획의 인가나 그에 상당하는 절차가 진행된 경우는 제외한다) 도시 · 군계획시설을 말한다.

2. "우선해제시설"이란 도시 · 군계획시설사업을 시행할 경우 법적, 기술적, 환경적인 문제가 발생하여 사업시행이 곤란한 장기미집행시설을 말한다.

3. "재정적 집행가능시설"이란 각 장기미집행시설의 실효 시점 전까지 재정투입을 통해 집행되도록 단계별 집행계획이 수립된 시설을 말한다.

4. "비재정적 집행가능시설"이란 국가 또는 지방자치단체의 재정사업으로 집행이 불가능한 시설을 대상으로 민간투자사업(사회기반시설에 대한 민간투자법상 민자도로, 도시공원 및 녹지등에 관한 법률상 민간공원 등)과 도시 · 군계획사업과의 연계 등을 통하여 집행이 가능한 시설을 말한다.

5. "장기미집행시설 정비"란 도시 · 군관리계획 입안권자가 본 가이드라인에 따라 장기미집행시설의 해제 및 해제 이후 관리방안 등을 마련하여 도시 · 군관리계획을 수립하는 것을 말한다.

6. 기타 본 가이드라인에서 사용하는 용어의 정의는 법령에서 정하는 바에 따른다.

제5절 구성

1. 본 가이드라인은 가이드라인의 적용, 해제기준, 관리방안, 장기미집행시설 정비 절차로 구성된다.

2. 해제 기준은 우선해제시설, 단계별 집행계획 그리고 비재정적 집행방안에 따라 각각 제시한다.

3. 관리방안은 장기미집행시설의 정비를 통하여 시설별 해제 및 관리기준을 정

하고 해제 후 관리방안 등을 제시한다.

4. 장기미집행시설 정비 절차는 해제를 위한 도시·군관리계획의 입안을 위한 사전 준비작업, 입안 및 결정에 관한 시기, 절차 등을 제시한다.

제6절 다른 법률과의 관계

1. 가이드라인에서 정하지 아니한 사항에 대하여는 「도시·군관리계획수립지침」(이하 "지침"이라 한다)을 적용한다.

2. 지역실정 또는 당해 시설 부지의 여건 등으로 인하여 가이드라인의 세부내용 중 일부에 대하여 이를 그대로 적용하는 것이 불합리한 경우에는 「국토의 계획 및 이용에 관한 법률」 등 관계 법령의 범위 안에서 다르게 적용할 수 있다.

제2장 가이드라인의 적용

제1절 기본원칙

1. 기본적인 고려사항

① 도시·군계획시설별로 설치목적과 기능을 고려하여 관리목표와 방향을 검토한다.

② 장기미집행시설 중 구성 비율이 높고 집행에 많은 예산이 소요되는 도로, 공원을 중점적으로 검토한다.

③ 재정 투입을 통해 각 장기미집행시설의 실효 시점 전까지 집행 가능한 시설은 중기재정계획과 연계하여 집행계획을 수립함으로써 재원확보 및 우선순위를 정하고, 2020년 7월 1일 이후 미집행으로 인하여 자동 실효되지 않도록 실효 시기 이전에 집행하도록 한다.

④ 재정투입을 통해 집행이 불가능한 장기미집행시설은 그 결정으로 인해 예상되는 문제점을 미리 분석하고 관리방안을 수립하도록 한다.

⑤ 장기미집행 도시·군계획시설 해제에 대한 장기미집행시설 정비절차를 진행할 때에는 가급적 새로운 도시·군계획시설을 결정하지 않도록 하며, 향후 새로운 시설을 결정할 때에는 재원조달방안을 마련하는 등 구체적인 집행계획을 마련하여야 한다.

2. 재검토 기준

① 미래개발 수요에 대비하기 위한 토지확보 차원에서 결정된 시설은 조정 및 해제한다.(예, 시가지 개발을 전제로 용도지역 변경과 동시에 결정된 시설로서, 개발 지연으로 인하여 발생한 장기미집행시설 등)

② 예산상 집행가능성은 시설부지의 보상 및 시설의 설치를 위한 재원조달 가능성을 시·군의 재정상황과 합리적 추정에 근거한 예측을 바탕으로 검토한다.

③ 지방재정 여건상 실현 가능한 단계별 집행계획에 포함될 수 없는 시설은 원칙적으로 폐지를 검토한다.

④ 민간투자사업과 도시·군계획시설과 연계된 사업으로 집행하는 비재정적 집행가능시설은 본 가이드라인에서 제시한 적용 기준을 엄격하게 준수하여 분류한다.

제2절 가이드라인의 적용 순서

1. 장기미집행시설 중 도시·군계획시설사업을 시행할 경우 법적, 기술적, 환경적인 문제가 발생하여 사업시행이 곤란한 시설은 단계별 집행계획 수립 전까지 우선해제시설로 분류한다.

2. 우선해제시설을 제외한 모든 시설에 대하여는 지자체의 재정능력, 필요성 등을 감안하여 2015년 12월 31까지 단계별 집행계획을 수립하여 공고한다.

3. 지방자치단체의 재정으로 집행이 불가능한 시설 중 비재정적 집행가능시설에
   대해서는 가이드라인에서 제시한 기준에 따라 집행계획을 수립하여 단계별
   집행계획에 반영하도록 한다.
4. 우선해제시설 및 단계별 집행계획상 집행이 불가능한 시설은 장기미집행시설
   정비절차를 이행한다.

제3장 해제 기준

제1절 우선해제시설 분류에 따른 해제 기준

1. 공통기준
① 「도시 · 군계획시설의 결정 · 구조 및 설치기준에 관한 규칙」및 관계 법령에 의
   한 입지 및 규모기준에 부적합한 경우
② 방재 관련 도시 · 군계획시설 사업을 제외한 도시 · 군계획시설 사업 시행
   시, 종 · 횡단 단차가 극심하여 지형조건상 당해 시설 설치가 불가능한 경우
   (예, 「자연재해대책법」 제12조의 자연재해위험개선지구, 「급경사지 재해예방에 관한 법
   률」 제6조의 붕괴위험지역, 「산림보호법」 제45조의8의 산사태취약지역, 「연안관리법」 제
   19조의 재해관리구 등 법정 재해위험지구 · 지역에 해당하는 경우)
③ 도시 · 군계획시설의 설치나 공사로 인해 환경 · 생태적으로 양호한 자연환경
   을 심하게 훼손할 것으로 예상되는 경우(예, 국토환경성평가1등급, 생태 · 자연도1
   등급, 녹지자연도8등급이상 등)

2. 도로
① 급경사지 등 자연적 제약요소로 인하여 도로가 미개설된 경우

- 급경사지 등의 기준은 「급경사지 재해예방에 관한 법률」에 따른 급경사지, 각 지자체의 도시 · 군계획조례로 정하고 있는 개발행위허가기준의 경사도 그리고 「도로의 구조 · 시설 기준에 관한 규칙」에 따른 종단경사에 부적합한 경우 등을 말한다.

② 미개설구간에 군부대, 공공시설, 공동주택 등 철거가 사실상 불가능한 시설이 입지하는 경우

③ 기존도로 확폭 시 일부는 단차가 심하여 계단, 옹벽 처리 등이 필요한 경우

④ 환경 · 생태적으로 우수한 개발제한구역, 보전녹지지역, 공원 등을 관통하여 지나치게 경관을 훼손하거나 과도한 터널계획 등이 필요한 경우

3. 공원

① 공원 등이 공공시설물 건축으로 인하여 공원시설의 일부가 해제되거나 도로에 의해 공원이 분리되어 잔여 토지 면적으로는 「도시공원 및 녹지 등에 관한 법률 시행규칙」 제6조에서 정한 도시공원의 규모 기준 미만이 되어 지정목적의 공원 기능의 수행이 곤란한 경우

② 공원조성보다는 임상이 양호하여 보전을 목적으로 과다하게 지정한 경우(사실상 공원 지정 불필요)

- 환경관련 등급 중 환경적으로 보존가치가 있는 최고 등급지를 포함하는 경우를 말한다. (국토환경성평가 1등급, 생태 · 자연도 1등급, 녹지자연도 8등급 이상 등)

③ 「도시공원 및 녹지 등에 관한 법률」 제17조제1항에 따른 공원조성계획이 본 가이드라인 배포시까지 입안되지 않은 경우

4. 녹지

① 원인시설이 도로 · 하천 그 밖에 이와 유사한 다른 시설과 접속되어 있어 그

다른 시설이 녹지기능의 용도로 대체가능한 경우

② 간선도로변에「도로법」제40조에 의한 접도구역과 저촉되고 주용도가 소음저 감을 위한 녹지인 경우로서 대체시설로 그 기능을 대신할 수 있는 경우

③「철도법」제45조의 규정에 따라 철도보호지구로 지정되었거나, 이미 시가지 가 조성되어 녹지의 설치가 곤란한 지역 중 방음벽 등 안전시설을 설치한 지 역의 경우

④ 철도 및 도로변 완충녹지 내 상가 및 주택 등이 밀집되어 있어 시설 집행의 장 기화가 예상되고, 주 용도가 소음 저감을 위한 녹지인 경우로서 철도 및 도로 의 장래 확장에 지장이 없고 대체시설(방음벽)이 설치되어 있어 그 기능을 대 신할 수 있는 경우

⑤ 주거지역과 다른 용도지역간의 상충을 완화하기 위해 결정된 완충녹지로서 주거환경을 저해하는 용도의 건축물이 주거지역으로부터 지자체가 정한 거리 내에 없는 경우(예, 주거지역과 연접한 완충녹지를 해제하는 경우 시행령 [별표9]에 따 라 조례로 정하는 거리 범위 내에 숙박시설 또는 위락시설이 없는 경우 해제 가능)

5. 기타시설

① 원인이 되는 도시 · 군계획시설이 우선해제시설로 분류된 경우(예: 우선해제시 설로 분류된 도로의 완충녹지나 교통광장 등)

② 원인이 되는 도시 · 군계획시설이 폐지 또는 변경되었음에도 불구하고 존치되 어 있는 시설(예: 철도 폐지 후에도 존치하는 완충녹지 등)

제2절 단계별 집행계획 수립에 따른 해제 기준

1. 기본원칙

① 우선해제시설을 제외한 모든 미집행 중인 도시 · 군계획시설에 대하여 필요성 과 재정수요의 추정 범위 내에서 투자우선순위를 정한다.

② 각 장기미집행시설의 실효 시점 전까지 단계별 집행계획에 포함된 시설에 한하여 재정적 집행가능시설로 분류한다. 예를 들어, 2020년 7월 1일 실효대상이 되는 시설은 본 가이드라인에 따라 수립 또는 재수립되는 단계별 집행계획의 1단계(1~3년차)와 2-1단계(4~5년차)에 포함되어야만 재정적 집행가능시설로 분류할 수 있다.

③「국토의 계획 및 이용에 관한 법률」제85조에 따라 단계별 집행계획을 수립하여야하는 자는 재정적 집행가능시설을 2015년 12월 31일까지 분류하여야 한다.

2. 도시 · 군계획시설사업 집행예산 산정

① 단계별 집행계획은 2016년부터 향후 10년간 도시 · 군계획시설에 대한 집행예산을 추계하여 도시 · 군계획시설 사업 예산규모를 산정하고 2015년 12월 31일까지 수립 또는 재수립한다.

② 처음 5년(2016년~2020년)은 중기재정계획상 도시 · 군계획시설사업 예산을 기초로 하고, 이후 5년(2021년~2025년)은 중기재정계획 증 · 감추세를 감안하여 산정한다. 단, 이후 5년의 총액은 처음 5년간 집행계획 예산 총액의 120퍼센트를 초과할 수 없다.

③ 단계별 집행계획의 집행예산은 장기미집행시설의 실효 전까지 실시계획 인가나 그에 상당하는 절차가 진행될 수 있는 경우에 한정하여 투입시점으로 반영하여야 한다.

3. 도시 · 군계획시설사업 집행순위

① 우선해제시설을 제외한 모든 미집행 중인 도시 · 군계획시설에 대하여 투자우선순위를 정한 단계별 집행계획을 수립하여 2015년 12월 31일까지 공고한다.

(1) 단계별 집행계획의 1단계와 2-1단계에 포함되는 시설은 중기재정계획과

연동하여 반영하여야 한다.

(2) 단계별 집행계획을 수립하기 위해서는 해당기관의 시설별 집행부서(설치의 무자 포함)에서 투자우선순위를 선정하여 예산부서와 협의하여야 한다.

(3) 가이드라인에 따라 수립된 단계별 집행계획은 지방의회의 의견을 듣고 공고한다.

② 도시·군계획시설결정일부터 미집행기간이 긴 시설은 집행의 필요성이 낮은 시설로 분류한다.

③ 현재 토지이용상 지장물 유무 및 자연조건을 고려하여 개설 가능 여부를 검토하여, 집행의 필요성이 낮은 시설로 분류한다.

제3절 비재정적 집행방안 수립에 따른 해제 기준

1. 기본원칙

① 비재정적 집행가능시설의 집행방식은 「사회기반시설에 대한 민간투자법」 및 「도시공원 및 녹지 등에 관한 법률」 등 관련 법에 따른 민간투자사업과 도시·군계획사업과의 연계를 통한 공공기여 방식으로 한정한다.

② 단계별 집행계획을 수립하여야 하는 자는 비재정적 집행가능성을 검토하여 비재정적 집행가능시설을 2015년 12월 31일까지 분류한다.

③ 비재정적 집행가능시설은 본 가이드라인에 따라 수립되는 단계별 집행계획에 포함되어야 하며, 장기미집행시설의 실효 전까지 실시계획 인가나 그에 상당하는 절차가 진행될 수 있는 경우에 한정하여 투입시점으로 반영하여야 한다.

2. 민간투자사업 기준

① 민간투자사업의 범위는 다음과 같다.

(1) 「사회기반시설에 대한 민간투자법」에 따른 민간투자사업

(2) 「도시공원 및 녹지 등에 관한 법률」에 따라 민간공원추진자가 도시공원 조

성 및 비공원시설을 설치하는 사업

③ 기타 관계 법령에 따라 민간부문이 자금을 조달하여 도시 · 군계획시설을 설치하는 사업

(2) 적용기준

– 과거 5년간('09~'14) 기반시설 설치를 위한 민간투자사업의 총액(행정절차 상 실시계획을 득하는 시점에서의 연차별 사업비의 총합) 범위 내에서 비재정적 집행 가능시설로 분류한다.

3. 도시 · 군계획사업의 공공기여에 의한 집행 기준

① 도시 · 군계획사업의 범위는 다음과 같다.

(1) 「도시개발법」에 따른 도시개발사업

(2) 「도시 및 주거환경정비법」에 따른 정비사업

(3) 기타 관련 법에 따라 도시 · 군계획시설에 대한 도시 · 군관리계획 결정 및 설치가 가능한 개발사업

② 적용기준

– 기부채납 운영기준*에 따라 사업구역 전체 면적 대비 최대 25퍼센트 이내에서 비재정적 집행가능시설로 분류한다.

* 기반시설 기부채납 운영기준(국토교통부, 2014.12)

제4장 관리 방안

제1절 기본원칙

1. '장기미집행시설 정비'를 통하여 미집행 도시 · 군계획시설에 대한 해제 결정

및 해제에 따른 관리방안 등을 마련한다.

2. '장기미집행시설 정비' 절차에는 지침과 본 가이드라인을 적용하여 미집행 도시·군계획시설에 대한 시설별 관리방안(집행수단, 해제 후 관리방안), 도시·군관리계획 결정 등이 포함되어야 한다.

3. 해제되는 미집행 도시·군계획시설에 대하여 다음과 같은 관리방안을 마련해야 한다.

① 용도지역·지구·구역 지정을 통한 대체 관리방안

② 지구단위계획, 성장관리방안 등 계획적 관리방안

③ 개발행위허가 운영 기준, 지방도시계획위원회 심의기준, 개발사업 검토기준 등 인·허가 관리를 통한 계획적 개발을 유도하는 관리방안

④ 현황에 맞춘 시설결정 또는 기타 관리방안

4. 제2절3, 제3절4·5 등에 따라 도시·군계획시설결정 해제에 따른 관리방안 등이 필요한 지역을 효과적으로 선별하기 위해 한국토지주택공사에게 시설별 현황분석을 의뢰하여 그 결과를 활용할 수 있다.

제2절 도로

1. 우선해제시설로 분류된 도로는 해제에 대한 도시·군관리계획 절차를 이행한다.

2. 우선해제시설이 아닌 시설로서 단계별 집행계획 중 1단계와 2-1단계시설, 비재정적 집행가능시설에 대해서는 매년 집행계획의 타당성 및 실현성에 대하여 재검토하여야 한다.

3. 1.과 2.에 포함되지 않은 도로 중 집중적으로 미집행 되어 있는 도로시설(군)의 경우 다음과 같은 대체수단 또는 관리방안을 마련한다.

① 취락지구 등 기개발지 내 집중적으로 미집행된 도로의 경우
   – 현황도로 및 도로필지와 일치한 시설 결정을 하거나 관리방안을 마련한다.

② 미개발지 내 집중적으로 미집행된 도로부지로서 일부 개발행위가 발생한 지역의 경우

    ⑴ 지구단위계획(보차혼용통로, 건축한계선 지정), 성장관리방안 등의 계획적 관리방안

    ⑵ 개발행위허가 운영기준(성장관리방안), 지방도시계획위원회 심의기준 등의 인·허가 관리방안

4. 1.과 2.에 포함되지 않은 도로 중 개별적으로 산재하여 미집행 된 도로는 폭원 축소 또는 해제하도록 한다.

5. 3.과 4.에 해당하는 도로는 해제 또는 조정을 위한 도시·군관리계획 절차를 이행한다.

제3절 공원

1. 장기미집행 공원 시설 내 국·공유지는 본 가이드라인에 따른 해제대상에서 제외하고 존치할 수 있는 방안을 강구한다.

2. 우선해제시설로 분류된 공원은 해제에 대한 도시·군관리계획 절차를 이행한다.

3. 단계별 집행계획 상 1단계와 2-1단계시설, 비재정적 집행가능시설에 대해서는 매년 집행계획의 타당성 및 실현성에 대하여 재검토하여야 한다.

4. 1.부터 3.까지 포함되지 않은 공원 중 관련 법에 따라 다음과 같이 자연환경 보전을 목적으로 하는 지역·지구가 이미 지정된 부지는 해제 또는 축소한다.

① 「국토의 계획 및 이용에 관한 법률」에 따른 보전녹지지역

② 「자연환경보전법」에 따른 생태·경관보전지역

③ 「습지보전법」에 따른 습지보호지역

④ 「산지관리법」에 따른 보전산지

⑤ 「개발제한구역의 지정 및 관리에 관한 특별조치법」에 따른 개발제한구역

5.1.부터 4.까지 포함되지 않은 공원 시설 중 일단의 면적이 1만 제곱미터 이상 공원은 관리방안을 검토한다.

① 다양한 관리방안을 검토하기 위하여 공원시설 내 편입토지별 현황특성(소유, 환경등급, 경사도, 표고, 입지여건 등)을 분석한다.

② 4.에 따라 해제 또는 축소되고 남은 부지에 대하여 민간공원제도 등 비재정적 집행방안을 재검토할 수 있다.

③ 시민의 여가, 문화 등 유사한 목적과 기능을 가지면서 민간투자가 용이한 도시·군계획시설로의 대체지정을 검토한다.

④ 주거·상업·공업지역에서 3만 제곱미터 이상의 공원이 해제되는 경우 녹지지역으로의 용도지역 변경을 검토한다.

⑤ 공원 해제 시, 해당 부지에 대하여 난개발 방지 및 지역특성 등을 고려한 체계적·계획적 관리가 필요하다고 판단되는 경우에는 지구단위계획·성장관리방안 등을 수립하거나, 경관지구 등 용도지구를 지정한다.

6.1.부터 4.까지 포함되지 않은 공원 시설 중 일단의 면적이 1만 제곱미터 미만 공원은 다음과 같은 관리방안을 검토한다.

① 공원의 이용권 내 대체가능성이 있는 경우에는 해제에 대한 도시·군관리계획 절차를 이행한다.

 - 대체가능성은 이용권(「도시공원 및 녹지 등에 관한 법률」에서 정한 생활권공원의 유치거리 기준) 내 다른 공원 또는 학교 등이 있는 경우를 말한다.

② 대체가능성이 없는 경우에는 5.에 따라 관리 방안을 재검토한다.

7.4.에서 6.에 해당하는 공원 중 집행계획이 없고 관리방안이 검토된 시설은 해제에 대한 도시·군관리계획 절차를 이행한다.

제4절 녹지

1. 우선해제시설로 분류된 녹지는 해제에 대한 도시·군관리계획 절차를 이행한다.

2. 우선해제시설이 아닌 시설로서 단계별 집행계획 중 1단계와 2-1단계시설, 비재정적 집행가능시설에 대해서는 매년 집행계획의 타당성 및 실현성에 대하여 재검토하여야 한다.

3. 1.과 2.에 해당되지 않는 녹지 중 다음에 해당하는 경우에는 대체수단 도입 등 관리방안을 강구한다.

① 다양한 관리방안을 검토하기 위하여 원인시설의 집행여부 및 편입토지별 현황특성(소유, 불법형질변경 등)을 분석한다.

② 원인시설이 집행되어 완충공간의 확보가 필요한 경우에는 건축선 지정, 공개 공지 활용, 미관지구 지정 등의 대체수단을 검토한다.

③ 완충녹지 또는 경관녹지 목적으로 시설이 결정되었으나 일부만 조성(폭원미달, 구간단절)되어 있는 경우에는 현황에 맞게 연결녹지 등의 대체시설로의 변경을 검토한다.

4. 3.에 해당하는 녹지 중 집행계획이 없고 관리방안이 검토된 시설은 해제에 대한 도시·군관리계획 절차를 이행한다.

제5절 기타 시설

1. 우선해제시설로 분류된 시설은 해제에 대한 도시·군관리계획 절차를 이행한다.

2. 우선해제시설이 아닌 시설로서 단계별 집행계획 중 1단계와 2-1단계시설, 비재정적 집행가능시설에 대해서는 매년 집행계획의 타당성 및 실현성에 대하여 재검토하여야 한다.

3. 1.과 2.에 포함되지 않은 시설 중 반드시 도시·군관리계획으로 설치하여야 할 특별한 사유가 없고 다른 용도로 이용되고 있는 때에는 해제에 대한 도시·군관리계획 절차를 이행한다.

제5장 장기미집행시설 정비 절차

제1절 도시 · 군관리계획 입안 전 절차

1. 장기미집행 도시 · 군계획시설을 갖고 있는 모든 지방자치단체는 본 가이드라인에 따라 2015년 12월 31일까지 다음의 절차를 완료한다.

① 우선해제시설 분류

② 단계별 집행계획 검토

③ 비재정적 집행가능시설 검토

④ 필요시, 미집행공원에 대한 편입토지별 기초조사

⑤ 단계별 집행계획에 대한 지방의회 의견 청취 및 공고

2. 공고하여야 하는 단계별집행계획에는 다음의 〈예시〉와 같이 재정적 집행가능시설과 비재정적 집행가능시설을 포함하여야 한다.

:: 〈예시〉 ::

사업 · 시설 부문	사업명	우선순위	사업기간	사업개요	총사업비	계획기간중 사업비(2016~2025)											실효시기
						총계	국비	지방비			지방채	공기업	비재정적		1단계	2-1단계	2-2단계	
								계	도비	시군비			민간투자	공공기여	'1년~'3년차	'4년~'5년차	'6년차 이후	
공원	ㅇㅇ공원																	
도로	xx도로																	
공원	ㅇx공원																	
도로	xㅇ도로																	

제2절 도시·군관리계획 입안·결정 절차

1. 장기미집행시설 정비는 본 가이드라인에 따라 검토한 재정적 집행가능시설과 비재정적 집행가능시설을 제외한 모든 장기미집행시설을 대상으로 2016년 1월 1일부터 착수한다.

2. 장기미집행시설 정비절차는 시설별 관리방안을 마련하여 2016년 12월 31일까지 도시·군관리계획을 결정하고 고시한다.

3. 지구단위계획, 정비계획 등 별도의 도시·군관리계획이 수립되어 있는 구역 내의 미집행 도시·군계획시설의 경우 해당 시설의 해제에 대한 도시·군관리계획과 시설 해제를 반영한 도시·군관리계획(지구단위계획 등)을 가급적 동시에 입안하도록 한다.

4. 입안된 도시·군관리계획에 대하여 결정권자는 관계기관 협의 과정에서 이견이 발생하거나 주민의견 청취과정에서 민원이 발생하는 등 조정이 필요한 시설을 제외한 나머지 시설에 대하여는 즉시 도시·군관리계획을 결정하고 고시하도록 한다.

5. 장기미집행시설 정비 절차 다음과 같으며, 본 가이드라인에서 정하지 아니한 사항은 「도시·군관리계획수립지침」의 도시·군관리계획 입안 및 결정절차에 따른다.

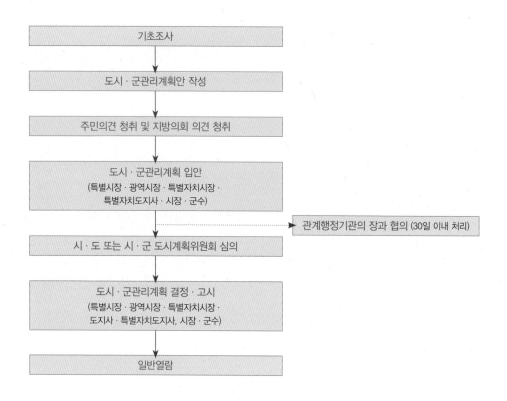

기초조사

↓

도시 · 군관리계획안 작성

↓

주민의견 청취 및 지방의회 의견 청취

↓

도시 · 군관리계획 입안
(특별시장 · 광역시장 · 특별자치시장 ·
특별자치도지사 · 시장 · 군수)

‥‥‥‥‥‥‥‥→ 관계행정기관의 장과 협의 (30일 이내 처리)

↓

시 · 도 또는 시 · 군 도시계획위원회 심의

↓

도시 · 군관리계획 결정 · 고시
(특별시장 · 광역시장 · 특별자치시장 ·
도지사 · 특별자치도지사, 시장 · 군수)

↓

일반열람

부 칙

본 가이드라인은 2015 . 1 . 1일부터 시행한다.

'20.7. 실효대상 공원에 대한 토지적성 분석 및 계획적 관리방안 수립기준

제1장 총칙

제1절 목적

1. 본 기준은 장기미집행 공원의 실효에 대비하여, 공원 별로 주민의 이용현황 및 향후 개발가능성 등을 검토하여 우선 조성이 필요한 지역의 선별 및 계획적 관리방안의 마련 등에 목적이 있다.

제2절 적용대상

1. 2000년 7월 1일 이전에 도시 · 군계획시설결정이 고시된 경우로서 현재까지 사업이 시행되지 아니한 모든 도시공원을 대상으로 한다. 다만, 「공익사업을 위한 토지 등의 취득 및 보상에 관한 법률」 제4조제8호의 공익사업을 시행하기 위한 지역 · 지구 등의 지정 또는 사업계획 승인 등의 절차가 진행 중이거나 완료된 경우의 공원 부지는 제외한다.

※ 단서 중 "절차"란 지역 · 지구 등의 지정 또는 사업계획 승인 등을 위해 해당 사업을 대외적으로 알리는 주민의견 청취 등의 공고를 말한다.

제3절 용어정의

1. "우선관리지역"이란 미집행 공원임에도 해당 시설의 기능(주민 이용 등)을 하고 있는 지역으로서, 제2장 제1절에 따른 토지적성 분석 결과 개발적성지역과 제2장 제2절에 따른 이용권역 분석 결과 이용지역으로 선별된 지역을 말한다.

제4절 절차 이행기한

1. 특별시장 · 광역시장 · 특별자치시장 · 특별자치도지사 · 시장 또는 군수(이하 "시장 · 군수"라 하고, 자치구청장을 포함한다)는 제2장제1절에 따른 토지적성 분석 (개발적성 지역 선별을 포함한다) 및 제2장제2절에 따른 이용권역 분석은 2018년 4월 30일까지, 제2장제3절에 따른 관리방안 선정은 2018년 11월 30일까지 이행한다(제2장제4절에 따른 국토교통부장관에게의 자료 제출도 포함한다).

2. 제3장에 따른 관리방안 수립(도시 · 군관리계획 변경)은 2019년 12월 31일까지 이행한다.

제2장 공원별 토지적성 분석 및 관리방안 선정 등

제1절 토지적성 분석

1. 공원별 공법적 · 물리적 현황을 분석하여 공법적 · 물리적 제한이 없는 지역을 개발적성, 그 외 지역을 보전적성 지역으로 선별한다.

2. 공법적 제한 지역

① 도시공원 부지 중 다음과 같이 자연환경보전을 목적으로 하는 지역 · 지구가 이미 지정된 지역을 공법적 제한 지역으로 선별한다.

　(1)「국토의 계획 및 이용에 관한 법률」에 따른 보전녹지지역

　(2)「자연환경보전법」에 따른 생태 · 경관보전지역

　(3)「습지보전법」에 따른 습지보호지역

　(4)「산지관리법」에 따른 보전산지

　(5)「개발제한구역의 지정 및 관리에 관한 특별조치법」에 따른 개발제한구역

　(6) 기타 지방자치단체장 등이 자연환경보전을 목적으로 지정하는 지역 · 지구

3. 물리적 제한 지역

① 도시공원 부지 중 해당 부지의 경사도, 표고 등 물리적 특성이 개발행위허가 기준(도시계획조례 등)에 따라 개발이 어려운 지역을 물리적 제한지역으로 선별한다.

② 경사도, 표고에 따른 개발행위허가기준이 없는 경우, 시장·군수는 지역여건을 감안하여 개발이 어려울 것으로 판단되는 경사도, 표고를 선정한다.

③ 경사도, 표고 외에도 시장·군수가 지역여건에 따라 분석기준을 선정하여 물리적 제한지역을 선별할 수 있다.

제2절 이용권역 분석

1. 시장·군수는 전체 도시공원 부지의 이용현황을 분석하여, 산책로 등 주민이 이미 공원으로 이용하고 있는 지역을 선별한다.

제3절 공원별 관리방안 선정

1. 제2장제1절에 따라 공원별 토지적성 분석을 통해 개발적성 지역으로 선별된 지역과 제2절에 따라 공원으로 이용되고 있는 것으로 분석된 지역에 대하여 다음 중 하나 이상에 해당하는 관리방안을 선정한다.

① 공원 집행(다만, 실효 전까지 사업이 시행되지 아니할 경우를 대비하여 계획적 관리방안 수립 등의 절차를 병행한다)

② 도시자연공원구역 지정

③ 기타 도시계획적 관리방안(경관지구·보전녹지지역 지정, 성장관리방안·지구단위계획 수립 등) 수립

2. 1.에도 불구하고, 미집행 공원 부지 중 공원으로서 유지 필요성이 높지 않은 지역 등에 대해서는 별도의 관리방안 없이 해당 부지에 대한 도시공원 결정의 해제를 검토할 수 있다.

3. 제2장제1절 및 제2절에 따라 비(非)우선관리지역(우선관리지역으로 선별된 지역

이외의 지역)으로 선별된 지역에 대해서는 원칙적으로 도시공원 결정을 해제한다. 다만, 필요시 도시자연공원구역 지정 또는 기타 도시계획적 관리방안 수립을 병행할 수 있다.

4. 시장·군수는 제2장 제3절 1.①에 따라 공원을 집행하기로 결정된 경우 제2절에 따른 이용권역 분석 결과 및 환경적 가치(토지적성평가 결과, 임상도, 생태자연도, 녹지자연도, 국토환경성평가 등급 등) 등을 참고하여 집행 우선순위를 결정할 수 있다.

5. 1.③의 기타 도시계획적 관리방안을 선정하는 경우 그 종류는 제3장에 따른 관리방안 수립과정을 통해 변경할 수 있다.

6. 1.에 따른 공원별 관리방안을 선정하기 위하여 도시공원위원회 또는 도시계획위원회의 자문을 거칠 수 있다.

제4절 토지적성 분석 결과 등에 대한 자료 제출 등

1. 시장·군수는 제2장제1절 1.에 따른 공원별 보전·개발적성 선별 결과, 제2장제2절 1.에 따른 이용지역 선별 결과, 제2장제3절에 따른 공원별 관리방안 선정 결과를 시·도지사를 경유하여 국토교통부장관에게 제출하여야 한다.

2. 시장·군수는 제2장제1절 및 제2절에 따른 공원별 현황을 효과적으로 분석하기 위해 한국토지주택공사 등에게 공원별 현황분석을 의뢰하여 그 결과를 활용할 수 있다.

제3장 공원별 계획적 관리방안 수립 등

1. 시장·군수는 제2장제3절의 공원별 관리방안 선정 결과에 따라 공원별 관리방안 등을 수립(도시·군관리계획 변경)한다.